Mucizât-ı Ahmediye

RİSALE-İ NUR KÜLLİYATI'NDAN

19. MEKTUP

PEYGAMBER EFENDİMİZİN MUCİZELERİ

(ALEYHİSSALÂTÜ VESSELAM)

Bediüzzaman Said Nursî

Sadeleştiren ve Yayına Hazırlayan:

Adnan Kayıhan - İlhan Atılgan

UFUK YAYINLARI / RİSALE-İ NUR KÜLLİYATI

19. MEKTUP (PEYGAMBER EFENDİMİZİN MUCİZELERİ)

Sadeleştiren ve Yayına Hazırlayan
Adnan KAYIHAN - İlhan ATILGAN

ISBN
978-605-5314-21-7

Yayın Numarası
138

Basım Tarihi
Ocak 2013

Basım Yeri
Görsel Dizayn Ofset Matbaacılık Ltd. Şti.
Atatürk Bulvarı Deposite İş Merkezi A5 Blok 4.Kat No: 405
İkitelli OSB - Başakşehir / İSTANBUL
Tel: (0212) 671 91 00 Faks: (0212) 671 91 90

Ufuk Yayınları
Rasim Paşa Mh. Rıhtım Cd. Derya İş Merkezi
A Blok No: 28/39-48 Kadıköy / İSTANBUL
Tel: (0216) 449 49 09 Faks: (0216) 449 49 11

www.ufukyayinlari.com

İÇİNDEKİLER

On Dokuzuncu Mektup

Bu risale, üç yüzden fazla mucizeyi beyan eder. Resûl-u Ekrem'in *(aleyhissalâtü vesselam)* peygamberliğinin mucize oluşunu bildirdiği gibi, *kendisi de o mucizenin bir kerametidir*. Üç-dört bakımdan harika olmuştur:

Birincisi: Nakil ve rivayetleri aktarmakla beraber, yüz sayfayı geçtiği halde, kitaplara müracaat edilmeden, ezberden, dağ başlarında, bağ köşelerinde, üç-dört günde, her gün iki-üç saat çalışmak suretiyle tamamının on iki saatte yazılması harika bir hadisedir.

İkincisi: Uzun olmasına rağmen, ne yazması usanç verir ne de okunduğunda tatlılığını kaybeder. Tembel kâtipleri öyle bir şevke ve gayrete getirdi ki, sıkıntılı ve usanç hissedilen bir zamanda, bu civarda, bir sene içinde yetmişe yakın nüsha yazılması, bunu bilenlere şu risalenin Resûl-u Ekrem'in peygamberlik mucizesinin bir kerameti olduğu hususunda kanaat verdi.

Üçüncüsü: Tevafuk bize de henüz görünmeden önce bu risaleyi yazarak çoğaltan, acemi ve tevafuktan haberi olmayan bir kâtibin ve başka sekiz kişinin birbirlerini görmeden yazdıkları nüshalarda, bütün risalede Resûl-u Ekrem *(aleyhissalâtü vesselam)* kelimesi, risalenin beşinci parçasında ise Kur'an lafzı öyle bir şekilde tevafuk etti ki, zerre kadar insafı olan bunu tesadüfe vermez. Kim gördüyse bunun kesinlikle gayba ait bir sır, Resûl-u Ekrem'in *(aleyhissalâtü vesselam)* mucizelerinin bir kerameti olduğu hükmüne varıyor.

Bu risalenin başındaki esaslar çok mühimdir. Hem buradaki hadislerin hemen hemen tamamı hadis imamlarınca kabul edilmiş ve sahih olmakla beraber, Resûl-u Ekrem'in peygamberliğiyle alâkalı kesin hadiseleri bildiriyor. Bu risalenin meziyetlerini söylemek lâzım gelse, yine bunun kadar bir eser yazmak gerekeceğinden; arzulu olanları, bu risaleyi bir kere okumaya davet ediyoruz.

Said Nursî

İhtar: Bu risalede çok hadis-i şerif naklettim. Yanımda hadis kitapları bulunmuyor. Yazdığım hadislerin ifadelerinde, kelimelerinde yanlışım varsa ya düzeltilsin ya da "*hadis-i bi'l-mânâ*"dır[1] denilsin. Çünkü makbul görüşe göre, "*Mânâ itibarı ile asıl muhtevaya sadık kalmak şartıyla, benzer veya eş anlamlı kelimelerle hadis nakletmek caizdir.*" Yani hadisin yalnız mânâsı alınıp başka kelimelerle söylenebilir. Madem öyle, lafızlarda yanlışım varsa "*hadis-i bi'l-mânâdır*" diye bakılsın.

---

1 Aynı kelimelerle değil, mânâsı ile aktarılan hadis.

MUCİZÂT-I AHMEDİYE[1]
(ALEYHİSSALÂTÜ VESSELAM)

بِاسْمِهِ سُبْحَانَهُ[2]، وَإِنْ مِنْ شَيْءٍ إِلَّا يُسَبِّحُ بِحَمْدِهِ[3]

بِسْمِ اللّٰهِ الرَّحْمٰنِ الرَّحِيمِ

هُوَ الَّذِي أَرْسَلَ رَسُولَهُ بِالْهُدٰى وَدِينِ الْحَقِّ لِيُظْهِرَهُ عَلَى الدِّينِ كُلِّهِ

وَكَفٰى بِاللّٰهِ شَهِيدًا ۞ مُحَمَّدٌ رَسُولُ اللّٰهِ[4]... الخ

Resûl-u Ekrem'in *(aleyhissalâtü vesselam)* peygamberliğine dair On Dokuzuncu Söz ile Otuz Birinci Söz, onun nebi olduğunu kesin delillerle ispatladığından, işin ispat kısmını o risalelere havale

---

1 Peygamber Efendimizin *(aleyhissalâtü vesselam)* Mucizeleri.

2 Her türlü noksan sıfattan uzak Allah'ın adıyla.

3 "Hiçbir şey yoktur ki, O'nu hamd ile beraber tesbih (tenzih) ediyor bulunmasın." (İsrâ sûresi, 17/44).

4 "Bütün dinlere üstün kılmak için resûlünü hidayet ve hak dinle gönderen O'dur. Buna şahit olarak Allah yeter. Muhammed Allah'ın resûlüdür ..." (Fetih sûresi, 48/28-29).

edip yalnız onları tamamlayan bir ilave olarak, on dokuz "nükteli işaret" ile şu büyük hakikatin bazı parıltılarını göstereceğiz.

Birinci Nükteli İşaret

Şu kâinatın sahibi ve her şeyin tasarrufunu elinde bulunduran Zât, elbette her şeyi bilerek yapıyor, hikmetle idare ediyor, her tarafı görerek çekip çeviriyor, her şeyi bilerek, görerek terbiye ediyor ve her şeyde şahit olunan hikmetleri, gayeleri, faydaları iradesiyle hükmü altında tutuyor.

Madem yapan bilir, elbette bilen konuşur... Madem konuşacak, elbette şuur ve akıl sahipleriyle, konuşmayı bilenlerle konuşacak... Madem şuur ve akıl sahipleriyle konuşacak, elbette onların içinde mahiyeti en kuşatıcı ve şuuru engin olan insanla konuşacaktır... Madem insanla konuşacak, elbette insanlar içinde muhataplığa lâyık ve mükemmel olanlarla konuşacak... Madem en mükemmel, kabiliyeti en yüksek, ahlâkı yüce ve insanlığa rehber olacak zâtlarla konuşacaktır... *Elbette, dost ve düşmanın ittifakıyla, en yüksek kabiliyette, en yüce ahlâka sahip, insanlığın beşte biri kendisine uymuş, yeryüzünün yarısı manevî hükmü altına girmiş, getirdiği nurla istikbali bin üç yüz sene aydınlatmış, insanlığın nuranî kısmının ve müminlerin sürekli, günde beş defa onunla Allah'a bağlılığını yenileyip kendisine rahmet ve saadet duası ettiği, kendisini övdüğü ve sevdiği Muhammed (aleyhissalâtü vesselam) ile konuşacak ve konuşmuş, onu resûl yapacak ve yapmış, insanlığa rehber kılacak ve kılmıştır.*

İKİNCİ NÜKTELİ İŞARET

Resûl-u Ekrem *(aleyhissalâtü vesselam)* peygamberlik davasını ilan etmiş, Kur'an-ı Azîmüşşan gibi bir fermanı göstermiş ve hakikati delilleriyle bilen tahkik ehli zâtlara göre, bine varan açık mucizeler ortaya koymuştur.[1] O mucizelerin –bir bütün olarak– varlığı, peygamberlik davası kadar kesindir. Kur'an-ı Hakîm'in birçok yerinde nakledilen, en inatçı kâfirlerin Resûl-u Ekrem'e sihir isnadında bulunmaları gösteriyor ki, o inatçı kâfirler dahi mucizelerin varlığını ve gerçekleştiğini inkâr edememişler. Yalnız kendilerini aldatmak veya kendilerine uyanları kandırmak için –hâşâ– sihir demişler.[2]

Evet, Resûl-u Ekrem'in *(aleyhissalâtü vesselam)* mucizelerinin yüz tevatür kuvvetinde, yani

---

1 Bkz. el-Beyhakî, *Delâilü'n-Nübüvve* 1/10; ez-Zemahşerî, *el-Keşşâf* 1/382; en-Nevevî, *Şerhu Sahîhi Müslim* 1/2.

2 Bkz. Kasas sûresi, 28/48; Sebe sûresi, 34/43; Sâffât sûresi, 37/15; Kamer sûresi, 54/2.

yanlışlığına ihtimal bulunmayacak bir ittifakla, farklı yollardan aktarılan haber derecesinde bir kesinliği vardır. Mucize, kâinatın Hâlık'ının onun davasını bir tasdikidir, صَدَقْتَ[3] hükmüne geçer. Mesela, sen bir padişahın meclisinde, o seni gördüğü halde desen ki, "Padişah beni filan işle vazifelendirdi." Senden bu iddiaya bir delil istendiğinde nasıl ki padişah "evet" dese seni tasdik eder. Öyle de, padişah âdetini ve vaziyetini senin ricanla değiştirirse, davanı "evet" sözünden daha kesin, daha sağlam bir şekilde tasdik etmiş olur.

Aynı şekilde, Resûl-u Ekrem *(aleyhissalâtü vesselam)*, *"Ben bu kâinatın Hâlık'ının elçisiyim. Delilim de şudur: O, devamlı âdetini, benim duam ve ricamla değiştirecek. İşte parmaklarıma bakınız, beş musluklu bir çeşme gibi su akıtıyor. Aya bakınız, parmağımın bir işaretiyle iki parça oluyor. Şu ağaca bakınız, beni tasdik etmek için yanıma geliyor, şahitlik yapıyor. Şu bir parça yiyeceğe bakınız, iki-üç adama ancak yettiği halde, işte iki yüz-üç yüz adamı doyuruyor."* diye dava etmiş ve böyle yüzlerce mucizeyi göstermiştir...

Kaldı ki, o zâtın doğruluğunun ve peygamberliğinin delilleri, yalnız mucizeleriyle sınırlı değildir.

---

3 Doğru söyledin.

Belki dikkat sahipleri için hemen hemen bütün hareketleri, fiilleri, halleri, sözleri, ahlâkı, tavırları, karakteri ve görünüşü, doğruluğunu ve ciddiyetini ispat eder. Hatta İsrailoğullarının meşhur âlimlerinden Abdullah İbni Selâm gibi pek çok kimse, o Zât-ı Ekrem'in *(aleyhissalâtü vesselam)* yalnız simasını görünce, "*Şu simada yalan yok, şu yüzde hile olamaz.*" diyerek imana gelmişler.[4]

Gerçi varlığın hakikatini, araştırma ve ispat yoluyla bilen âlimler, peygamberlik delilleri ve mucizeleri için bin kadar[5] demiştir; fakat binlerce, belki yüz binlerce peygamberlik delili vardır. Ve farklı fikirlerden yüz binlerce insan, yüz binlerce yolla o zâtın peygamberliğini tasdik etmiştir. Yalnız Kur'an-ı Hakîm, kırk mucizelik yönünden başka, Resûl-u Ekrem'in *(aleyhissalâtü vesselam)* nebi oluşunun bin delilini gösteriyor.

Madem insanlıkta peygamberlik vardır ve peygamber olduğunu dava edip mucize gösteren yüz binlerce zât gelip geçmiştir.[6] *Elbette, hep-*

---

4 Abdullah İbni Selâm'ın "Anladım ki onun simasında yalan olamaz." diyerek imana gelmesine dair bkz. Tirmizî, *kıyâmet* 42; İbni Mâce, *ikâme* 174; Dârimî, *salât* 156.

5 Bkz. el-Beyhakî, *Delâilü'n-Nübüvve* 1/10; ez-Zemahşerî, *el-Keşşâf* 1/382; en-Nevevî, *Şerhu Sahîhi Müslim* 1/2.

6 Bkz. Ahmed İbni Hanbel, *el-Müsned* 5/265; İbni Hibbân, *es-Sahîh* 2/77; et-Taberânî, *el-Mu'cemü'l-Kebîr* 8/217.

sinden daha kesin bir şekilde, Resûl-u Ekrem'in (aleyhissalâtü vesselam) peygamberliği sabittir. Çünkü İsa (aleyhisselam) ve Mûsâ (aleyhisselam) gibi Allah'ın bütün elçilerine "nebi" dedirten ve peygamberliklerine dayanak olan deliller, onların vasıfları, vaziyetleri ve ümmetlerine karşı muameleleri, Resûl-u Ekrem'de (aleyhissalâtü vesselam) daha mükemmel, daha kuşatıcı bir surette mevcuttur.

Madem peygamberlik hükmünün esas gayesi ve sebebi, Resûl-u Ekrem'in (aleyhissalâtü vesselam) zâtında daha mükemmel bir şekilde bulunur. Elbette, bu hüküm, bütün peygamberlerden daha açık bir kesinlikle onun için de sabittir.

Üçüncü Nükteli İşaret

Resûl-u Ekrem'in (aleyhissalâtü vesselam) *mucizeleri çok çeşitlidir. Peygamberliği bütün kâinatla alâkalı olduğu için, kâinattaki hemen bütün varlık türleriyle münasebetli birer mucizeye mazhardır.* Mesela, nasıl ki şanlı bir padişahın yaver-i ekremi, yani en yüksek memuru çeşitli hediyelerle, farklı kavimlerin bulunduğu bir şehre geldiği vakit, her topluluk onu karşılamak için bir temsilci gönderir, kendi diliyle ona hoş geldin der, onu alkışlar.

Aynen öyle de, Ezel ve Ebed Sultanı'nın en büyük memuru Resûl-u Ekrem (aleyhissalâtü vesselam), *âlemi şereflendirip yeryüzünün ahalisi insanlığa elçi olarak geldiği*[1] *ve bütün kâinatın Hâlık'ından kâinatın hakikatleriyle alâkalı nurlar ve manevî hediyeler getirdiği zaman; taştan, sudan, ağaçtan, hayvandan, insandan tut, ta aya, güneşe ve*

---

1 Peygamber Efendimizin (sallallâhu aleyhi ve sellem) bütün insanlığa gönderildiğine dair bkz. Sebe sûresi, 34/28.

yıldızlara kadar her çeşit varlık kendine has diliyle, ellerinde birer mucizesini taşıyarak onun peygamberliğini alkışlamış ve ona hoş geldin demiştir.

Şimdi, o mucizelerin hepsinden bahsetmek için ciltlerce kitap yazmak gerekir. Hakikatleri, araştırmaya ve ispata dayalı bir şekilde bilen takva sahibi, peygamber varisi zâtlar, peygamberlik delillerini etraflıca izah eden pek çok eser yazmıştır. Biz yalnız kısaca, işaretler türünden, o mucizelerin kesin ve manevî, sayısız yolla, yanlışlığına ihtimal bulunmayacak şekilde nakledilen kuşatıcı misallerini[2] göstereceğiz. İşte Resûl-u Ekrem'in *(aleyhissalâtü vesselam)* peygamberliğinin delilleri, öncelikle iki kısımdır:

Birinci Kısım: "İrhâsât" denilen, peygamberliğinden önce ve dünyaya gelişi sırasında görülen harikulâde hallerdir.

İkinci Kısım: Diğer peygamberlik delilleridir. Bunlar da iki kısımdır:

Birincisi: Resûl-u Ekrem'den sonra, *peygamberliğini tasdik mahiyetinde meydana gelen harikalardır.*

İkincisi: *Saadet asrında mazhar olduğu harika hallerdir*. Şu ikinci kısım da ikiye ayrılır:

---

2 Bkz. el-Gazâlî, *Fedâihu'l-Bâtıniyye* 1/139-141; el-Âmidî, *Ğâyetü'l-merâm* 1/356-357; el-Îcî, *Kitâbü'l-Mevâkıf* 3/405; et-Teftâzânî, *Şerhu'l-Makâsıd* 5/17.

- *İlki: Zâtında, karakterinde, suretinde, ahlâkında, kemâlinde görülen peygamberlik delilleridir.*
- *İkincisi: Dış dünyaya ait şeylerde mazhar olduğu mucizelerdir.* Bunlar da iki kısımdır:
  - *Biri, manevî ve Kur'anîdir.*
  - *Diğeri, maddî ve eşyayla ilgilidir.* Bunun da iki kısmı vardır:
    - *Birinci Kısım: Peygamberlik davasını ilan ettiği vakit, kâfirlerin inadını kırmak veyahut müminlerin iman kuvvetini artırmak için meydana gelen harikulâde haller, mucizelerdir.* Ayın yarılması, parmağından su akması, az bir yiyecekle çoklarını doyurması; hayvan, ağaç ve taşların konuşması gibi yirmi çeşit ve hepsi manevî tevatür derecesinde olan bu mucizelerin her birinin çok tekrarlanan misalleri vardır.
    - *İkinci Kısım: Gelecekten haber verdiği hadiselerdir* ki, Cenâb-ı Hakk'ın öğretmesiyle haber vermiş ve bunlar, söylediği gibi, doğru çıkmıştır.

İşte biz de şu son kısımdan başlayıp o mucizeleri kısaca, bir fihrist şeklinde göstereceğiz.[3 HAŞİYE]

---

3 HAŞİYE Maalesef niyet ettiğim gibi yazamadım. İradem dışında, kalbe nasıl geldiyse öyle yazıldı. Şu kısımlardaki sıralamaya tam uyamadım.

Dördüncü Nükteli İşaret

Resûl-u Ekrem'in *(aleyhissalâtü vesselam)*, gaybı ve her şeyi sonsuz ilmiyle bilen Cenâb-ı Hakk'ın öğretmesiyle bildirdiği gayba dair haberler hadde hesaba gelmez. Kur'an'ın mucizeliği hakkındaki Yirmi Beşinci Söz'de çeşitlerine işarette bulunarak o haberleri bir derece izah ve ispat etmiştik. Bu yüzden Resûl-u Ekrem'in geçmiş zamana, önceki peygamberlere, ilahî hakikatlere, yaratılış kanunlarına ve ahirette olacaklara dair gaybî haberlerini Yirmi Beşinci Söz'e havale edip şimdilik onlardan bahsetmeyeceğiz. Yalnız kendinden sonra sahabenin ve Âl-i Beyt'in başına gelecek, ümmetinin ileride yaşayacağı hadiseler hakkındaki pek çok doğru, gayba ait haberinden birkaç küçük misali göstereceğiz. Ve şu hakikatin tamamen anlaşılması için altı "esas"ı bir giriş mahiyetinde beyan edeceğiz.

Birinci Esas

Resûl-u Ekrem'in (aleyhissalâtü vesselam) gerçi her hali, her tavrı doğruluğuna ve peygamberliğine şahit olabilir. Fakat her halinin, her tavrının harikulâde olması şart değildir. Çünkü Cenâb-ı Hak, onu beşer suretinde göndermiştir ki, insanlığa toplum hayatında, dünya ve ahiret saadetini kazandıracak amellerinde, hareketlerinde rehber ve imam olsun, her biri Allah'ın birer kudret mucizesi olan, her gün meydana gelen alışılmış hadiseler içindeki harikulâde rabbanî sanatı ve ilahî kudretin tasarruflarını göstersin. Resûl-u Ekrem eğer bütün fiillerinde beşerilikten çıkıp harikulâdelik ortaya koysaydı bizzat imam olamaz, davranışlarıyla, hal ve tavırlarıyla ders veremezdi.

O yalnızca, peygamberliğini inatçılara karşı ispat etmek için harikulâde işlere mazhar olur ve ihtiyaç anında, ara sıra mucize gösterirdi. Fakat teklif sırrı olan imtihan ve tecrübenin gereğince, elbette mucizeler apaçık ve muhatabını ister istemez tasdike mecbur bırakacak şekilde gerçekleşmezdi. *Çünkü imtihan sırrı ve insana yüklenen sorumluluğun hikmeti, akla kapı açılmasını fakat iradenin elden alınmamasını gerektirir. Eğer mucizeler çok açık bir şekilde gerçekleşse, o vakit aklın seçme hakkı kalmaz; Ebûcehil de Hazreti Ebûbekir (radiyallâhu anh) gibi tasdik eder, imtihan ve teklifin faydası ortadan kalkar, kömürle elmas aynı seviyede kalırdı.*

Hayret vericidir ki, mübalâğasız, binlerce meşrepten binlerce çeşit insan, Resûl-u Ekrem'in *(aleyhissalâtü vesselam)* bir tek mucizesiyle, bir peygamberlik deliliyle, bir sözüyle, yüzünü görmekle veya buna benzer birer alâmetiyle iman ettikleri halde... Bu binlerce farklı insanı, her şeyi dikkatle inceleyen, ölçüp tartan ve düşünen bu zâtları imana getiren binlerce peygamberlik delili, sahih nakillerle ve kesin neticeleriyle, şimdiki bir kısım bedbaht insanlara kâfi gelmiyor olmalı ki, dalâlete sapıyorlar.

İkinci Esas

Resûl-u Ekrem (aleyhissalâtü vesselam), hem beşerdir, davranışları beşeriyeti itibarı iledir; hem de resûldür, peygamberliği itibarı ile Cenâb-ı Hakk'ın tercümanı ve elçisidir. Peygamberliği vahye dayanır. Vahiy iki kısımdır:

Birincisi *açık vahiydir* ki, *Resûl-u Ekrem (aleyhissalâtü vesselam) onda sırf bir tercümandır, tebliğcidir, ona müdahalesi yoktur.* Kur'an ve bazı kutsî hadisler gibi...

İkinci kısım ise *gizli, örtük vahiydir. Bu kısmın özü vahye ve ilhama dayanır, fakat etraflı izahı ve tasviri Resûl-u Ekrem'e (aleyhissalâtü vesselam) aittir.* Vahiyden gelen özet halindeki o hadiseyi etraflıca tasvir ederken Allah Resûlü *(aleyhissalâtü vesselam)* bazen yine ilhama ya da vahye dayanır veyahut onu kendi ferasetiyle açıklar. Kendi içtihadıyla yaptığı etraflı izah ve tasvirleri ise ya peygamberlik vazifesi noktasında yüce, mukaddes bir manevî kuvvetle ya da örf, âdet ve halkın seviyesine göre, beşeriyeti noktasında beyan eder.

İşte bunun için her hadisin bütün kısımlarına mutlak, saf vahiy nazarıyla bakılmaz. Allah Resûlü'nün beşeriliğin gereği olan fikir ve davranışlarında, peygamberliğin yüce alâmetleri aranmaz. Madem bazı hakikatler ona kısaca, özet olarak, mutlak bir surette vahiy şeklinde gelir, o da bunları kendi ferasetiyle herkesin anlayışına göre tasvir eder. Bu tasvirlerdeki müteşabih[1] ve anlaşılması zor noktalara bazen tefsir, hatta tabir gerekir. Çünkü bazı hakikatler var ki, onları anlamak temsille kolaylaştırılır. Mesela, bir vakit Hazreti Peygamber'in bulunduğu mecliste derinden bir gürültü işitildi. Buyurdu ki: "*Şu gürültü, yetmiş senedir yuvarlanıp şimdi cehennemin dibine düşen bir taşın gürültüsüdür.*"[2] Bir saat sonra, "*Yetmiş yaşına*

---

1 **Müteşabih**: Mânâsı açık olmayan ayet ve hadisler.

2 Bkz. Müslim, *cennet* 31, *münâfikîn* 15; Ahmed İbni Hanbel, *el-Müsned* 2/371, 3/341, 346; İbni Hibbân, *es-Sahîh* 16/510.

giren meşhur bir münafık öldü." diye haber geldi. Resûl-u Ekrem'in *(aleyhissalâtü vesselam)* belagatli bir temsille bildirdiği hadisenin tevili anlaşıldı.

Üçüncü Esas

Nakledilen haberler, eğer tevatür suretinde ise, yani yalan üzerinde birleşmelerine ihtimal bulunmayan kimseler tarafından farklı yollarla aktarılıyorsa, kesindir. Tevatür iki kısımdır:[3] HAŞİYE Biri *açık*, diğeri *manevî tevatür*.

Manevî tevatür de iki kısımdır. Birincisi *sükûtî*dir. Yani, bir şeyin kabul edildiği susmak suretiyle gösterilmiştir. Mesela, bir adam bir topluluk içinde, o topluluğun gözü önünde bir hadiseyi haber verdiği zaman oradakiler kendisini yalanlamaz, ona susarak karşılık verirse o haberi kabul etmiş gibi olurlar. Bilhassa, topluluk bildirilen hadiseyle alâkadarsa, tenkide hazır, hata kabul etmez ve yalanı çok çirkin gören bir topluluksa elbette susması o hadisenin gerçekleştiğine kuvvetli bir delildir.

Manevî tevatürün ikinci kısmı şudur: Bir hadisenin gerçekleştiği rivayet ediliyor, mesela "Bir kıyye[4]

---

3 HAŞİYE Bu risaledeki "tevatür" kelimesi, Türkçe "şâyia" mânâsındaki tevatür değil, şüphesiz bir kesinliği ifade eden, yalan ihtimali olmayan kuvvetli haber mânâsındadır.

4 **Kıyye** (Okka): 1282 gramlık ağırlık ölçüsü.

yiyecek iki yüz insanı doyurmuş." deniliyor, fakat onu bildirenler ayrı ayrı suretlerde haber veriyor. Biri bir çeşit, biri başka bir tarzda, diğeri başka şekilde anlatıyor. Fakat hepsi, aynı hadisenin gerçekleştiğinde birleşiyorlar. İşte şu halde, hadisenin meydana geldiği, mânâsı yönüyle tevatür bulmuştur, kesindir. Farklı şekillerde rivayet edilmesi buna zarar vermez. *Hem tek bir kişi tarafından nakledilen bir haber, bazı şartlarda tevatür gibi kesinlik ifade eder. Yine bazen olur ki, bir kişi tarafından nakledilen o haber, dış emarelerle kesinlik bildirir.*

İşte Resûl-u Ekrem'den *(aleyhissalâtü vesselam)* bize aktarılan mucizelerin ve peygamberlik delillerinin büyük kısmı ya açık ya da manevî veya sükûtî tevatürdür. Bir kısmı da gerçi tek bir kişi vasıtasıyla nakledilmiş haberlerdir; fakat öyle şartlarda, sahih hadisleri sahih olmayanlardan maharetle ayıran ehil hadis âlimlerinin nazarında kabul gördükten sonra, tevatür gibi kesinlik ifade etmeleri gerekir. Evet, hadis âlimlerinin, hakikati araştırarak delilleriyle bilenlerden "hafız" tabir ettikleri zâtlar, en azından yüz bin hadisi hafızasına almış, yine hakikate delilleriyle ulaşmış binlerce hadis âlimi,[5]

---

5 Mesela İmam Ahmed İbni Hanbel bir milyon hadisi*, İmam Buhârî beş yüz bin hadisi** ezberleyen hadis âlimlerindendir. =>

sabah namazını elli sene yatsı abdestiyle kılan takva sahibi hadis âlimleri[6] ve başta Buhârî ile Müslim olmak üzere Kütüb-ü Sitte-i Hadisiye[7] sahibi olan hadis dâhileri, allâmeleri tarafından tashih ve kabul edilen rivayetler, tek bir kişiden nakledilmiş olsa da tevatür kesinliğinden geri kalmaz.

Evet, hadis ilminin, hakikati araştırıp delilleriyle bilen âlimleri, hadis tenkidinde ehil zâtlar hadisle o derece yakınlık kurmuşlar ki, Resûl-u Ekrem'in *(aleyhissalâtü vesselam)* ifade tarzına, yüce üslûbuna ve beyan şekline aşina olup meleke kazanmışlar. Yüz hadis içinde bir uydurma hadis görseler, "*Mevzûdur!*"[8] der, "*Bu hadis olamaz, Peygamber'in sözü değildir!*" diyerek onu reddederler.[9] Sarraf gibi, hadisin cevherini tanır, başka

---

* Bkz. ez-Zehebî, *Tezkiratü'l-Huffâz* 2/431; İbnü'l-Cevzî, *Sıfatü's-Safve* 2/337; İbni Hacer, *Tehzîbü't-Tehzîb* 1/64.

** Bkz. en-Nevevî, *Tehzîbü'l-Esmâ* 1/86; ez-Zehebî, *Tezkiratü'l-Huffâz* 2/556; es-Suyûtî, *et-Tedrîbü'r-Râvî* 1/99.

6 Yatsı abdestiyle sabah namazını kılan pek çok insan olduğunu belirten İmam Gazâlî, tâbiînden kırk sene boyunca böyle yapan kırk kişinin isimlerini vermektedir: el-Gazâlî, *İhyâu Ulûmi'd-Dîn* 1/359.

7 Altı büyük hadis kitabı (Sahih-i Buhari, Sahih-i Müslim, İbni Mâce, Ebu Davud, Tirmizî, Nesâî).

8 Doğru olmayan, uydurma.

9 Bkz. İbni Sa'd, *et-Tabakâtü'l-Kübrâ* 6/186; Hennâd, *ez-Zühd* 1/293; Hâkim, *Ma'rifetü Ulûmi'l-Hadîs* s. 62.

sözü onunla karıştırmazlar. Yalnız İbnü'l-Cevzî gibi birtakım muhakkik zâtlar, tenkitte aşırıya gidip bazı sahih hadislere de uydurma demişler. Fakat bu, "Her uydurma şeyin mânâsı yanlıştır." demek değildir, "Bu söz hadis değil." mânâsına gelir.

Soru: Hadis rivayetinde, nakledenlerin isimlerinin sıralanıp senet gösterilmesinin faydası nedir ki, lüzumsuz yere, mâlum bir hadise hakkında, "filandan, filandan, filandan nakletti..." derler?

Cevap: Bunun faydası çoktur. Mesela bir faydası şudur: Bu senetle, o listeye dâhil olan vesikalı, delilli ve doğru sözlü hadis âlimlerinin bir tür fikir birliği ve o senede dâhil edilen tahkik ehlinin bir çeşit ittifakı gösterilir. Âdeta o senette ismi bulunan her bir imam, her bir büyük âlim, o hadisin hükmünü imzalıyor, sahih olduğuna dair mührünü basıyor.

Soru: Neden mucizeler, diğer zaruri dinî hükümler gibi tevatür suretinde, pek çok farklı rivayetle, çok önem verilerek nakledilmemiş?

Cevap: *Çünkü dine ait birçok hükme insanların büyük kısmı çoğu zaman muhtaçtır. Farz-ı ayn, yani her Müslümanın yerine getirmekle vazifeli olduğu farzlar gibi, o hükümler herkesi ilgilendiriyor. Mucizelere gelince, herkesin her bir mucizeye ihtiyacı yoktur. Eğer ihtiyacı olsa da bir defa işitmesi kâfidir. Âdeta farz-ı kifaye, yani bazı*

Müslümanların yerine getirmesiyle sorumluluğun herkesten kalktığı farzlar gibi, bir kısım insanlar onları bilse yeter.

İşte bunun içindir ki, bazen bir mucizenin varlığı ve gerçekleştiği, bir hükmün varlığından on derece daha kesin olduğu halde, onu rivayet eden bir-iki, hükmü rivayet edense on-yirmi kişi olur.

Dördüncü Esas

Resûl-u Ekrem'in (aleyhissalâtü vesselam) gelecekten haber verdiği bazı hadiseler küçük, basit birer hadise değildir; o, tekrarlanan, kapsamlı hadiseleri küçük birer misalle haber verir. Halbuki o hadisenin çeşitli yönleri vardır. Resûl-u Ekrem her defasında bir yönünü beyan eder. Sonra hadisi rivayet eden, o yönleri birleştirir. Verilen haber gerçeğe zıt gibi görünür.

Mesela, Hazreti Mehdî'ye dair çeşitli rivayetler var.[10] Ayrıntıları ve tasvirleri başka başkadır. Halbuki Yirmi Dördüncü Söz'ün bir dalında ispat edildiği gibi, Resûl-u Ekrem *(aleyhissalâtü vesselam)* vahye dayanarak, her bir asırda müminlerin manevî kuvvetini muhafaza etmek, dehşetli hadiselerde ümitsizliğe

---

10 Müslim, *îmân* 247; Tirmizî, *fiten* 53; Ebû Dâvûd, *mehdî* 4, 6, 7; İbni Mâce, *fiten* 24, 34; Ahmed İbni Hanbel, *el-Müsned* 1/99.

düşmemelerini sağlamak ve onları mânen İslam âleminin nuranî bir silsilesi olan Âl-i Beyt'ine bağlamak için Mehdî'nin geleceğini haber vermiş.[11] Ahirzamanda gelecek Mehdî gibi, her bir asır, Âl-i Beyt'ten bir nevi mehdî, belki mehdîler bulmuş. Hatta Âl-i Beyt'ten sayılan Abbasî halifelerinden Büyük Mehdî'nin pek çok vasfını kendinde toplayan birer mehdî bulunmuş. İşte Büyük Mehdî'den önce gelen, onun benzerleri, numuneleri olan, Mehdî sıfatlarına sahip halifelerin ve kutub zâtların vasıfları, asıl Mehdî'nin vasıflarına karışmış, o yüzden rivayetler arasında ihtilaflar meydana gelmiş.

Beşinci Esas

Resûl-u Ekrem (aleyhissalâtü vesselam), لَا يَعْلَمُ الْغَيْبَ إِلَّا اللّٰهُ[12] *hükmünün sırrınca, gaybı kendi kendine bilemezdi, Cenâb-ı Hak ona bildirir, o da haber verirdi. Cenâb-ı Hak hem Hakîm hem Rahîm'dir. Hikmeti ve rahmeti, gayba ait şeylerden çoğunun gizlenmesini gerektiriyor, kapalı kalmasını istiyor. Çünkü şu dünyada insanın hoşuna gitmeyen şeyler daha çoktur; onları meydana gelmeden önce bilmek insana ızdırap verir. Bu sırdandır ki, ölüm*

11 Bkz. Ebû Dâvûd, *mehdî* 6; İbni Mâce, *fiten* 34.

12 Hiç kimse gaybı bilemez, gaybı yalnız Allah bilir.

ve ecel gizli tutulmuş, insanın başına gelecek musibetler de gayb perdesi ardında kalmıştır.[13]

İşte, Resûl-u Ekrem'in *(aleyhissalâtü vesselam)* ümmetine karşı çok hassas merhametini fazla rencide etmemek, âl ve ashabına karşı şiddetli şefkatini fazla incitmemek için, ahirete yolculuğundan sonra âlinin, ashabının ve ümmetinin başına gelecek müthiş hadiseleri ona tamamen ve etraflıca göstermemek,[14 HAŞİYE] Cenâb-ı Hakk'ın hikmetinin ve rahmetinin gereğidir. Yine de bazı hikmetler için, mühim hadiseler –dehşetli bir surette olmamak

---

13 Ecelin gizli bırakıldığına dair ayet ve hadisler için bkz. Lokman sûresi, 31/34; Buhârî, *istiskâ* 29, *tefsîru sûre (6)* 1, *(13)* 1, *(31)* 2, *tevhîd* 4; Ahmed İbni Hanbel, *el-Müsned* 2/24, 52, 58, 122.

14 HAŞİYE Resûl-u Ekrem'e *(aleyhissalâtü vesselam)*, Âişe-i Sıddîka'ya karşı fazla sevgisini ve şefkatini rencide etmemek için, Cemel Hadisesi'nde onun bulunacağının kesin bir şekilde gösterilmediğine delil şudur: Hazreti Peygamber pak hanımlarına buyurmuş ki: "Keşke hanginizin o vakada bulunacağını bilseydim."* Fakat sonra, hafif bir surette bildirilmiş ki, Hazreti Ali'ye *(radiyallâhu anh)* ferman etmiş: Seninle Âişe arasında bir hadise olsa... فَارْفُقْ بِهَا فَارْدُدْهَا إِلَى مَأْمَنِهَا "Ona şefkatle muamele et ve onu selametle evine gönder."**

* Bkz. Ahmed İbni Hanbel, *el-Müsned* 6/52, 97; Ma'mer İbni Râşid, *el-Câmi'* 11/365; İbni Ebî Şeybe, *el-Musannef* 7/536.

** Bkz. Ahmed İbni Hanbel, *el-Müsned* 6/393; et-Ta-berânî, *el-Mu'cemü'l-Kebîr* 1/332; el-Beyhakî, *Delâilü'n-Nübüvve* 6/411.

kaydıyla– ona öğretilmiş, o da haber vermiş. Hem Cenâb-ı Hak güzel hadiseleri kısmen özet halinde, kısmen etraflı bir şekilde bildirmiş, o da nakletmiş. Onun verdiği haberleri de, en yüksek derecede bir takva, adalet ve doğrulukla çalışan, وَمَنْ كَذَبَ عَلَيَّ مُتَعَمِّدًا فَلْيَتَبَوَّأْ مَقْعَدَهُ مِنَ النَّارِ[15] hadisindeki tehditten şiddetle korkan ve فَمَنْ أَظْلَمُ مِمَّنْ كَذَبَ عَلَى اللّٰهِ[16] ayetindeki sert tehditten şiddetle kaçınan kâmil hadis âlimleri bize eksiksiz, sağlam bir şekilde aktarmışlar.

Altıncı Esas

Resûl-u Ekrem'in *(aleyhissalâtü vesselam)* halleri ve vasıfları siyer[17] ve tarih kitaplarında anlatılmıştır. Fakat o vasıfların ve hallerin büyük kısmı Hazreti Peygamber'in beşeriyetine bakar. Halbuki o mübarek zâtın manevî şahsiyeti ve kutsî mahiyeti o derece yüksek ve nuranidir ki, siyer ve tarih kitaplarında anlatılan vasıflar, o yüce, şerefli şahsiyete, o yüksek kıymete uygun düşmüyor. Çünkü

---

15 "Kim benim üzerime kasten yalan uydurursa, cehennemdeki yerini hazırlasın." (Bkz. Buhârî, *ilim* 38; Müslim, *mukaddime* 2-4).

16 "Uydurduğu yalanı Allah'a mâl eden kimseden daha zalim biri olabilir mi?" (Zümer sûresi, 39/32).

17 Konusu Peygamber Efendimizin hayatı olan kitaplar.

اَلسَّبَبُ كَالْفَاعِلِ[18] sırrınca, her gün, hatta şimdi dahi bütün ümmetinin ibadetleri kadar muazzam bir ibadet sevabı amel defterine ilave ediliyor. Cenâb-ı Hakk'ın sonsuz rahmetine nihayetsiz bir şekilde, sınırsız bir kabiliyetle mazhar olduğu gibi, her gün ümmetinin sayısız fertlerinin hadsiz duasını alıyor.

Hem şu kâinatın neticesi ve en mükemmel meyvesi, âlemin Yaratıcısının tercümanı ve sevgilisi olan o mübarek zâtın mahiyetinin bütünü ve kusursuz vasıflarının hakikati, siyer ve tarih kitaplarına geçen beşerî hal ve tavırlara sığmaz. Mesela, Hazreti Cebrail ve Hazreti Mikail'in iki yardımcı muhafız gibi Bedir Savaşı'nda yanında bulunduğu[19] mübarek bir zâtın, çarşıda bedevî bir Arap'la at pazarlığı için çekişmesi, bir tek Huzeyme'yi şahit göstermekle,[20] görünen tavırlarıyla uyuşmaz.

İşte yanlış yolda gitmemek için her vakit, Resûl-u Ekrem'in beşeriliği itibarı ile işitilen basit vasıflarından başını kaldırıp gerçek mahiyetine ve peygamberlik mertebesindeki nuranî manevî

---

18 (Bir işe) sebep olan (onu bizzat) yapan gibidir.

19 Bkz. el-Vâkıdî, *Kitâbü'l-Meğâzî* 1/78; İbni Asâkir, *Târîhu Dimaşk* 20/321; el-Kurtubî, *el-Câmi' li Ahkâmi'l-Kur'an* 4/194-195.

20 Bu sahabi Huzeyme bin Sabit'tir. Bkz. Ebû Dâvûd, *akdiye* 20; Nesâî, *büyû'* 81; Ahmed İbni Hanbel, *el-Müsned* 5/215-216.

şahsiyetine bakmak gerekir. Yoksa insan ya hürmetsizlik etmiş olur ya da şüpheye düşer. Bu sırrın izahı olarak şu temsili dinle:

Mesela bir hurma çekirdeği var. O çekirdek toprak altına gömülüp büyüyerek koca, meyveli bir ağaç olur. Hem gittikçe dal budak salar, boy atar. Veya tavus kuşunun bir yumurtası var. O yumurtaya sıcaklık verilir, bir tavus civcivi çıkar. Sonra mükemmel, her tarafı kudret kalemiyle yazılı ve yaldızlı bir tavus kuşu olur. Gittikçe daha da büyür ve güzelleşir.

Evet, o çekirdeğe ve yumurtaya ait sıfatlar, haller var. İçlerinde incecik maddeler bulunur. Hem onlardan meydana gelen ağaç ve kuşun da, o çekirdek ve yumurtanın basit, küçük mahiyetlerine, vaziyetlerine nispeten büyük ve yüce sıfatları, mahiyetleri vardır.

Şimdi, o çekirdeğin ve yumurtanın vasıflarını ağacın ve kuşun vasıflarına bağlayıp onlardan da bahsetmek gerekir ki, insan her vakit başını çekirdekten kaldırıp ağaca baksın, gözünü yumurtadan kuşa çevirip dikkat etsin. Ve böylece aklı, işittiği vasıfları kabul edebilsin. Yoksa "Bir dirhem[21] çekirdekten bin batman[22] hurma elde ettim." ve "Şu

---

21 **Dirhem**: Yaklaşık üç gramlık ağırlık ölçüsü.

22 **Batman**: Sekiz kilograma eşit olan ağırlık ölçüsü.

yumurta, gökyüzünde kuşların sultanıdır." denilse, yalanlayacak ve inkâra sapacak.

İşte Resûl-u Ekrem'in (aleyhissalâtü vesselam) beşeriliği o çekirdeğe ve yumurtaya benzer. Peygamberlik vazifesiyle parlayan mahiyeti ise tûbâ ağacı ve cennetteki hüma kuşu gibidir. Hem daima mükemmelleşme halindedir. Bu yüzden o zâtın çarşı içinde bir bedevi ile çekiştiği düşünüldüğünde, hayal gözünü kaldırıp, Refref'e[23] *binen, Cebrail'i arkada bırakarak Kâb-ı Kavseyn'e koşup giden*[24] *nuranî şahsına bakmak gerekir. Yoksa insan ya hürmetsizlik etmiş olacak ya da nefs-i emmaresi*[25] *ona inanmayacaktır.*

---

23 Manevî bir binek. Peygamber Efendimizin Mirac'da bindiği son binek. Bkz. en-Nesâî, *es-Sünenü'l-Kübrâ* 6/470-473; el-Hakîm et-Tirmizî, *Nevâdiru'l-Usûl* 1/162.

24 Bkz. Kadı Iyâz, *eş-Şifâ* 1/204; el-Kurtubî, *el-Câmi' li Ahkâmi'l-Kur'an* 17/98; İbni Hacer, *Fethu'l-Bârî* 13/484.

25 **Nefs-i emmare**: Daima kötülüğü arzulayan nefis.

Beşinci Nükteli İşaret

Gayba dair hadislerin birkaç örneğini söyleyeceğiz.

Birincisi: Resûl-u Ekrem'in *(aleyhissalâtü vesselam)* minberde, sahabe cemaati içinde şöyle ferman ettiği, sahih nakille ve tevatür derecesinde bir kesinlikle bize ulaşmış:

إِنَّ ابْنِي هٰذَا سَيِّدٌ وَلَعَلَّ اللّٰهَ أَنْ يُصْلِحَ بِهِ بَيْنَ فِئَتَيْنِ عَظِيمَتَيْنِ مِنَ الْمُسْلِمِينَ[1]

İşte kırk sene sonra İslam'ın en büyük iki ordusu karşı karşıya geldiği vakit, Hazreti Hasan *(radiyallâhu anh)* Hazreti Muaviye *(radiyallâhu anh)* ile barışıp[2] en şerefli, en büyük ceddinin gayba dair mucizesini tasdik etmiştir.

---

1 "Şüphesiz benim bu torunum seyyiddir. Allah onun vasıtasıyla Müslümanlardan iki büyük fırkanın arasını bulacaktır." (Bkz. Buhârî, *sulh* 9; Tirmizî, *menâkıb* 30; Ebû Dâvûd, *sünnet* 12, 13).

2 Bkz. et-Taberî, *Târîhu'l-Ümem ve'l-Mülûk* 3/167; ez-Zehebî, *Siyeru A'lâmi'n-Nübelâ* 3/291.

İkincisi: Sahih rivayetle, Resûl-u Ekrem, Hazreti Ali'ye demiş ki:

تُقَاتِلُ النَّاكِثِينَ وَالْقَاسِطِينَ وَالْمَارِقِينَ[3]

Böylece hem Cemel vakasını hem Sıffin Savaşı'nı hem de Haricîler hadisesini haber vermiş.

Yine Hazreti Ali'ye *(radiyallâhu anh)* Hazreti Zübeyr ile birbirlerine muhabbet besledikleri bir zaman şöyle buyurmuş: "*Bu sana karşı savaşacak, fakat haksızdır.*"[4]

Hem pak zevcelerine demiş ki: "*İçinizden biri mühim bir fitnenin başına geçecek ve etrafında çokları katledilecek.*[5] وَتَنْبَحُ عَلَيْهَا كِلَابُ الْحَوْأَبِ[6]"

İşte otuz sene sonra Hazreti Ali'nin Hazreti Âişe, Hazreti Zübeyr ve Hazreti Talha'ya karşı Cemel vakasında, Muaviye'ye karşı Sıffin'de ve Haricîlere karşı Harûra ile Nehravan'da savaşması, şu sahih

---

3 "Biatini bozanlarla, hak ve adaletten sapanlarla ve dinden çıkanlarla savaşacaksın." (Bkz. el-Hâkim, *el-Müstedrek* 3/150. Ayrıca bkz. el-Bezzâr, *el-Müsned* 2/215, 3/27; Ebû Ya'lâ, *el-Müsned* 1/397, 3/194).

4 Bkz. İbni Ebî Şeybe, *el-Musannef* 7/545; Ebû Ya'lâ, *el-Müsned* 2/29; el-Hâkim, *el-Müstedrek* 3/413.

5 Bkz. İbni Ebî Şeybe, *el-Musannef* 7/538; İbni Abdilberr, *el-İstîâb* 4/1885.

6 "Ona Hav'eb'in köpekleri havlayacaktır." (Bkz. Ahmed İbni Hanbel, *el-Müsned* 6/52, 97).

ve kesin hadislerin, gayba dair haberlerin fiilen bir tasdikidir.

Yine Hazreti Ali'ye, "senin sakalını, senin başının kanıyla ıslatacak bir adam"[7] buyurarak birini haber vermiş. Hazreti Ali o adamı tanırmış;[8] o, Abdurrahmân İbni Mülcemü'l-Hâricî'dir.[9]

Hem Haricîlerin içinde "Zü's-südeyye" denilen bir adamı, alâmeti olan garip bir nişanla haber vermiştir. Haricîlerden öldürülenler içinde o adam bulunmuş, Hazreti Ali onu haklı olduğuna delil göstermiş ve peygamber mucizesini ilan etmiş.[10]

Resûl-u Ekrem *(aleyhissalâtü vesselam)*, Ümmü Seleme'nin[11] ve daha başkalarının[12] sahih rivayetleriyle, şöyle haber vermiş: "Hüseyin, Taff'da (Kerbelâ'da) katledilecektir." Elli sene sonra o

---

7 Bkz. Ahmed İbni Hanbel, *el-Müsned* 1/91, 102; et-Tayâlisî, *el-Müsned* s. 23; İbni Ebî Şeybe, *el-Musannef* 7/485.

8 Bkz. Abdurrezzak, *el-Musannef* 10/125, 154; İbni Abdilberr, *el-İstîâb* 3/1126, 1127.

9 Bkz. Ahmed İbni Hanbel, *el-Müsned* 1/92; İbni Ebî Şeybe, *el-Musannef* 5/437.

10 Bkz. Buhârî, *menâkıb* 25; Müslim, *zekât* 148; Ahmed İbni Hanbel, *el-Müsned* 3/33.

11 Bkz. Ahmed İbni Hanbel, *el-Müsned* 6/294.

12 Bkz. Ahmed İbni Hanbel, *el-Müsned* 3/242, 256; et-Taberânî, *el-Mu'cemü'l-Kebîr* 3/107.

ciğer dağlayan hadise aynen meydana gelmiş, gayba ait bu haberi doğrulamış.[13]

Hem Resûl-u Ekrem, tekrar tekrar bildirmiş ki: "Âl-i Beyt'im, benden sonra يَلْقَوْنَ قَتْلًا وَتَشْرِيدًا –yani– katle, belâya ve sürgüne maruz kalacak." ve bunu bir derece izah etmiş.[14] Aynen dediği gibi çıkmıştır.

Bu makamda mühim bir soru

Deniliyor ki: *"Hazreti Ali, halifeliğe o derece lâyık olduğu halde; Resûl-u Ekrem'e (aleyhissalâtü vesselam) yakınlığına, harikulâde cesaretine ve ilmine rağmen neden hilafet makamına önce o geçirilmedi? Ve neden onun halifeliği zamanında İslam âlemi çok karışıklığa maruz kaldı?"*

Cevap: Âl-i Beyt'ten bir kutb-u âzam şöyle der: *"Resûl-u Ekrem (aleyhissalâtü vesselam), Hazreti Ali'nin (radiyallâhu anh) halife olmasını arzu etmiş. Fakat gaybdan ona, Cenâb-ı Hakk'ın muradının başka olduğu bildirilmiş. O da arzusunu bırakıp Allah'ın dileğine boyun eğmiş."*[15]

---

13 Bkz. İbni Abdilberr, *el-İstîâb* 1/393; İbni Asâkir, *Târîhu Dimaşk* 14/213; İbni Kesîr, *el-Bidâye* 6/229-232.

14 el-Hâkim, *el-Müstedrek* 4/534; İbni Hacer el-Heytemî, *es-Savâiku'l-Muhrika* 2/527, 658. Ayrıca bkz. İbni Mâce, *fiten* 34; İbni Ebî Şeybe, *el-Musannef* 7/527.

15 Bkz. Hatîb el-Bağdâdî, *Târîhu Bağdâd* 11/213; İbni Asâkir, *Târîhu Dimaşk* 45/322.

Cenâb-ı Hakk'ın muradının hikmetlerinden biri şu olmalıdır: *Resûl-u Ekrem'in ahirete göç etmesinden sonra eğer Hazreti Ali başa geçseydi, onun halifeliği zamanında meydana gelen hadiselerin şehadetiyle ve tavizsiz, korkusuz, tam bir zühdle, kahramanca, kimseye muhtaç olmayan tavrı ve âleme şöhret salmış yiğitliği itibarı ile, sahabenin ittifak ve birliğe en çok ihtiyaç duyduğu zamanda, pek çok insanda ve kabilede rekabet damarını harekete geçirip ayrılığa sebep olması kuvvetle muhtemeldi.*

Hazreti Ali'nin halifeliğe daha sonra geçmesinin bir sırrı da şudur: *Çok farklı kavimlerin birbirine karışmasıyla, Hazreti Peygamber'in (aleyhissalâtü vesselam) haber verdiği gibi, sonradan ortaya çıkan yetmiş üç fırkanın[16] fikirlerinin esaslarını taşıyan o kavimler içinde fitneye yol açan hadiselerin meydana geldiği zamanda, Hazreti Ali gibi harikulâde bir cesaret ve feraset sahibi, Hâşimî ve Âl-i Beyt'ten, kuvvetli, hürmet gören bir zât lâzımdı ki dayanabilsin... Evet, dayandı... Resûl-u Ekrem'in (aleyhissalâtü vesselam), "Ben Kur'an'ın ayet ayet indirilip tebliğ edilmesi uğrunda savaştım. Sen de mânâsının doğru yorumlanması için*

---

16 Fırka: Grup, zümre. Bkz. Tirmizî, *îmân* 18; Ebû Dâvûd, *sünnet* 1; İbni Mâce, *fiten* 17; Dârimî, *siyer* 75.

savaşacaksın."[17] *buyurarak haber verdiği gibi...*

Hem Hazreti Ali olmasaydı, dünya saltanatının Emevî hükümdarlarını tamamen yoldan çıkarması muhtemeldi. Halbuki karşılarında Hazreti Ali'yi ve Âl-i Beyt'i gördüklerinden, onlara karşı dengeli, ölçülü olmak ve Müslümanların gözünde mevkilerini muhafaza etmek için Emevî devlet reislerinin hepsi, ister istemez, kendileri olmasa da herhalde teşvik ve uygun görmeleriyle onlara tâbi olanlar ve taraftarları, bütün kuvvetleriyle İslam ve iman hakikatlerini, Kur'an'ın hükümlerini korumaya ve yaymaya çalıştılar. Hakikati araştırıp delilleriyle bilen yüz binlerce müçtehit, kâmil hadis âlimi, evliya ve asfiya yetiştirdiler. *Eğer karşılarında Âl-i Beyt'in çok kuvvetli velâyeti, dindarlığı ve fazileti olmasaydı, Abbasîlerin ve kendi devletlerinin son devirlerindeki gibi, tamamen çığırlarından çıkmaları muhtemeldi.*

Eğer denilse ki: *"Neden halifelik, Resûl-u Ekrem'in Âl-i Beyt'inde devamlı kalmadı? Halbuki buna en lâyık olan, halifeliği en çok hak eden onlardı."*

Cevap: *Dünya saltanatı aldatıcıdır. Âl-i Beyt ise İslam hakikatlerini ve Kur'an'ın hükümlerini muhafaza etmekle vazifeliydi. Halifelik ve saltanat*

---

17 ed-Deylemî, *el-Müsned* 1/46. Ayrıca bkz. Ahmed İbni Hanbel, *el-Müsned* 3/31, 82; en-Nesâî, *es-Sünenü'l-Kübrâ* 5/154.

makamına geçen, ya peygamber gibi masum olmalı ya da Raşit Halifeler, Ömer İbni Abdülaziz-i Emevî ve Mehdî-yi Abbâsî gibi kalben dünyayla alâkasını kesmeli, harikulâde bir zühde sahip bulunmalı ki, aldanmasın. Halbuki Mısır'da Âl-i Beyt namına kurulan Fâtımî devletinin hilafeti, Afrika'da Muvahhidîn hükümeti ve İran'da Safevîler göstermiştir ki, dünya saltanatı Âl-i Beyt'e yaramaz. Asıl vazifeleri olan dini korumayı ve İslamiyet'e hizmeti onlara unutturur. Halbuki saltanatı terk ettikleri zaman, İslamiyet'e ve Kur'an'a parlak ve yüksek bir surette hizmet etmişlerdir.

İşte bak! Hazreti Hasan'ın neslinden gelen kutub zâtlar, bilhassa dört büyük kutub[18] ve bilhassa Gavs-ı Âzam Şeyh Abdülkadir Geylânî, hem Hazreti Hüseyin'in neslinden gelen imamlar, bilhassa Zeynelâbidin ve Câfer-i Sâdık; her biri manevî birer mehdî hükmüne geçmiş, manevî zulmü ve karanlığı dağıtıp Kur'an nurlarını ve iman hakikatlerini yaymış, en şerefli cedlerinin birer varisi olduklarını göstermişlerdir.

---

18 Seyyid Abdülkadir Geylanî, Seyyid Ahmed-i Bedevî, Seyyid Ahmed-i Rufaî, Seyyid İbrahim Desukî *(kaddesallahu esrarahum)* genellikle tasavvuf kitaplarında geçen dört kutup zât olarak anılır. Bazen Ebu'l-Hasan eş-Şazelî dördüncü kutup olarak zikredilir.

***Eğer denilse**: "Nuranî Saadet Asrı'nda mübarek Müslümanların başına gelen o dehşetli, kanlı fitnenin hikmeti ve rahmet yönü nedir? Çünkü onlar kahrı hak etmemişti."*

Cevap: Nasıl ki baharda dehşetli, yağmurlu bir fırtına, bütün bitki türlerinin, tohumların, ağaçların kabiliyetlerini harekete geçirir, geliştirir; onların her biri kendine has çiçekler açar, yaratılışının gereği olan birer vazifeyi yerine getirir. *Aynı şekilde, sahabe ve tâbiînin başına gelen fitne de çekirdekler hükmündeki ayrı ayrı, çeşitli kabiliyetleri harekete geçirip kamçıladı. "İslamiyet tehlikede, yangın var!" diye her cemaati korkuttu, İslamiyet'i muhafaza etmeye koşturdu. Her biri, kendi kabiliyetine göre, İslam camiasının çok sayıdaki ve çeşitli vazifelerinden birini omzuna aldı, tam bir ciddiyetle çalıştı. Bir kısmı hadislerin korunmasına, bir kısmı dinin hükümlerinin, bir kısmı iman hakikatlerinin, bir kısmı da Kur'an'ın muhafazasına çalıştı ve bunun gibi, her bir topluluk bir hizmeti üstlendi. İslamiyet vazifesinde hummalı bir şekilde gayret gösterdiler. Türlü renklerde çok çiçek açtı. O fırtına ile pek geniş olan İslam âleminin her tarafına tohumlar atıldı, dünyanın yarısını gül bahçesine çevirdi. Fakat maalesef o güllerin ve gül bahçesinin içinde bid'atçı zümrelerin dikenleri de çıktı.*

Âdeta Cenâb-ı Hakk'ın kudret eli o asrı celâlle çalkaladı, şiddetle hareket ettirip çevirdi, himmet sahiplerini gayrete getirip elektriklendirdi. O hareketten kaynaklanan bir merkezkaç kuvvetiyle pek çok münevver müçtehidi, nuranî hadis âlimini, kutsî hafızları, asfiyayı, kutub zâtları İslam âleminin her tarafına uçurdu, hicret ettirdi. Doğudan batıya kadar, Müslümanları heyecana getirip Kur'an'ın hazinelerinden istifade etmeleri için gözlerini açtırdı... Şimdi sadede geliyoruz.

Resûl-u Ekrem'in *(aleyhissalâtü vesselam)* gayba dair haber verdiği gibi gerçekleşen hadiseler binlercedir, pek çoktur. Biz yalnız birkaç küçük misaline işaret edeceğiz:

İşte, başta Buhârî ve Müslim, sahihliği ile meşhur Kütüb-ü Sitte-i Hadisiye[19] sahipleri, aktaracağımız haberlerin çoğunda ittifak ederler. O haberlerin büyük kısmı mânen tevatür derecesindedir.[20] Bir kısmı da hakikati araştırıp delilleriyle bilen âlimlerin sahihliklerinde birleşmesiyle, tevatür derecesine ulaşmış gibi kesindir denebilir.

---

19 Altı büyük hadis kitabı: Sahih-i Buhari, Sahih-i Müslim, İbni Mâce, Ebu Davud, Tirmizî, Nesâî.

20 Bkz. el-Gazâlî, *Fedâihu'l-Bâtıniyye* 1/139-141; el-Âmidî, *Ğâyetü'l-merâm* 1/356-357; el-Îcî, *Kitâbü'l-Mevâkıf* 3/405; et-Teftâzânî, *Şerhu'l-Makâsıd* 5/17.

Resûl-u Ekrem, kesin ve sahih rivayetle, ashabına şöyle haber vermiş: "*Siz bütün düşmanlarınıza üstün geleceksiniz. Hem Mekke'yi,*[21] *hem Hayber'i,*[22] *hem Şam'ı,*[23] *hem Irak'ı,*[24] *hem İran'ı,*[25] *hem de Mescid-i Aksa'yı*[26] *fethetmeye muvaffak olacaksınız.*" O zamanın en büyük devletleri hakkında, "*İran ve Rum padişahlarının hazinelerini aranızda bölüştüreceksiniz...*"[27] buyurmuş. "Tahminim böyle" veya "zannederim" dememiş, görür gibi kesin haber vermiş ve haber verdiği gibi çıkmış. Halbuki bunları söylediği sırada, hicrete mecbur olmuştu, sahabileri azdı, Medine'nin etrafı ve bütün dünya ona düşmandı.

Yine kesin ve sahih nakille, çok defa اِقْتَدُوا بِالَّذَيْنِ مِنْ بَعْدِي أَبِي بَكْرٍ وَعُمَرَ[28] diyerek Hazreti Ebûbekir

---

[21] Bkz. Ahmed İbni Hanbel, *el-Müsned* 3/484, 4/67; İbni Ebî Şeybe, *el-Musannef* 7/361.

[22] Bkz. Buhârî, *cihâd* 102; Müslim, *fezâilü's-sahâbe* 34.

[23] Bkz. Buhârî, *fezâilü'l-Medîne* 5; Müslim, *hac* 496, 497.

[24] Bkz. Buhârî, *fezâilü'l-Medîne* 5; Müslim, *hac* 496, 497.

[25] Bkz. Ahmed İbni Hanbel, *el-Müsned* 5/86, 87, 89; İbni Hibbân, *es-Sahîh* 15/81.

[26] Bkz. Buhârî, *cizye* 15; İbni Mâce, *fiten* 25; Ahmed İbni Hanbel, *el-Müsned* 6/22, 25, 27.

[27] Bkz. Buhârî, *cihâd* 157; Müslim, *fiten* 75-78.

[28] "Benden sonra Ebûbekir ve Ömer'e uyunuz." (Bkz. Tirmizî, *menâkıb* 16, 34; İbni Mâce, *mukaddime* 11; Ahmed İbni Hanbel, *el-Müsned* 5/382).

ve Hazreti Ömer'in kendisinden sonraya kalacaklarını, halife olacaklarını ve mükemmel bir surette Allah'ın rızası ve Peygamber'in arzusu dairesinde hareket edeceklerini bildirmiş.[29] Hazreti Ebûbekir'in az, Hazreti Ömer'in ise çok yaşayıp pek çok fetih yapacağını haber vermiş.

Hem buyurmuş ki:

زُوِيَتْ لِيَ الْأَرْضُ فَأُرِيتُ مَشَارِقَهَا وَمَغَارِبَهَا وَسَيَبْلُغُ مُلْكُ أُمَّتِي مَا زُوِيَ لِي مِنْهَا

yani "Yeryüzü doğudan batıya kadar ümmetimin eline geçecektir. Hiçbir ümmet o kadar mülk elde etmemiştir."[30] Haber verdiği gibi çıkmış.

Hem kesin ve sahih nakille, Bedir Savaşı'ndan önce,

هٰذَا مَصْرَعُ أَبِي جَهْلٍ.. هٰذَا مَصْرَعُ عُتْبَةَ.. هٰذَا مَصْرَعُ أُمَيَّةَ.. هٰذَا مَصْرَعُ فُلَانٍ وَفُلَانٍ[31]

---

29 Bkz. el-Münâvî, *Feyzu'l-Kadîr* 2/56; İbni Abdilberr, *et-Temhîd* 22/126.

30 Bkz. Kâsım İbni Sellâm, *Garîbü'l-Hadîs* 1/3; ez-Zemahşerî, *el-Fâik* 2/128. Yakın ifadeler için bkz. Müslim, *fiten* 19; Tirmizî, *fiten* 14; Ebû Dâvûd, *fiten* 1.

31 "Burası Ebûcehil'in, burası Utbe'nin, burası Ümeyye'nin, burası da filan ve falanın yıkılıp devrileceği yer." (Bkz. Müslim, *cennet* 76, *cihâd* 83; Ebû Dâvûd, *cihâd* 115; Nesâî, *cenâiz* 117).

deyip Kureyşli müşriklerin reislerinin her birinin nerede katledileceğini göstermiş ve buyurmuş ki: "Übey İbni Halef'i ben kendi elimle öldüreceğim." Haber verdiği gibi çıkmış.[32]

Yine kesin ve sahih rivayetle, bir aylık mesafede, Şam civarında, Mûte adlı mevkideki meşhur savaşta çarpışan sahabilerini görür gibi ferman etmiş:

أَخَذَ الرَّايَةَ زَيْدٌ فَأُصِيبَ.. ثُمَّ أَخَذَهَا جَعْفَرُ فَأُصِيبَ.. ثُمَّ أَخَذَهَا

ابْنُ رَوَاحَةَ فَأُصِيبَ.. ثُمَّ أَخَذَهَا سَيْفٌ مِنْ سُيُوفِ اللهِ[33]

Hadiseleri birer birer ashabına haber vermiş. İki-üç hafta sonra Ya'lâ İbni Münye savaş meydanından gelmiş, o daha söylemeden, dosdoğru sözlü Resûl-u Ekrem *(aleyhissalâtü vesselam)* savaşı teferruatıyla anlatmış. Ya'lâ, "Dediğin gibi, aynen öyle oldu."[34] diye yemin etmiş.

Hem kesin ve sahih nakille, Resûl-u Ekrem buyurmuş ki:

---

[32] Bkz. İbni İshak, *es-Sîre* 3/310; İbni Hişâm, *es-Sîratü'n-Nebeviyye* 4/33; İbni Sa'd, *et-Tabakâtü'l-Kübrâ* 2/46.

[33] "Sancağı Zeyd aldı, az sonra şehit edildi. Ardından Câfer İbni Ebî Tâlib aldı, o da şehit edildi. Peşinden İbni Revâha aldı, o da şehit edilince sancağı Allah kılıçlarından bir kılıç aldı." (Bkz. Buhârî, *cenâiz* 4, *cihâd* 7, 77; Ahmed İbni Hanbel, *el-Müsned* 3/113).

[34] Bkz. el-Beyhakî, *Delâilü'n-Nübüvve* 4/365; İbni Asâkir, *Târîhu Dimaşk* 2/12; İbni Kesîr, *el-Bidâye* 4/247.

إِنَّ الْخِلاَفَةَ بَعْدِي ثَلاَثُونَ سَنَةً[35].. ثُمَّ تَكُونُ مُلْكًا عَضُوضًا..[36]

وَإِنَّ هٰذَا الْأَمْرَ بَدَأَ نُبُوَّةً وَرَحْمَةً.. ثُمَّ يَكُونُ رَحْمَةً وَخِلاَفَةً..

ثُمَّ يَكُونُ مُلْكًا عَضُوضًا.. ثُمَّ يَكُونُ عُتُوًّا وَجَبَرُوتًا...[37]

Hazreti Hasan'ın altı ay hilafetiyle, Çihâr Yâr-ı Güzîn'in (dört seçkin dost olan Raşit Halifelerin) hilafet zamanlarını ve onlardan sonra idarenin saltanat şekline gireceğini, ardından o saltanatın zorbalığa gelip dayanacağını ve ümmetin içinde bozgunculuğun baş göstereceğini haber vermiş. Söylediği gibi çıkmış.

Hem kesin ve sahih nakille, şöyle ferman etmiş:

يُقْتَلُ عُثْمَانُ وَهُوَ يَقْرَأُ فِي الْمُصْحَفِ. وَأَنَّ اللّٰهَ عَسٰى أَنْ يُلْبِسَهُ قَمِيصًا وَإِنَّهُمْ يُرِيدُونَ خَلْعَهُ[38]

---

35 "Hilafet benden sonra otuz sene devam edecektir." (Tirmizî, *fiten* 48; Ebû Dâvûd, *sünnet* 9; Ahmed İbni Hanbel, *el-Müsned* 5/220, 221).

36 "(Hilafet benden sonra otuz sene devam eder); sonra hükümdarlığa döner." (Bkz. İbni Kesîr, *Tefsîru'l-Kur'an* 3/302; İbni Hacer, *Fethu'l-Bârî* 8/77).

37 "Bu iş, nübüvvet ve rahmet olarak başladı, rahmet ve hilafet olarak da devam eder. Sonra da zalim hükümdarlık... Ve nihayet zorbalık ve ceberutluğa gelir dayanır." (Bkz. et-Tayâlisî, *el-Müsned* s. 31; el-Bezzâr, *el-Müsned* 4/108; Ebû Ya'lâ, *el-Müsned* 2/177).

38 "Osman, Kur'an okurken öldürülecek. Allah Osman'a

Bu sözlerle Hazreti Osman'ın halife olacağını, azlinin isteneceğini ve mazlum bir şekilde, Kur'an okurken katledileceğini haber vermiş, haber verdiği gibi çıkmış.

Yine kesin ve sahih rivayetle, hacamatla[39] mübarek kanını aldırıp Abdullah İbni Zübeyr bereket vesilesi olarak şerbet gibi içtiği zaman, وَيْلٌ لِلنَّاسِ مِنْكَ وَوَيْلٌ لَكَ مِنَ النَّاسِ[40] buyurmuş. Harika cesaretiyle ümmetin başına geçeceğini, müthiş hücumlara maruz kalacağını ve insanların onun yüzünden dehşetli hadiseler yaşayacağını haber vermiş, söylediği gibi olmuş. Abdullah İbni Zübeyr, Emevîler zamanında Mekke'de halifelik ilan ederek kahramanca çok çarpıştı. Nihayet o şanlı kahraman, Haccac-ı Zâlim büyük bir orduyla üzerine saldırınca şiddetli çarpışmalardan sonra şehit edildi.[41]

Hem kesin ve sahih nakille, Emevî devletinin

(hilafet) gömleği giydirecek. Halbuki fitne gürûhu o hilafet gömleğini çıkarmaya (onu hilafetten indirmeye) çalışacak." (Kadı Iyâz, *eş-Şifâ* 1/339). Ayrıca bkz. Tirmizî, *menâkıb* 18; İbni Mâce, *mukaddime* 11.

39 **Hacamat**: Vücudun belli bir yerinden kan aldırma.

40 "Birçok insanın senden, senin de bazı insanlardan çekeceğiniz var!" (Bkz. Dârakutnî, Sünen 1/228; el-Hâkim, *el-Müstedrek* 3/638; Ebû Nuaym, *Hilyetü'l-Evliyâ* 1/330).

41 Bkz. el-Fâkihî, *Ahbâru Mekke* 2/357; et-Taberî, *Târîhu'l-Ümem ve'l-Mülûk* 3/538; İbni Hibbân, *es-Sikât* 2/316.

ortaya çıkışını,[42] padişahlarının çoğunun zalim olacağını,[43] içlerinde Yezid[44] ve Velid[45] bulunacağını ve Hazreti Muaviye'nin ümmetin başına geçeceğini haber vermiş, إِذَا مَلَكْتَ فَأَسْجِحْ fermanıyla yumuşaklığı, hoşgörüyü ve adaleti tavsiye etmiş.[46] Ve يَخْرُجُ وَلَدُ الْعَبَّاسِ بِالرَّايَاتِ السُّودِ وَيَمْلِكُونَ أَضْعَافَ مَا مَلَكُوا deyip[47] Emevîlerden sonra Abbasî devletinin kurulacağını ve varlığını uzun müddet devam ettireceğini bildirmiş, söylediği gibi çıkmış.

Yine kesin ve sahih rivayetle, buyurmuş ki: وَيْلٌ لِلْعَرَبِ مِنْ شَرٍّ قَدِ اقْتَرَبَ[48] Cengiz ve Hülâgu'nun

---

42 Bkz. Tirmizî, *tefsîru sûre (97)* 1; Ahmed İbni Hanbel, *el-Müsned* 3/80; Ebû Ya'lâ, *el-Müsned* 2/383, 11/402; et-Taberânî, *el-Mu'cemü'l-Kebîr* 12/236, 19/38.

43 Bkz. Ahmed İbni Hanbel, *el-Müsned* 2/385, 522; İbni Asâkir, *Târîhu Dimaşk* 46/36.

44 Bkz. Ebû Ya'lâ, *el-Müsned* 2/176; İbni Asâkir, *Târîhu Dimaşk* 63/336, 65/250, 68/41.

45 Bkz. Ahmed İbni Hanbel, *el-Müsned* 1/18; el-Hâkim, *el-Müstedrek* 4/539; el-Beyhakî, *Delâilü'n-Nübüvve* 6/505.

46 "Ey Muâviye! Melik olursan yumuşak davran." (Bkz. İbni Asâkir, *Târîhu Dimaşk* 59/61). Yakın ifadeler için bkz. Ahmed İbni Hanbel, *el-Müsned* 4/101; İbni Ebî Şeybe, *el-Musannef* 6/207; et-Taberânî, *el-Mu'cemü'l-Kebîr* 19/361.

47 "Abbasoğulları siyah bayraklarla çıkar ve öncekilerin sahip olduklarının kat kat fazlasını elde ederler." (Bkz. Kadı Iyâz, *eş-Şifâ* 1/338).

48 "Vakti yaklaşan bir şerden ötürü vay Arap'ın haline!" (Bkz. Buhârî, *fiten* 4; Müslim, *fiten* 1-2).

dehşetli fitnelerini ve Arap Abbasî devletini mahvedeceklerini haber vermiş, haber verdiği gibi gerçekleşmiş.

Hem kesin ve sahih nakille, Sa'd İbni Ebî Vakkas gayet ağır hastayken ona şöyle demiş:

لَعَلَّكَ تُخَلَّفُ حَتّٰى يَنْتَفِعَ بِكَ أَقْوَامٌ وَيُضَرَّ بِكَ اٰخَرُونَ[49]

Yani ileride büyük bir kumandan olacağını; çok fetih yapacağını, zafer kazanacağını; pek çok millet ve kavmin ondan fayda göreceğini, yani onun sayesinde İslam'a gireceğini; çoklarının zarar göreceğini, devletlerinin onun eliyle yıkılacağını haber vermiş, haber verdiği gibi çıkmış. Hazreti Sa'd, İslam ordusunun başına geçti, İran devletini yerle bir etti ve birçok kavmin İslam dairesine girmesine, hidayete ermesine vesile oldu.

Hem kesin ve sahih rivayetle, Resûl-u Ekrem, imana giren Habeş Meliki Necâşî hicretin yedinci senesinde vefat ettiği gün bunu ashabına bildirmiş, hatta cenaze namazını kılmış.[50] Bir hafta sonra, Necâşî'nin aynı gün vefat ettiğine dair haber gelmiş.

Yine kesin ve sahih nakille, dört seçkin dostu olan Raşit Halifelerle beraber Uhud veya Hira

---

49 Bkz. Buhârî, *ferâiz* 6; Müslim, *vasiyyet* 5.

50 Bkz. Buhârî, *cenâiz* 61; Müslim, *cenâiz* 62-64.

Dağı'ndayken dağ titremiş, sarsılmış. Resûl-u Ekrem dağa buyurmuş ki: اُثْبُتْ فَإِنَّمَا عَلَيْكَ نَبِيٌّ وَصِدِّيقٌ وَشَهِيدَانِ[51] Hazreti Ömer, Hazreti Osman ve Hazreti Ali'nin şehit olacaklarını haber vermiş, haber verdiği gibi çıkmış.

Şimdi, ey bahtsız, kalbsiz, biçare adam! "*Muhammed-i Arabî akıllı bir adamdı.*" *deyip o hakikat güneşine karşı gözünü yuman zavallı insan! On beş çeşit küllî mucizesinden sadece bir bölümü olan gayba dair haberlerin on beş, belki yüz kısmından birini işittin. Manevî tevatür derecesinde kesin olan bir kısmını duydun. Gayba dair şu haberlerin yüzde birini akıl gözüyle gören bir zâta, ferasetiyle geleceği keşfettiği için* "*büyük dâhi*" *denir. Bundan dolayı –haydi senin gibi dâhi desek– en büyük yüz dâhinin derecesinde kutsî bir dehâya sahip bir adam yanlış görür mü? Yanlış haber vermeye tenezzül eder mi? Böyle yüz derece büyük bir dehâya sahip bir zâtın iki cihan saadetine dair sözlerini dinlememek, elbette yüz derece divaneliğin alâmetidir.*

---

51 "Sakin ol! Zira senin üzerinde bir nebi, bir sıddık ve iki tane de şehit bulunuyor." (**Uhud**: Buhârî, *fezâilü ashâb* 5, 7; Tirmizî, *menâkıb* 18. **Hira**: Müslim, *fezâilü's-sahâbe* 50; Tirmizî, *menâkıb* 18.)

ALTINCI NÜKTELİ İŞARET

Kesin ve sahih nakille, Resûl-u Ekrem, Hazreti Fâtıma'ya *(radiyallâhu anhâ)* buyurmuş ki: أَنْتِ أَوَّلُ أَهْلِ بَيْتِي لُحُوقًا بِي[1] yani "Âl-i Beyt'imden, herkesten önce vefat edip bana kavuşacaksın." Altı ay sonra, aynen haber verdiği gibi gerçekleşmiş.

Hem Ebû Zer'e, رَحِمَ اللّٰهُ أَبَا ذَرٍّ يَمْشِي وَحْدَهُ وَيَمُوتُ وَحْدَهُ وَيُبْعَثُ وَحْدَهُ[2] diye ferman etmiş. Medine'den sürgün edilip hayatını yalnız geçireceğini, bir çölde tek başına vefat edeceğini haber vermiş. Yirmi sene sonra haber verdiği gibi çıkmış.[3]

Bir gün Enes İbni Mâlik'in halası Ümmü Haram'ın evinde uykudan kalkmış, tebessüm edip buyurmuş ki:

---

1 es-Suyûtî, *ed-Dürru'l-Mensûr* 8/660. Ayrıca bkz. Buhârî, *menâkıb* 25; Müslim, *fezâilü's-sahâbe* 99.

2 Bkz. el-Hâkim, *el-Müstedrek* 3/52; İbni Hişâm, *es-Sîratü'n-Nebeviyye* 5/204; İbni Hibbân, *es-Sikât* 2/94.

3 Bkz. İbni Sa'd, *et-Tabakâtü'l-kübrâ* 4/234-235; et-Taberî, *Târîhu'l-Ümem ve'l-Mülûk* 2/184; İbni Asâkir, *Târîhu Dimaşk* 66/216.

رَأَيْتُ أُمَّتِي يَغْزُونَ فِي الْبَحْرِ كَالْمُلُوكِ عَلَى الْأَسِرَّةِ[4]

Ümmü Haram yalvarmış: "Dua ediniz, ben de onlarla beraber olayım." Resûl-u Ekrem, "Beraber olacaksın." diye ferman etmiş. Kırk sene sonra Ümmü Haram, kocası Ubâde İbni Sâmit'le beraber Kıbrıs'ın fethine gitmiş, Kıbrıs'ta vefat etmiş, mezarı ziyaret yeri olmuş. Hazreti Peygamber'in verdiği haber aynen gerçekleşmiş.[5]

Hem kesin ve sahih nakille, ferman etmiş ki: يَخْرُجُ مِنْ ثَقِيفٍ كَذَّابٌ وَمُبِيرٌ Yani, "Sakif kabilesinden biri peygamberlik dava edecek, bir de kan döken zalim ortaya çıkacak."[6] Böyle diyerek peygamberlik dava eden meşhur Muhtar'ı ve yüz bin insan öldüren Haccac-ı Zâlim'i haber vermiş.

Yine kesin ve sahih rivayetle, لَتُفْتَحَنَّ الْقُسْطَنْطِينِيَّةُ فَلَنِعْمَ الْأَمِيرُ أَمِيرُهَا وَلَنِعْمَ الْجَيْشُ ذٰلِكَ الْجَيْشُ deyip[7] İstanbul'un Müslümanlar eliyle fet-

---

4 "Rüyamda ümmetimi, deniz üstünde tahtlarına kurulmuş hükümdarlar gibi (gemilere kurulmuş) cihat ederken gördüm."

5 Dârimî, *cihâd* 28. Ayrıca bkz. Buhârî, *ta'bîr* 12; Müslim, *imâre* 160.

6 Bkz. el-Buhârî, *et-Târîhu'l-Kebîr* 3/191, 7/157, 8/416; el-Humeydî, *el-Müsned* 1/156. Yakın ifadeler için bkz. Müslim, *fezâilü's-sahâbe* 229; Tirmizî, *fiten* 44, *menâkıb* 73.

7 "İstanbul mutlaka fethedilecektir. Onu fethedecek kumandan ne güzel kumandan ve o ordu ne güzel ordudur."

hedileceğini ve Hazreti Fatih Sultan Mehmed'in yüksek bir mertebeye sahip olduğunu bildirmiş. Haber verdiği gibi gerçekleşmiş.

Hem kesin ve sahih nakille, buyurmuş ki:

إِنَّ الدِّينَ لَوْ كَانَ مَنُوطًا بِالثُّرَيَّا لَنَالَهُ رِجَالٌ مِنْ أَبْنَاءِ فَارِسَ[8]

Başta Ebû Hanife olmak üzere, İran'ın yetiştirdiği benzersiz âlimlere ve evliyaya işaret ederek onları haber vermiş.

Hem عَالِمُ قُرَيْشٍ يَمْلَأُ طِبَاقَ الْأَرْضِ عِلْمًا deyip[9] İmam Şâfiî'ye işaret etmiş.

Kesin ve sahih nakille, buyurmuş ki:

وَتَفْتَرِقُ أُمَّتِي عَلَى ثَلَاثٍ وَسَبْعِينَ مِلَّةً، كُلُّهُمْ فِي النَّارِ إِلَّا مِلَّةً

وَاحِدَةً، قَالُوا: وَمَنْ هِيَ يَا رَسُولَ اللّٰهِ؟

قَالَ: مَا أَنَا عَلَيْهِ وَأَصْحَابِي[10]

(Bkz. Ahmed İbni Hanbel, *el-Müsned* 4/335; et-Taberânî, *el-Mu'cemü'l-Kebîr* 2/38; el-Hâkim, *el-Müstedrek* 4/468).

8 "Eğer din Süreyya yıldızında dahi olsaydı, Fars soyundan bazı adamlar yine ona ulaşırdı." (Bkz. Kadı Iyâz, *eş-Şifâ* 1/342. Ayrıca bkz. Buhârî, *tefsîru sûre (62)* 1; Müslim, *fezâilü's-sahâbe* 230, 231).

9 "Kureyş'in âlimi yerin tabakalarını ilimle dolduracak." (et-Tayâlisî, *el-Müsned* s. 39; Ebû Nuaym, *Hilyetü'l-Evliyâ* 6/295, 9/65; Hatîb el-Bağdâdî, *Târîhu Bağdâd* 2/60, 61).

10 "Ümmetim yetmiş üç fırkaya ayrılacak, bir tanesi hariç hepsi ateştedir." Sahabiler: "Ya Resûlallah onlar kimlerdir?" diye sorduklarında Resûl-u Ekrem *(sallallâhu aleyhi ve sellem)*: "Benim ve ashabımın yolu üzere olanlar ..."

Ümmetinin yetmiş üç fırkaya ayrılacağını ve onların içinde kurtuluşa erecek kâmil topluluğun Ehl-i Sünnet ve Cemaat olduğunu bildirmiş.

Yine ferman etmiş ki: اَلْقَدَرِيَّةُ مَجُوسُ هٰذِهِ الْأُمَّةِ[11] Birçok kola ayrılan ve kaderi inkâr eden Kaderiye mezhebini haber vermiş. Hem birçok şubeye bölünen Râfızîlere işaret etmiş.

Hem kesin ve sahih rivayetle, İmam Ali'ye *(radiyallâhu anh)* demiş ki: "Hazreti İsa *(aleyhisselam)* gibi, senin hakkında iki kısım insan mahvolur; biri sevgide, diğeri düşmanlıkta aşırıya gitmekle... Hıristiyanlar sevgilerinde meşru sınırı aşarak Hazreti İsa'ya –hâşâ– 'Allah'ın oğlu' dediler. Yahudilerse düşmanlıklarından hadlerini çok aştılar, Hazreti İsa'nın peygamberliğini ve faziletini inkâr ettiler. Senin hakkında da bir kısım insanlar meşru sınırı aşacak, sevgisinden helâke gidecektir."[12]

Hem لَهُمْ نَبَزٌ يُقَالُ لَهُمُ الرَّافِضَةُ[13] demiş, bir kısmı,

---

buyurdu. (Bkz. Tirmizî, *îmân* 18; el-Hâkim, *el-Müstedrek* 1/218. Ayrıca bkz. İbni Mâce, *fiten* 17; Ebû Ya'lâ, *el-Müsned* 7/155).

11 "Kaderiye mensupları bu ümmetin mecusileridir." (Bkz. Ebû Dâvûd, *sünnet* 16; Ahmed İbni Hanbel, *el-Müsned* 2/86; el-Buhârî, *et-Târîhu'l-Kebîr* 2/341).

12 Bkz. Ahmed İbni Hanbel, *el-Müsned* 1/160; el-Buhârî, *et-Târîhu'l-Kebîr* 3/281; en-Nesâî, *es-Sünenü'l-Kübrâ* 5/137.

13 Bkz. et-Taberânî, *el-Mu'cemü'l-Evsat* 6/355; Ebû Nuaym,

sana düşmanlıkta çok ileri gidecek, mânâsını bildirmiş. Onlar, Haricîler ve Emevîlerin aşırıya giden bir kısım taraftarlarıdır ki, kendilerine "Nâsıbe" denir.

Soru: "Âl-i Beyt'i sevmeyi Kur'an emrediyor ve Hazreti Peygamber *(aleyhissalâtü vesselam)* çok teşvik etmiş. O sevgi, Şiîler için belki bir özür sayılır. Çünkü âşıklar bir derece kendinden geçmiş olur. Niçin Şiîler, bilhassa Râfızîler, o sevgiden istifade etmiyorlar, belki Resûl-u Ekrem'in işaretiyle o aşırı muhabbete mahkûmdurlar?"

Cevap: *Muhabbet iki kısımdır.*

• Birincisi: *Mânâ-yı harfiyle, yani Hazreti Ali'yi, Hazreti Hasan ve Hüseyin'i, Âl-i Beyt'i Resûl-u Ekrem (aleyhissalâtü vesselam) hesabına, Cenâb-ı Hak namına sevmektir. Bu sevgi, Resûl-u Ekrem'e (aleyhissalâtü vesselam) muhabbeti artırır, Cenâb-ı Hakk'ı sevmeye vesile olur. Meşrudur, aşırısı zarar vermez, haddi aşmaz, başkalarını kınamayı ve onlara düşmanlığı gerektirmez.*

• İkincisi: *Mânâ-yı ismiyle sevmektir. Yani insan onları bizzat kendileri için, Hazreti Peygamber'i (aleyhissalâtü vesselam) düşünmeden sever. Hazreti Ali'nin kahramanlıklarını ve kusursuz vasıflarını, Hazreti Hasan ve Hüseyin'in yüksek faziletlerini*

Hilyetü'l-Evliyâ 4/329. Ayrıca bkz. Ahmed İbni Hanbel, *el-Müsned* 1/103; Abd İbni Humeyd, *el-Müsned* s. 232.

düşünüp onlara muhabbet besler. Hatta Allah'ı bilmese de, Peygamber'i tanımasa da onları yine sever. Bu sevgi, Resûl-u Ekrem'e (aleyhissalâtü vesselam) ve Cenâb-ı Hakk'a muhabbete vesile olmaz. Hem aşırıya giderse başkalarını kınamayı ve onlara düşmanlığı gerektirir.

İşte Resûl-u Ekrem'in işaretiyle, Şiîler Hazreti Ali'ye fazla muhabbetlerinin neticesinde Hazreti Ebûbekri's-Sıddık ve Hazreti Ömer'den uzaklaştıkları için zarara düşmüşler. O menfî muhabbet, zarar ve ziyan sebebidir.

Kesin ve sahih nakille, Resûl-u Ekrem ferman etmiş ki:

إِذَا مَشَوُا الْمُطَيْطَاءَ وَخَدَمَتْهُمْ بَنَاتُ فَارِسَ وَالرُّومِ رَدَّ اللّٰهُ بَأْسَهُمْ بَيْنَهُمْ وَسَلَّطَ شِرَارَهُمْ عَلٰى خِيَارِهِمْ[14]

"Ne zaman size Fars ve Rum kızları hizmet ederse, o zaman belâ ve fitne içinize girecek, birbirinizle savaşacaksınız, şerlileriniz başa geçip hayırlılara ve iyilerinize musallat olacak." Otuz sene sonra haber verdiği gibi çıkmış.

Hem kesin ve sahih rivayetle, şöyle buyurmuş:

---

14 Kadı Iyâz, *eş-Şifâ* 1/337. Ayrıca bkz. Tirmizî, *fiten* 74; İbni Hibbân, *es-Sahîh* 15/112; et-Taberânî, *el-Mu'cemü'l-Evsat* 1/48, 4/53.

وَتُفْتَحُ خَيْبَرُ عَلَى يَدَيْ عَلِيٍّ[15] "Hayber Kalesi'nin fethi Ali'nin eliyle olacak." Hiç umulmadık bir şekilde, kuşatmanın ikinci günü bir peygamber mucizesi olarak, Hazreti Ali Hayber Kalesi'nin kapısını çekip kalkan gibi kullanarak fethe muvaffak olduktan sonra kapıyı yere atmış. Sekiz kuvvetli adam onu yerden kaldıramamış.[16] Bir rivayette, kırk adam kaldıramamış.[17]

Hem ferman etmiş ki: لَا تَقُومُ السَّاعَةُ حَتّٰى تَقْتَتِلَ فِئَتَانِ دَعْوَاهُمَا وَاحِدَةٌ[18] Sıffin'de Hazreti Ali ile Muaviye'nin savaşacağını haber vermiş.

Yine ferman etmiş ki: إِنَّ عَمَّارًا تَقْتُلُهُ الْفِئَةُ الْبَاغِيَةُ[19] "Asi, zalim bir topluluk Ammâr'ı katledecek." Hazreti Ammâr, Sıffin Savaşı'nda katledildi. Hazreti Ali bunu Muaviye taraftarlarının asi olduklarına delil gösterdi, fakat Muaviye tevil etti. Amr

---

15 Kadı Iyâz, *eş-Şifâ* 1/337. Ayrıca bkz. Buhârî, *fezâilü ashâb* 9; Müslim, *fezâilü's-sahâbe* 34.

16 Bkz. Ahmed İbni Hanbel, *el-Müsned* 6/8; İbni Hişâm, *es-Sîratü'n-Nebeviyye* 4/306.

17 Bkz. İbni Ebî Şeybe, *el-Musannef* 6/374; el-Beyhakî, *Delâilü'n-Nübüvve* 4/212.

18 "Davaları bir olan iki ordu birbiriyle savaşmadıkça kıyamet kopmayacaktır." (Bkz. Buhârî, istitâbe 7, *fiten* 25; Müslim, *fiten* 17).

19 İshâk İbni Râhûye, *el-Müsned* 4/110; Kadı Iyâz, *eş-Şifâ* 1/339. Ayrıca bkz. Buhârî, *salât* 63, *cihâd* 17; Müslim, *fiten* 72, 73.

İbnü'l-Âs dedi ki: "Asiler yalnız onun katilleridir, hepimiz değiliz."

Hem Resûl-u Ekrem إِنَّ الْفِتَنَ لَا تَظْهَرُ مَا دَامَ عُمَرُ حَيًّا buyurmuş:[20] "Hazreti Ömer sağ kaldıkça içinizde fitne çıkmaz." Aynen öyle de olmuş.

Süheyl İbni Amr, daha imana girmeden esir düşmüş. Hazreti Ömer, Resûl-u Ekrem'e *(aleyhissalâtü vesselam)* demiş ki: "İzin ver, şunun dişlerini sökeyim. Çünkü o güzel, akıcı lisanıyla Kureyşli kâfirleri bize karşı savaşmaya teşvik ediyordu." Resûl-u Ekrem *(aleyhissalâtü vesselam)* şöyle ferman etmiş: وَعَسٰى أَنْ يَقُومَ مَقَامًا يَسُرُّكَ يَا عُمَرُ[21] Hazreti Peygamber'in *(aleyhissalâtü vesselam)* ahirete yolculuğu esnasındaki dehşet verici ve dayanılmaz hadisede, Hazreti Ebûbekri's-Sıddık nasıl ki Medine-i Münevvere'de tam bir metanetle herkese teselli verip mühim bir hutbeyle sahabileri sakinleştirmiş.[22] Aynı şekilde Süheyl de o sırada Mekke-i Mükerreme'de, tıpkı Ebûbekri's-Sıddık gibi sahabeye teselli verip onları sakinleştirerek mâlûm güzel ve akıcı lisanıyla Hazreti Ebûbekir'in

---

20 Kadı Iyâz, *eş-Şifâ*. Ayrıca bkz. Buhârî, *fiten* 17; Müslim, *fiten* 26.

21 "Ya Ömer! Bakarsın bir gün seni çok sevindirecek bir konuma gelir."

22 Bkz. Buhârî, *cenâiz* 3, *fezâilü ashâb* 5; *meğâzî* 83; İbni Mâce, *cenâiz* 65.

hutbesinin mealinde bir konuşma yapmış. Hatta iki hutbenin kelimeleri birbirine benzer.[23]

Yine Resûl-u Ekrem Sürâka'ya buyurmuş ki: كَيْفَ بِكَ إِذَا أُلْبِسْتَ سِوَارَيْ كِسْرٰى[24] "Kisrânın iki bileziğini takacaksın." Hazreti Ömer zamanında Kisrâ mahvedildi, ziynetleri ve şahane bilezikleri geldi. Hazreti Ömer, Sürâka'ya taktı. اَلْحَمْدُ لِلّٰهِ الَّذِي سَلَبَهُمَا كِسْرٰى وَأَلْبَسَهُمَا سُرَاقَةَ[25] dedi, Hazreti Peygamber'in haberini tasdik ettirdi.

Hem Resûl-u Ekrem ferman etmiş ki: إِذَا ذَهَبَ كِسْرٰى فَلَا كِسْرٰى بَعْدَهُ, "İranlıların Kisrâsı gittikten sonra bir daha kisrâ çıkmayacak."[26] Söylediği gibi oldu.

Yine Kisrâ elçisine demiş ki: "Şimdi Kisrâ'nın oğlu Şîreveyh Perviz, Kisrâ'yı öldürdü." O elçi araştırmış, aynı vakitte öyle olduğunu öğrenmiş. O da İslam'a girmiş.[27] Bazı rivayetlerde o elçinin

---

23 Bkz. el-Hâkim, *el-Müstedrek* 3/318; el-Beyhakî, *Delâilü'n-Nübüvve* 6/367.

24 İbni Abdilberr, *el-İstîâb* 2/581; İbni Hacer, *el-İsâbe* 3/41. Yakın ifadeler için ayrıca bkz. eş-Şâfiî, *el-Ümm* 4/157; el-Beyhakî, *es-Sünenü'l-Kübrâ* 6/357.

25 "O bilezikleri Kisrâ'dan alıp Sürâka'ya giydiren Allah'a hamdolsun." (Bkz. İbni Sa'd, *et-Tabakâtü'l-Kübrâ* 5/90; el-Beyhakî, *es-Sünenü'l-Kübrâ* 6/357).

26 Buhârî, *eymân* 3; Müslim, *fiten* 75-78.

27 Bkz. İbni Hişâm, *es-Sîratü'n-Nebeviyye* 1/191; İbni Sa'd, *et-Tabakâtü'l-Kübrâ* 1/260; el-Beyhakî, *Delâilü'n-Nübüvve* 4/3990-391.

adı Fîruz'dur.[28]

Hem kesin ve sahih nakille, Resûl-u Ekrem, Hâtıb İbni Ebî Beltea'nın Kureyş'e gizlice gönderdiği mektubu haber vermiş. Hazreti Ali ile Mikdad'ı gönderip, "Filan mevkide bir şahısta şöyle bir mektup var, alınız, getiriniz." demiş. Gitmişler, aynı yerden o mektubu getirmişler. Resûl-u Ekrem, Hâtıb'ı huzuruna çağırıp "Neden yaptın?" demiş, o da özür beyan etmiş. Hazreti Peygamber de özrünü kabul buyurmuş.[29]

Hem sahih rivayetle, Utbe İbni Ebî Leheb hakkında يَأْكُلُهُ كَلْبُ اللّٰهِ[30], diyerek onun feci sonunu haber vermiş. Sonra Yemen tarafına giderken bir aslan Utbe'yi yemiş, Hazreti Peygamber'in *(aleyhissalâtü vesselam)* hem bedduasını hem haberini tasdik etmiş.[31]

Yine sahih nakille, Mekke'nin fethi sırasında Hazreti Bilâl-i Habeşî, Kâbe'nin damına çıkıp ezan okumuş. Kureyş'in ileri gelenlerinden Ebû Süfyan, Attab İbni Esîd ve Hâris İbni Hişam oturmuş,

---

28 Bkz. el-Mâverdî, *A'lâmü'n-Nübüvve* 1/154-155; Kadı Iyâz, *eş-Şifâ* 1/343.

29 Bkz. Buhârî, *cihâd* 141, *meğâzî* 46; Müslim, *fezâilü's-sahâbe* 161.

30 "Allah'ın yırtıcı bir hayvanı onu yiyecek."

31 Bkz. et-Taberî, *Câmiu'l-Beyân* 27/41; el-Esbehânî, *Delâilü'n-Nübüvve* s. 219; el-Münâvî, *Feyzu'l-Kadîr* 2/395.

konuşuyorlarmış. Attab şöyle demiş: "Ne mutlu babam Esîd'e ki bugünü görmedi." Hâris demiş ki: "Muhammed, müezzin yapacak bu siyah kargadan başka adam bulamadı mı?" Hazreti Bilâl-i Habeşî'yle alay etmiş. Ebû Süfyan ise "Ben korkarım, bir şey demeyeceğim. Kimse olmasa da, şu Bathâ'nın taşları ona haber verir, o bilir." demiş. Hakikaten, biraz sonra Resûl-u Ekrem *(aleyhissalâtü vesselam)* onlara rast gelmiş, konuştuklarını harfiyen söylemiş. O vakit Attab ile Hâris şehadet getirip Müslüman olmuşlar.[32]

İşte, ey zavallı inkârcı! Peygamber aleyhissalâtü vesselam'ı tanımayan kalbsiz adam! Bak, Kureyş'in büyüklerinden iki inatçı, Resûl-u Ekrem'in gayb âleminden bir tek haberiyle imana geldiler. Kalbin ne kadar bozulmuş ki, bu gaybî haber gibi manevî tevatür derecesindeki binlerce mucizeyi işitiyor, yine de tam ikna olmuyorsun. Her neyse, asıl konuya dönüyoruz.

Yine sahih nakille, Bedir Savaşı'nda henüz Müslüman olmayan Hazreti Abbas, sahabilerin eline esir düştüğü vakit, kurtuluş fidyesi istenmiş. O da demiş ki: "Param yok." Hazreti Resûl-u Ekrem *(aleyhissalâtü vesselam)* şöyle buyurmuş: "Hanımın

32 Bkz. İbni Hişâm, *es-Sîratü'n-Nebeviyye* 5/75-76; el-Beğavî, *Meâlimü't-Tenzîl* 1/347; İbni Kesîr, *el-Bidâye* 4/303.

Ümmü Fadl'ın yanında şu kadar parayı filan yere bırakmışsın." Hazreti Abbas tasdik edip, "İkimizden başka kimsenin bilmediği bir sırdı." demiş. O vakit tam imanı kazanıp Müslüman olmuş.[33]

Hem kesin ve sahih nakille, zararlı bir sihirbaz olan Lebid bin A'sam adlı Yahudi, Resûl-u Ekrem'e *(aleyhissalâtü vesselam)* sıkıntı vermek için acayip ve tesirli bir sihir yapmış. Bir tarağa saç telleri sarmış, üstüne sihir yapıp onu bir kuyuya atmış. Resûl-u Ekrem *(aleyhissalâtü vesselam)*, Hazreti Ali'ye ve sahabilere buyurmuş ki: "Gidiniz, filan kuyudan bu çeşit sihir âletlerini bulup getiriniz." Gitmiş, aynen bulup getirmişler. Her bir saç teli açıldıkça Resûl-u Ekrem'in de *(aleyhissalâtü vesselam)* rahatsızlığı hafiflemiş.[34]

Hem sahih nakille, Ebû Hureyre ve Huzeyfe gibi mühim zâtların bulunduğu bir mecliste Resûl-u Ekrem *(aleyhissalâtü vesselam)* buyurmuş ki: ضِرْسُ أَحَدِكُمْ فِي النَّارِ أَعْظَمُ مِنْ أُحُدٍ[35], birinin dinden çıkacağını, müthiş âkıbetini haber vermiş. Ebû Hureyre

---

33 Bkz. Ahmed İbni Hanbel, *el-Müsned* 1/353; el-Beyhakî, *es-Sünenü'l-Kübrâ* 6/322.

34 Bkz. Nesâî, *tahrîmü'd-dem* 20; Ahmed İbni Hanbel, *el-Müsned* 4/367; İbni Ebî Şeybe, *el-Musannef* 5/40.

35 "Sizden birinizin dişi cehennemde Uhud dağından büyük olacaktır." (Bkz. Kadı Iyâz, *eş-Şifâ* 1/342; es-Süheylî, *er-Ravdu'l-Ünf* 4/355; et-Taberî, *Târîhu'l-Ümem ve'l-Mülûk* 2/278).

şöyle diyor: "O topluluktan ben ve bir adam, ikimiz kaldık. Ben korktum. Sonra öteki adam Yemâme Savaşı'nda Müseylime'nin tarafında bulunup dinden dönmüş biri olarak katledildi." Resûl-u Ekrem'in verdiği haberin hakikati ortaya çıkmış.

Yine sahih rivayetle, Umeyr ve Safvan, Müslüman olmadan önce, mühim bir mal karşılığında Peygamber aleyhissalâtü vesselam'ın katline karar vermişler. Umeyr, Hazreti Peygamber'i *(aleyhissalâtü vesselam)* öldürmeye niyet ederek Medine'ye gelmiş. Resûl-u Ekrem *(aleyhissalâtü vesselam)* Umeyr'i görmüş, yanına çağırıp demiş ki: "Safvan ile maceranız budur." Elini Umeyr'in göğsüne koymuş, Umeyr "Evet" demiş, Müslüman olmuş.[36]

Daha bunlar gibi gayba dair, sahih olarak nakledilen pek çok hadise vuku bulmuştur. Bunlar sahih hadis kitapları olan meşhur Kütüb-ü Sitte'de zikredilmiş ve senetleriyle bildirilmiştir. Bu risalede anlatılan hadiselerin çoğu, manevî tevatür hükmünde kesindir, şüphesizdir. Başta *Buhârî* ve *Müslim* olmak üzere –ki Kur'an'dan sonra en sahih kitaplar olduklarını, hakikati araştırıp delilleriyle bilen zâtlar kabul etmiştir– *Sahîh-i Tirmizî*, *Nesâî*

---

36 Bkz. et-Taberânî, *el-Mu'cemü'l-Kebîr* 17/56-62; İbni Hişâm, *es-Sîratü'n-Nebeviyye* 3/212-214; İbni Sa'd, *et-Tabakâtü'l-Kübrâ* 4/199-200.

ve *Ebû Davud*, *Müstedrekü'l-Hâkim*, *Müsned-i Ahmed İbni Hanbel*, *Delâil-i Beyhakî* gibi kitaplarda rivayet silsileleriyle beyan edilmiştir.

Şimdi, ey sersem inkârcı! "Muhammed-i Arabî *(aleyhissalâtü vesselam)* akıllı bir adamdı." deyip geçme. Çünkü şu gaybî hadiselere dair Resûl-u Ekrem'in *(aleyhissalâtü vesselam)* doğru haberleri hakkında iki şıktan başka yol yok. Ya şöyle diyeceksin: O kutsî zâtta öyle keskin bir nazar ve engin bir dehâ var ki, geçmişi ve geleceği, bütün dünyayı görür, bilir. Âlemin her tarafını, doğuyu ve batıyı seyreden bir gözü, geçmiş gelecek bütün zamanları keşfeden bir dehâsı vardır. Bu hususiyet ise insanda olamaz. Olsa da Âlemin Hâlık'ı tarafından verilmiş harika bir hediye, bir ihsan olabilir. Bu da tek başına büyük bir mucizedir.

Ya da şuna inanacaksın: O mübarek zât, öyle bir Zât'ın memuru ve elçisidir ki, her şey O'nun nazarında ve tasarrufundadır... Bütün kâinat, her çeşit varlık ve bütün zamanlar emri altındadır... Yüce defterinde her şey yazılıdır... İstediği zaman memuruna bildirir, gösterir. Demek, Muhammed-i Arabî (aleyhissalâtü vesselam) *Üstad-ı Ezelî'sinden ders alır, öyle ders verir.*

Evet, Resûl-u Ekrem, yine sahih rivayetle, Hazreti Halid'i savaş için Dûmetü'l-Cendel ilinin reisi olan Ükeydir'e gönderdiği zaman buyurmuş ki:

[37]إِنَّكَ سَتَجِدُهُ يَصِيدُ الْبَقَرَ Yani onu yaban öküzü avında bulacağını, Ükeydir'in kavgasız esir alınacağını haber vermiş. Hazreti Halid gitmiş, aynen öyle bulmuş, esir edip getirmiş.

Hem sahih nakille, Kureyşlilerin Hâşimoğulları[38] aleyhinde yazdıkları ve Kâbe'nin çatısına astıkları sayfa hakkında demiş ki: "Kurtlar yazılarınızı yemiş, yalnız sayfadaki, Allah'ın isimlerine ilişmemiş." Sonra sayfaya bakmışlar, aynen öyle olduğunu görmüşler.[39]

Hem sahih nakille, "Mescid-i Aksa'nın fethinde büyük bir veba salgını çıkacak."[40] buyurmuş. Hazreti Ömer zamanında Mescid-i Aksa fethedildi[41] ve öyle bir veba salgını oldu ki, üç günde yetmiş bin insan vefat etti.[42]

---

37 Bkz. İbni Hişâm, *es-Sîratü'n-Nebeviyye* 5/207-208; el-Beyhakî, *es-Sünenü'l-Kübrâ* 9/187; İbni Hibbân, *es-Sikât* 2/97.

38 Kureyş kabilesinin, Peygamber Efendimizin mensup olduğu mübarek kolu.

39 Bkz. İbni İshak, *es-Sîre* 2/147; İbni Hişâm, *es-Sîratü'n-Nebeviyye* 2/221; İbni Sa'd, *et-Tabakâtü'l-Kübrâ* 1/188-189, 208-209.

40 Buhârî, *cizye* 15; İbni Mâce, *fiten* 25; Ahmed İbni Hanbel, *el-Müsned* 6/22, 25, 27.

41 İbni Sa'd, *et-Tabakâtü'l-Kübrâ* 3/283; et-Taberî, *Târîhu'l-Ümem ve'l-Mülûk* 2/448.

42 Bkz. el-Münâvî, *Feyzu'l-Kadîr* 4/95; Aliyyülkârî, *Şerhu'ş Şifâ* 1/696.

Hem sahih rivayetle, o zaman henüz var olmayan Basra[43] ve Bağdat'ın kurulacağını, Bağdat'a dünya hazinelerinin geleceğini,[44] Arapların Türklerle ve Hazar denizi etrafındaki milletlerle savaşacağını,[45] sonra onların çoklukla İslamiyet'e gireceklerini, Araplara, Arapların içinde hâkim olacaklarını haber vermiş. Demiş ki: يُوشِكُ أَنْ يَكْثُرَ فِيكُمُ الْعَجَمُ يَأْكُلُونَ فَيْئَكُمْ وَيَضْرِبُونَ رِقَابَكُمْ[46]

Hem, هَلَاكُ أُمَّتِي عَلَى يَدَيْ أُغَيْلِمَةٍ مِنْ قُرَيْشٍ[47] diye ferman ederek Emevîlerin Yezid ve Velid gibi şerli reislerinin bozgunculuğunu haber vermiş.

Hem Yemâme gibi bazı yerlerde dinden çıkma hadiselerinin meydana geleceğini bildirmiş.[48]

Hem meşhur Hendek Savaşı'nda buyurmuş ki:

---

43 Bkz. Ebû Dâvûd, *melâhim* 10; Ahmed İbni Hanbel, *el-Müsned* 5/44; et-Tayâlisî, *el-Müsned* s. 117.

44 Bkz. Hatîb el-Bağdâdî, *Târîhu Bağdâd* 1/28-33, 10/203, 14/54; ed-Deylemî, *el-Müsned* 2/73.

45 Bkz. Buhârî, *cihâd* 95, 96, *menâkıb* 25; Müslim, *fiten* 63-66.

46 "Sizin aranızda Acemlerin (diğer milletlerin) çoğalması, hazine gelirlerinizi yiyip tüketmeleri ve size hâkimiyet kurmaları yakındır." Ma'mer İbni Râşid, *el-Câmi'* 11/385; el-Bezzâr, *el-Müsned* 6/359, 7/291; el-Hâkim, *el-Müstedrek* 4/557, 564.

47 "Ümmetimin helâki Kureyş'ten bazı toy delikanlıların eliyle olacaktır." (Buhârî, *fiten* 3; Müslim, *fiten* 74; Ahmed İbni Hanbel, *el-Müsned* 2/299, 485, 520).

48 Bkz. Buhârî, *menâkıb* 25, *meğâzî* 70, 71; Müslim, *rüya* 21, 22.

اَلْاٰنَ نَغْزُوهُمْ وَلَا يَغْزُونَنَا[49] "Bundan sonra onlar bana değil, ben onlara hücum edeceğim." Haber verdiği gibi çıkmış.[50]

Yine sahih rivayetle, vefatından bir iki ay önce şöyle buyurmuş:

إِنَّ اللّٰهَ خَيَّرَ عَبْدًا بَيْنَ الدُّنْيَا وَبَيْنَ مَا عِنْدَهُ فَاخْتَارَ مَا عِنْدَ اللّٰهِ[51], böylece ahirete yolculuğunu bildirmiş.

Hem Zeyd İbni Sûhân hakkında, يَسْبِقُهُ عُضْوٌ مِنْهُ إِلَى الْجَنَّةِ diyerek Zeyd'den önce bir uzvunun şehit edileceğini haber vermiş.[52] Bir zaman sonra, Nihâvend Savaşı'nda Zeyd'in bir eli kesilmiş.[53] Demek, önce o el şehit olup mânen cennete gitmiş.

İşte gayba dair bahsettiğimiz bütün bu haberler, Resûl-u Ekrem'in mucizelerinin on kısmından sadece biridir. Onun da on kısmından bir kısmını

---

49 Buhârî, *meğâzî* 29; Ahmed İbni Hanbel, *el-Müsned* 4/262, 6/394; et-Tayâlisî, *el-Müsned* s. 182.

50 Bkz. İbni Hişâm, *es-Sîratü'n-Nebeviyye* 4/216; el-Beyhakî, *Delâilü'n-Nübüvve* 3/457.

51 "Allah, dünya ile kendi katındaki arasında tercihi kuluna bıraktı. O da Allah katındakini tercih etti." (Bkz. Buhârî, *fezâilü ashâb* 3; Müslim, *fezâilü's-sahâbe* 2).

52 Kadı Iyâz, *eş-Şifâ* 1/343; el-Mâverdî, *A'lâmü'n-Nübüvve* 1/121. Ayrıca bkz. Ebû Ya'lâ, *el-Müsned* 1/393; el-Beyhakî, *Delâilü'n-Nübüvve* 6/416. Ayrıca kendisinin Cemel'de şehit olduğuna dair bkz. İbni Sa'd, *et-Tabakâtü'l-Kübrâ* 6/123; İbni Abdilberr, *el-İstîâb* 2/556.

53 Bkz. İbni Sa'd, *et-Tabakâtü'l-Kübrâ* 6/124.

söylemedik. Şimdi bu kısımla beraber, Kur'an'ın mucizeliğine dair Yirmi Beşinci Söz'de gayet geniş yer tutan gayba dair haberlerin dört çeşidini kısaca beyan etmiştik. İşte Kur'an'ın lisanıyla gaybdan haber verilen o dört çeşit, büyük gaybî haberi bununla beraber düşün, ne kadar kesin, şüphesiz, parlak, kuvvetli bir peygamberlik delili olduğunu gör. Kalbi ve aklı tamamen bozulmamış insan, *Resûl-u Ekrem'in* (aleyhissalâtü vesselam) *her şeyi yaratan ve gayb âlemini bilen bir Zât-ı Zülcelâl'in elçisi olduğuna ve O'ndan haber aldığına elbette iman edecektir.*

Yedinci Nükteli İşaret

Resûl-u Ekrem'in mucizelerinin *yiyeceklerdeki bereketle* alâkalı kısmından, kesin ve mânen tevatür derecesindeki birkaç misaline işaret edeceğiz. Bu bahisten önce bir giriş yapmak uygun olur.

Mukaddime[1]

Şu anlatacağımız, bereketle alâkalı mucizelerin her bir misali birçok farklı rivayetle, hatta bazıları on altı kanaldan sahih bir şekilde nakledilmiştir. Bunların çoğu kalabalık bir topluluk huzurunda meydana gelmiş, o topluluk içinde itibarlı, güvenilir ve doğru sözlü insanlar bu mucizeleri aktarmıştır. Mesela, "Sâ'[2] *denilen dört avuç yiyecekten yetmiş kişi yemiş, doymuş."*[3] *diye nakllediliyor. O yetmiş kişi bu sözü işitiyor, yalanlamıyor. Demek,*

---

1 Giriş.

2 **Sâ'**: Yaklaşık üç kilogram ağırlığındaki ölçü birimi.

3 Buhârî, *menâkıb* 25, *et'ime* 6; Müslim, *eşribe* 142.

susarak tasdik ediyorlar. Halbuki o doğruluk ve hakikat asrında, o hakperest, ciddi ve doğru sözlü sahabiler, zerre kadar yalanı görse reddedip onun hakikate zıt olduğunu söylerlerdi. Oysa bahsedeceğimiz hadiseleri çokları aktarmış, ötekiler de susarak tasdik etmişler. Demek ki, her bir hadise mânen tevatür derecesinde kesindir.

Hem sahabiler, Kur'an'ın ve ayetlerin muhafazasından sonra en çok Resûl-u Ekrem'in (aleyhissalâtü vesselam) fiillerini ve sözlerini kaydedip korumaya çalışmışlar. Bilhassa Allah Resûlü'nün dinin hükümlerine dair hallerini ve mucizelerini aktarmak için bütün kuvvetleriyle çalıştıklarına ve rivayetlerin sahih olması hususundaki son derece dikkatlerine, tarih ve siyer şahitlik ediyor. Resûl-u Ekrem'e (aleyhissalâtü vesselam) ait en küçük bir hareketi, bir ahlâk hususiyetini, bir hali ihmal etmemişler. Buna ve Hazreti Peygamber'in her halini kaydettiklerine hadis kitapları şahittir.

Hem saadet asrında, mucizeleri ve dinin hükümlerinin kaynağı olan hadisleri çokları kaydedip yazdılar. Bilhassa meşhur Yedi Abdullah[4] kayda

---

4 Adı Abdullah olan yedi meşhur sahabi: Abdullah İbni Abbas, Abdullah İbni Ömer, Abdullah İbni Mes'ud, Abdullah İbni Revâha, Abdullah İbni Selam, Abdullah bin Amr bin As, Abdullah bin ebi Evfâ *(radiyallahu anhüm)*.

geçirdi. Hele Kur'an'ın tercümanı olan[5] *Abdullah İbni Abbas,*[6] *Abdullah İbni Amr İbni'l-Âs*[7] *ve bilhassa otuz-kırk sene sonra tâbiînden binlerce muhakkik zât, hadisleri ve mucizeleri yazarak kayıt altına aldılar.*[8]

Ondan sonra da, başta dört müçtehit imam olmak üzere binlerce muhakkik hadis âlimi nakletti, yazıyla kayda geçirdiler.

Ardından, hicretten iki yüz sene sonra, başta Buhârî ve Müslim, kabul gören Kütüb-ü Sitte ile hadisleri kayıt ve muhafaza vazifesini omuzlarına aldılar. İbnü'l-Cevzî gibi binlerce sert tenkitçi çıkıp bazı dinsizlerin, bu hususta fikir sahibi olmayanların, hadislerin muhafazasına dikkat etmeyenlerin veya cahillerin karıştırdıkları uydurma hadisleri ayırıp gösterdiler.

Sonra keşf ehlinin tasdikiyle, uyanıkken yetmiş defa Resûl-u Ekrem'in (aleyhissalâtü vesselam)

---

5 Bkz. İbni Ebî Şeybe, *el-Musannef* 6/383; İbni Sa'd, *et-Tabakâtü'l-Kübrâ* 2/366; el-Hâkim, *el-Müstedrek* 3/618.

6 Bkz. İbni Sa'd, *et-Tabakâtü'l-Kübrâ* 5/293; ez-Zehebî, *Siyeru a'lâmi'n-Nübelâ* 4/480; el-Mizzî, *Tehzîbü'l-Kemâl* 24/174.

7 Bkz. Buhârî, *ilim* 39; Tirmizî, *ilim* 12, *menâkıb* 46; Dârimî, *mukaddime* 43.

8 Bkz. Tirmizî, *el-İlel* s. 756; İbni Sa'd, *et-Tabakâtü'l-Kübrâ* 5/481; er-Râmehürmüzî, *el-Muhaddisü'l-Fâsıl* s. 223.

kendisine göründüğü ve onun sohbetiyle şereflenen[9] *Celâleddin Süyutî gibi büyük âlimler ve muhakkikler, sahih hadislerin elmaslarını diğer sözlerden ve uydurmalardan ayırdılar.*

İşte bahsedeceğimiz hadiseler ve mucizeler bize böyle elden ele, kuvvetli, güvenilir, çeşitli ve çok, belki sayısız kaynaktan sağlam olarak gelmiştir. اَلْحَمْدُ لِلّٰهِ هٰذَا مِنْ فَضْلِ رَبِّي[10] *Buna dayanarak, "Şu zamana kadar uzun mesafeden gelen, bugünden tâ o zamana kadar uzanan bu hadiselerin içine başka şey karışmadığını, saf olduklarını nasıl bileceğiz?" diye düşünülmemelidir.*

Berekete dair kesin mucizelerin birinci misali: Başta Buhârî ve Müslim, altı sahih ve büyük hadis kitabı ittifakla haber veriyor:

Resûl-u Ekrem'in *(aleyhissalâtü vesselam)* Hazreti Zeyneb ile evliliği şerefine verilen yemekte, Hazreti Enes'in annesi Ümmü Süleym bir-iki avuç hurmayı yağla kavurarak bir kaba koydu, Hazreti Enes'le Peygamber aleyhissalâtü vesselam'a gönderdi. Resûl-u Ekrem, Enes'e buyurdu ki: "Filanı, filanı çağır. Kime rastlarsan davet et." Enes de kime rastladıysa çağırdı. Üç

---

9 İbnü'l-İmâd, *Şezerâtü'z-Zeheb* 4/54; en-Nebhânî, *Câmiu Kerâmâti'l-Evliyâ* 2/158.

10 Allah'a hamdolsun, bu Rabbimin ihsanıdır.

yüz kadar sahabi gelip Suffe hücresini ve saadet hanesini doldurdular.

Resûl-u Ekrem, تَحَلَّقُوا عَشَرَةً عَشَرَةً yani, "Onar onar halka olunuz." diye ferman etti. Sonra mübarek elini o az yemeğin üzerine koydu, dua etti, "Buyurun!" dedi. Üç yüz sahabinin hepsi yedi, doyup kalktılar. Resûl-u Ekrem, Enes'e "Kaldır!" buyurdu. Enes diyor ki: "Bilemedim, kabı koyduğum vakit mi yemek çoktu, yoksa kaldırdığım vakit mi, fark edemedim."[11]

İkinci Misal: Resûl-u Ekrem'i evinde misafir eden Ebû Eyyûbi'l-Ensârî, Hazreti Peygamber evini şereflendirdiği sırada meydana gelen bir mucizeyi anlatır:

Resûl-u Ekrem *(aleyhissalâtü vesselam)* ve Ebûbekri's-Sıddık'a kâfi gelecek iki kişilik yemek yaptım. Şöyle ferman etti: اُدْعُ ثَلَاثِينَ مِنْ أَشْرَافِ الْأَنْصَارِ[12]. Otuz adam geldi, yediler. Sonra buyurdu ki: اُدْعُ سِتِّينَ[13]. Altmış kişi daha davet ettim, gelip yediler. Sonra yine اُدْعُ تِسْعِينَ[14] buyurdu. Doksan kişi daha davet ettim, onlar da geldi, yediler.

---

11 Kadı Iyâz, *eş-Şifâ* 1/297. Ayrıca bkz. Buhârî, *nikâh* 64; Müslim, *nikâh* 94-95.

12 Ensar eşrafından otuz kişi çağır.

13 Altmış kişi daha çağır.

14 Doksan kişi daha çağır.

Kaplarda daha yemek kaldı. Bütün gelenler o mucize karşısında İslamiyet'e girip biat ettiler. O iki kişilik yemekten yüz seksen kişi yedi.[15]

Üçüncü Misal: Hazreti Ömer İbnü'l-Hattab,[16] Ebû Hureyre,[17] Seleme İbnü'l-Ekva'[18] ve Ebû Amra el-Ensarî[19] gibi sahabiler, çeşitli rivayetlerle aktarıyor:

Bir savaşta ordu aç kaldı. Resûl-u Ekrem'e *(aleyhissalâtü vesselam)* müracaat ettiler. Buyurdu ki: "Heybelerinizde kalan erzakı toplayınız." Herkes az birer miktar hurma getirdi. En çok getiren, dört avuç getirebildi. Bir kilime koydular.

Seleme diyor ki: "Tahminimce tamamı oturmuş bir keçi kadar ancak vardı." Sonra Resûl-u Ekrem *(aleyhissalâtü vesselam)* bereket duası edip şöyle buyurdu: "Herkes kabını getirsin." Koşuştu, getirdiler. O orduda kimsenin kabı boş kalmadı,

---

15 et-Taberânî, *el-Mu'cemü'l-Kebîr* 4/185; el-Firyâbî, *Delâilü'n-Nübüvve* 1/44; el-Beyhakî, *Delâilü'n-Nübüvve* 6/94; İbni Abdilberr, *et-Temhîd* 1/295.

16 Kadı Iyâz, *eş-Şifâ* 1/293.

17 Müslim, *îmân* 44-45; Ahmed İbni Hanbel, *el-Müsned* 2/421, 3/11; en-Nesâî, *es-Sünenü'l-Kübrâ* 5/246.

18 Buhârî, şerike 1, *cihâd* 123; Müslim, lukata 19.

19 Ahmed İbni Hanbel, *el-Müsned* 3/417; en-Nesâî, *es-Sünenü'l-Kübrâ* 5/244, 6/279; et-Taberânî, *el-Mu'cemü'l-Kebîr* 1/211.

hepsini doldurdular. Yine de hurma arttı. Sahabeden biri şöyle rivayet etmiş: "O bereketin gidişatından anladım ki, eğer yeryüzündeki herkes gelseydi, o hurma onlara bile yeterdi."

Dördüncü Misal: Başta Buhârî ve Müslim, sahih hadis kitapları bildiriyor ki, Abdurrahmân İbni Ebî Bekri's-Sıddık şöyle demiş:

Biz yüz otuz sahabi, bir seferde Resûl-u Ekrem *(aleyhissalâtü vesselam)* ile beraberdik. Dört avuç miktarı olan bir sâ' ekmek için hamur hazırlandı. Bir de keçi kesildi, pişirildi; yalnız ciğer ve böbrekleri kebap yapıldı. Yemin ederim, Resûl-u Ekrem *(aleyhissalâtü vesselam)* o kebaptan yüz otuz sahabinin her birine bir parça kesti, verdi. Sonra pişmiş eti iki kâseye koydu. Hepimiz doyuncaya kadar yedik, daha da kaldı. Ben fazlasını deveye yükledim.[20]

Beşinci Misal: Sahih hadis kitapları kesin bir şekilde bildiriyor ki, Büyük Ahzab Savaşı da denilen meşhur Hendek günü hakkında Hazreti Câbiru'l-Ensârî yeminle şöyle ilan etmiş:

O gün dört avuç miktarındaki bir sâ' arpa ekmeğinden, bir yaşında bir keçi oğlağından bin kişi yedi ve yemek öylece kaldı. Yine Hazreti Câbir diyor ki:

---

20 Buhârî, *hibe* 28, *et'ime* 6; Müslim, *eşribe* 175.

O gün yemek evimde pişirildi. O bin kişinin hepsi o ekmekten, o oğlaktan yedi, gitti. Hâlâ tenceremiz dolu kaynıyor, hâlâ hamurumuz ekmek yapılıyordu. Resûl-u Ekrem o hamura ve tencereye mübarek ağzının suyunu koyup bereket duası etmişti.[21]

İşte Hazreti Câbir şu bereket mucizesini bin sahabinin huzurunda, onları şu mucizeyle alâkadar göstererek, yeminle ilan ediyor. Demek ki şu hadise, bin kişi rivayet etmiş gibi kesindir, denilebilir.

Altıncı Misal: Kesin ve sahih rivayetle, Allah Resûlü'nün hizmetkârı Hazreti Enes'in üvey babası meşhur Ebû Talha diyor ki:

Resûl-u Ekrem *(aleyhissalâtü vesselam)* yetmiş-seksen kişiyi Enes'in koltuğunun altında getirdiği bir parça arpa ekmeğinden doyuruncaya kadar yedirdi. "O az ekmeği parça parça ediniz." buyurdu ve bereket duası etti. Yer dar olduğundan onar onar gelip yediler, doyup gittiler.[22]

Yedinci Misal: Kesin ve sahih nakille, *Şifâ-yı Şerif* ve *Müslim* gibi sahih kitaplar bildiriyor ki:

Hazreti Câbiru'l-Ensârî anlatıyor: Bir zât, Resûl-u Ekrem'den *(aleyhissalâtü vesselam)* geçimini üstlendiği ailesi için yiyecek istedi. Resûl-u Ekrem *(aleyhissalâtü vesselam)* yarım yük arpa verdi. O

---

21 Buhârî, *meğâzî* 29; Müslim, *eşribe* 141.

22 Buhârî, *menâkıb* 25, *et'ime* 6, 48; Müslim, *eşribe* 142.

adam ve ailesi, misafirleriyle uzun zaman o arpadan yemişler. Bakıyorlar, bitmiyor. Noksan olup olmadığını anlamak için ölçmüşler. Sonra bereket kalkmış, arpa eksilmeye başlamış. Adam, Resûl-u Ekrem'e *(aleyhissalâtü vesselam)* geldi, hadiseyi anlattı. Ona cevaben Resûl-u Ekrem şöyle buyurdu: لَوْ لَمْ تَكِلْهُ لَأَكَلْتُمْ مِنْهُ وَلَقَامَ بِكُمْ Yani, "Eğer kile[23] ile ölçmeseydiniz, size hayatınız boyunca yeterdi."[24]

Sekizinci Misal: *Tirmizî*, *Nesâî*, *Beyhakî* ve *Şifâ-yı Şerîf* gibi sahih kitaplar şöyle beyan ediyor:

Hazreti Semure İbni Cündüb diyor ki: Resûl-u Ekrem'e *(aleyhissalâtü vesselam)* bir kâse et geldi. Sabahtan akşama kadar insanlar bölük bölük gelip yediler.[25]

İşte "Mukaddime" kısmında söylediğimiz sırra binaen, şu bereket hadisesi yalnız Semure'nin rivayeti değildir. Elbette Semure o mucizeyi, o yemeği yiyen bölük bölük insanların temsilcisi gibi, onların adına ve tasdiklerine dayanarak ilan ediyor.

Dokuzuncu Misal: *Şifâ-yı Şerîf* sahibi, meşhur İbni Ebî Şeybe ve Taberânî gibi delillere

---

23 **Kile**: Kırk litreye eşit olan hububat ölçüsü.

24 Müslim, *fezâil* 9; Ahmed İbni Hanbel, *el-Müsned* 3/337, 347; el-Beyhakî, *Delâilü'n-Nübüvve* 6/114.

25 Tirmizî, *menâkıb* 5; Ahmed İbni Hanbel, *el-Müsned* 5/12, 18; Dârimî, *mukaddime* 9; en-Nesâî, *es-Sünenü'l-Kübrâ* 4/170.

dayanan, muhakkik zâtların sahih rivayetiyle Hazreti Ebû Hureyre diyor ki:

Resûl-u Ekrem *(aleyhissalâtü vesselam)* bana şöyle emretti: "Mescid-i Şerif'in Suffesini[26] mesken tutan yüzden fazla fakir muhaciri davet et." Ben de onları aradım, topladım. Hepimize bir yemek konuldu. İstediğimiz kadar yedik, kalktık. O kâse konulduğu vakit nasılsa, yine öyle dolu kaldı. Yalnız parmakların izi görünüyordu.[27]

İşte Hazreti Ebû Hureyre, Suffe ashabı bütün kâmil zâtların tasdikine dayanarak, onların adına haber veriyor. Demek, bu mucize mânen bütün Suffe ashabı rivayet etmiş gibi kesindir. Hem hiç mümkün müdür ki, bu haber hak ve doğru olmasa, o doğru sözlü ve kâmil zâtlar sussun ve bunu yalanlamasınlar!

Onuncu Misal: Kesin ve sahih nakille, Hazreti İmam Ali diyor ki:

Resûl-u Ekrem *(aleyhissalâtü vesselam)*, Abdülmuttaliboğullarını bir araya getirdi. Onlar kırk kişiydiler. Bazıları tek oturuşta bir deve yavrusunu

---

26 Resûl-u Ekrem'in mescidinin bitişiğindeki, Efendimiz'den Kur'an ve hadis ilimlerini öğrenen sahabilerin barındığı yer.

27 İbni Ebî Şeybe, *el-Musannef* 6/315; et-Taberânî, *el-Mu'cemü'l-Evsat* 3/195; İbni Sa'd, *et-Tabakâtü'l-Kübrâ* 1/256.

yer ve dört kıyye[28] süt içerdi. Halbuki Hazreti Peygamber onların tamamına bir avuç kadar yemek yaptı. Hepsi yiyip doydular ve yemek eskisi gibi kaldı. Sonra üç-dört adama ancak yetecek tahtadan bir kap içinde süt getirdi. Yine hepsi içip doydular, süt içilmemiş gibi kaldı.[29]

İşte Hazreti Ali'nin yiğitliği ve doğru sözlülüğü kadar kesin bir bereket mucizesi!

On Birinci Misal: Sahih nakille, Hazreti Ali ile Hazreti Fâtımatü'z-Zehrâ'nın düğün yemeğinde Resûl-u Ekrem *(aleyhissalâtü vesselam)* Bilâl-i Habeşî'ye, "Dört beş avuç unla ekmek yapılsın ve bir deve yavrusu kesilsin." buyurdu. Hazreti Bilâl diyor ki: Ben yemeği getirdim. Mübarek elini üstüne vurdu. Sonra sahabiler kafile kafile geldi, yedi ve gittiler. O yemekten geri kalan miktara yine bereket duası etti. Pak hanımlarının her birine birer kâse gönderildi. Emretti ki: "Hem yesin hem de yanlarına gelenlere yedirsinler."[30]

---

28 **Kıyye** (Okka): 1,283 kilograma karşılık gelen ağırlık ölçü birimi.

29 Ahmed İbni Hanbel, *el-Müsned* 1/159; Ahmed İbni Hanbel, *Fezâilü's-Sahâbe* 2/712; et-Taberî, *Câmiu'l-Beyân* 19/122; Kadı Iyâz, *eş-Şifâ* 1/293-294.

30 Abdurrezzak, *el-Musannef* 5/487; et-Taberânî, *el-Mu'cemü'l-Kebîr* 22/411, 24/133; Kadı Iyâz, *eş-Şifâ* 1/297.

Evet, böyle mübarek bir evlilikte elbette böyle bir bereket lâzımdır ve bunun olduğu kesindir.

On İkinci Misal: Hazreti İmam Câfer-i Sâdık babası İmam Muhammedü'l-Bâkır'dan, o babası İmam Zeynelâbidin'den, o da İmam Ali'den naklediyor:

Fâtımatü'z-Zehrâ yalnız ikisine yetecek bir yemek pişirdi. Sonra Resûl-u Ekrem *(aleyhissalâtü vesselam)* gelsin, beraber yesinler diye Hazreti Ali'yi gönderdi. Resûl-u Ekrem teşrif etti ve o yemekten her hanımına birer kâse gönderilmesini buyurdu. Kendisiyle Hazreti Ali, Fâtıma ve evlatlarına birer kâse ayrıldıktan sonra, Hazreti Fâtıma diyor ki: "Tenceremizi kaldırdık, daha doluydu, taşıyordu. Cenâb-ı Hakk'ın dilemesiyle, hayli zaman o yemekten yedik."[31]

Niçin bu nuranî, yüksek rivayet silsilesinden gelen şu bereket mucizesine gözünle görmüş gibi inanmıyorsun? Evet, buna karşı şeytan bile bahane bulamaz.

On Üçüncü Misal: Ebû Davud, Ahmed İbni Hanbel ve İmam Beyhakî gibi dosdoğru imamlar

---

[31] İbni Sa'd, *et-Tabakâtü'l-Kübrâ* 1/186-187; Kadı Iyâz, *eş-Şifâ* 1/294; İbnü'l-Cevzî, Muntazam 3/88; İbni Kesîr, *Tefsîru'l-Kur'an* 1/361 (Ebû Ya'lâ'dan naklen).

Dükeyn İbni Saîdi'l-Müzeniyyi'l-Has'amî'den,[32] altı kardeşiyle beraber peygamber sohbetiyle şereflenmiş bir sahabi olan Nu'man İbni Mukarrini'l-Ahmesiyyi'l-Müzenî'den[33] ve Cerir'den[34] nakille, çeşitli rivayetlerle Hazreti Ömer İbnü'l-Hattab'dan aktarıyorlar:

Resûl-u Ekrem *(aleyhissalâtü vesselam)* Hazreti Ömer'e, "Ahmes kabilesinden gelen dört yüz atlıya yolculuk için azık ve yiyecek ver." diye emretti. Hazreti Ömer dedi ki: "Ya Resûlallah! Mevcut azık birkaç sâ'dır.[35] Tamamı, oturmuş bir deve yavrusu kadardır." Resûl-u Ekrem, "Git, ver!" buyurdu. O da gitti, yarım yük hurmadan, dört yüz süvariye yetecek kadar azık ve yiyecek verdi. Sonra dedi ki: "Hiç eksilmemiş gibi eski halinde kaldı."

İşte şu bereket mucizesi, dört yüz kişiyle ve bilhassa Hazreti Ömer'le münasebetli bir surette meydana gelmiştir. Rivayetlerin arkasında o zâtlar var. Onların susması tasdiktir; bir kişinin rivayet

---

32 Bkz. Ebû Dâvûd, *edeb* 157-158; Ahmed İbni Hanbel, *el-Müsned* 4/174; el-Buhârî, *et-Târîhu'l-Kebîr* 3/255.

33 Bkz. İbni Sa'd, *et-Tabakâtü'l-Kübrâ* 6/19; İbni Abdilberr, *el-İstîâb* 3/1432, 4/1505; el-Mizzî, *Tehzîbü'l-Kemâl* 29/459.

34 Bkz. İbni Adiyy, *el-Kâmil* 6/254; Kadı Iyâz, *eş-Şifâ* 1/294-295; ez-Zehebî, *Mîzânü'l-İtidâl* 6/312.

35 **Sâ'**: Üç kilogram ağırlığa karşılık gelen ölçü birimi.

ettiği iki-üç haber deyip geçme! Böyle hadiseler tek bir kişi yoluyla aktarılsa da manevî tevatür derecesinde bir kanaat verir.

On Dördüncü Misal: Başta Buhârî ve Müslim, sahih hadis kitapları haber veriyor:

Hazreti Câbir'in babası vefat etti. Borcu çoktu, borç sahipleri de Yahudilerdi. Câbir, babasının asıl malını alacaklılara verdi, kabul etmediler. Bağındaki meyveler de borcuna kaç sene kâfi gelmeyecekti. Resûl-u Ekrem *(aleyhissalâtü vesselam)* buyurdu ki: "Bağın meyvelerini koparınız, harman ediniz." Öyle yaptılar. Resûl-u Ekrem *(aleyhissalâtü vesselam)* harmanın içinde gezdi, dua etti. Ardından Câbir, o harmandan babasının bütün alacaklılarının borçlarını verdi, yine de harmanda bağdan bir senede gelen mahsul kadar kaldı. Bir rivayette, bütün alacaklılara verdiği kadar kaldı. Bu hadise karşısında borç sahibi Yahudiler çok hayret ettiler.[36]

İşte şu açık bereket mucizesi, yalnız Hazreti Câbir gibi birkaç zâttan rivayet edilen bir haber değildir. Manevî tevatür hükmündedir, o hadiseyle münasebetli çok kimseyi tevatür derecesinde temsil ederek aktarılmıştır.

---

36 Buhârî, *istikrâz* 9, *vesâyâ* 36, *meğâzî* 18; Ebû Dâvûd, *vesâyâ* 17; Nesâî, *vesâyâ* 3-4.

On Beşinci Misal: Başta Tirmizî ve İmam Beyhakî gibi, hakikati delilleriyle bilen âlimler, Hazreti Ebû Hureyre'den sahih nakille, beraber haber veriyorlar:

Ebû Hureyre şöyle demiş: "Bir savaşta –başka bir rivayette Tebük Savaşı'nda– ordu aç kaldı. Resûl-u Ekrem *(aleyhissalâtü vesselam)*, هَلْ مِنْ شَيْءٍ 'Bir şey var mı?' diye sordu. Ben dedim ki: 'Heybede bir miktar hurma var.' [Bir rivayette, on beş tane.] 'Getir!' buyurdu, getirdim. Mübarek elini soktu, bir avuç çıkardı, bir kaba koydu, bereket duası etti. Sonra askeri onar onar çağırdı, hepsi yediler. Ardından şöyle ferman etti: خُذْ مَا جِئْتَ بِهِ وَأَدْخِلْ يَدَكَ وَاقْبِضْ عَلَيْهِ وَلَا تَكُبَّهُ[37] Ben aldım, elimi o heybeye soktum. Elime, ilk getirdiğim kadar hurma geldi. Sonra Resûl-u Ekrem *(aleyhissalâtü vesselam)* ve Ebûbekir, Ömer, Osman hayattayken o hurmalardan yedim." Başka bir rivayette ise şöyle der: "O hurmalardan kaç yük Allah yolunda sarf ettim. Sonra Hazreti Osman'ın katlinde o hurmalar kabıyla yağmalandı, gitti."[38]

---

37 Getirdiğin heybeye elini daldır, eline geldiği kadarını al ve onu hiç ters çevirip dökeyim deme.

38 Ebû Nuaym, *Delâilü'n-Nübüvve* s. 130-131; İbni Kesîr, *el-Bidâye* 6/117. Ayrıca bkz. Tirmizî, *menâkıb* 46; Ahmed İbni Hanbel, *el-Müsned* 2/352.

İşte kâinatın rehberi olan Âlemin İftihar Kaynağı'nın (aleyhissalâtü vesselam) kutsî medresesi ve tekkesi Suffe'nin devamlı, mühim bir talebesi, müridi ve hafızasının güçlenmesi için peygamber duasına mazhar olmuş Hazreti Ebû Hureyre'nin, Tebük Savaşı gibi, kalabalık bir topluluğun bulunduğu bir yerde gerçekleştiğini haber verdiği şu bereket mucizesinin, mânen bir ordunun sözü kadar kesin ve kuvvetli olması gerekir.

On Altıncı Misal: Başta Buhârî, sahih hadis kitapları kesin bir şekilde nakllediyor:

Bir gün Hazreti Ebû Hureyre acıkmış. Resûl-u Ekrem'in *(aleyhissalâtü vesselam)* arkasından saadet hanesine gitmiş. Bakmışlar ki, bir bardak süt hediye getirilmiş. Kendisi anlatıyor: "Resûl-u Ekrem *(aleyhissalâtü vesselam)*, 'Suffe ashabını çağır!' diye emretti. Ben kalbimden dedim ki: 'Bu sütün hepsini ben içebilirim, ben daha muhtacım.' Fakat peygamber emri olduğu için onları topladım, getirdim. Yüzü aşkındılar. Buyurdu ki: 'Onlara içir!' Ben de o bardaktaki sütü birer birer verdim. Her biri doyuncaya kadar içiyordu, diğerine veriyordum. Böyle teker teker bütün Suffe ashabı o hâlis sütten içti. Sonra Resûl-u Ekrem şöyle buyurdu: بَقِيتُ أَنَا وَأَنْتَ، أُقْعُدْ فَاشْرَبْ[39].

---

[39] Ben ve sen kaldık, otur sen de iç.

Ben içtim. İçtikçe, 'İç!' buyurdu. Nihayet, 'Seni hak ile gönderen Zât-ı Zülcelâl'e yemin ederim ki, içecek yerim kalmadı.' dedim. Ardından sütü kendisi aldı, 'Bismillâh' deyip hamd ederek kalanını içti."[40] Yüz bin afiyet olsun!

İşte şu saf, hâlis süt gibi tatlı, şüphesiz ve apaçık olan bereket mucizelerinin, beş yüz bin hadisi hafızasına alan Hazreti Buhârî başta olmak üzere,[41] altı sahih hadis kitabında nakledilmesi, onların gözle görülmüş kadar kesin olduğunu gösterir. Resûl-u Ekrem'in (aleyhissalâtü vesselam) kutsî medresesi Suffe'nin meşhur, sadık, hafız bir talebesi olan Ebû Hureyre'nin, bütün Suffe ashabını mânen şahit tutarak, âdeta hepsini temsil edip verdiği şu haberi tevatür derecesinde kesin kabul etmeyenin ya kalbi bozuktur ya da aklı yoktur!

Acaba Hazreti Ebû Hureyre gibi doğru sözlü, bütün hayatını hadis ilmine ve dine vakfeden, وَمَنْ كَذَبَ عَلَيَّ مُتَعَمِّدًا فَلْيَتَبَوَّأْ مَقْعَدَهُ مِنَ النَّارِ[42] *hadisini işitip nakleden bir zât, hiç mümkün müdür ki, hafızasındaki hadislerin kıymetini, sağlamlığını ve*

---

40 Buhârî, *rikak* 17; Müslim, *fezâilü's-sahâbe* 164.

41 en-Nevevî, *Tehzîbü'l-Esmâ* 1/86; ez-Zehebî, *Tezkiratü'l-Huffâz* 2/556; es-Suyûtî, *et-Tedrîbü'r-Râvî* 1/99.

42 "Kim kasten benim üzerime yalan uydurursa cehennemdeki yerini hazırlasın." (Bkz. Buhârî, *ilim* 38; Müslim, *mukaddime* 2-4).

güvenilirliğini şüpheye düşürüp Suffe ashabının yalanlamasına hedef kılacak gerçek dışı bir söz ve asılsız bir vaka söylesin? Hâşâ!

Ya Rab! Resûl-u Ekrem'in (aleyhissalâtü vesselam) şu bereketi hürmetine, bize lütfettiğin maddî ve manevî rızkımıza bereket ihsan eyle!

Mühim Bir Nükte

Mâlumdur ki, zayıf şeyler bir araya geldikçe kuvvetlenir. İncecik ipler topak yapılsa kuvvetli bir halat olur. Kuvvetli halatlar topak haline getirilse kimse koparamaz. İşte, Resûl-u Ekrem'in on beş çeşit mucizesinden yalnız berekete ait olanları ve onların da on beş kısmından ancak birini, on beş misalle gösterdik. Her bir misal tek başına Resûl-u Ekrem'in peygamberliğini ispat edecek derecede kuvvetlidir. Farz-ı muhal, bunların bir kısmını kuvvetsiz saysak da yine kuvvetsiz diyemeyiz. Çünkü kuvvetli ile ittifak eden, kuvvet kazanır.

Hem şu on beş misal bir arada, kesin, şüphesiz manevî bir tevatürle, kuvvetli ve büyük bir mucizeyi gösterir. Şimdi, şunların bütünündeki büyük mucize, bereket mucizelerinin zikretmediğimiz geri kalan on dört kısmına ilave edilse, kuvvetli halatları topak yapmak gibi, içinde inkâr edilmesi mümkün olmayan çok büyük bir mucize görünür.

Sonra o büyük mucizeyi, diğer on dört çeşit mucizenin tamamına ilave et ve Resûl-u Ekrem'in (aleyhissalâtü vesselam) peygamberliğinin ne kadar kuvvetli, sarsılmaz, kesin bir delilini gösterdiğini gör! İşte Resûl-u Ekrem'in (aleyhissalâtü vesselam) peygamberliğinin direği, şu mucizelerin hepsinin meydana getirdiği dağ gibi sarsılmaz bir direktir. Şimdi küçük şeylerde ve misallerde, yanlış anlamadan kaynaklanan şüphelerle o sağlam, yüce, yüksek çatıyı dayanıksız ve düşebilir görmenin ne derece akılsızlık olduğunu anladın.

Evet, berekete dair o mucizeler gösteriyor ki: *Hazreti Muhammed (aleyhissalâtü vesselam) her canlıya rızık veren, rızıkları yaratan Rahîm ve Kerîm bir Zât'ın sevgili memurudur, pek hürmetli bir kuludur. Cenâb-ı Hak çeşit çeşit rızıklarda, âdetinin dışına çıkarak ona hiçten ve sırf gaybdan ziyafetler gönderiyor.* Mâlumdur ki, Arap yarımadası suyun az olduğu ve ziraatın az yapıldığı bir yerdir. Onun için ahalisi, bilhassa İslam'dan önce, geçim darlığına düşerdi. Çok defa susuzluk çekiyorlardı. İşte bu hikmete binaen, Resûl-u Ekrem'in *(aleyhissalâtü vesselam)* apaçık mucizelerinin mühimleri, yiyecek ve su hususunda görülmüştür.

Bu harikalar, peygamberlik davasına delil ve mucize olmaktan çok, ihtiyaca göre, Resûl-u

Ekrem'e (aleyhissalâtü vesselam) *ilahî bir ikram, rabbanî bir ihsan, rahmanî bir ziyafet hükmündedir. Çünkü o mucizeleri görenler, Allah Resûlü'nün peygamberliğini zaten tasdik etmişler. Fakat mucize göründükçe imanları artar, nur üstüne nur olur.*

Sekizinci İşaret

Su hususundaki bir kısım mucizeleri beyan eder.

Mukaddime

Mâlumdur ki, topluluklar önünde meydana gelen hadiseler bir kişi vasıtasıyla nakledilse, yalanlanmadığı takdirde, bu onun doğruluğunu gösterir. Çünkü insanda, yalana "Yalan!" demeye yaradılıştan bir meyil vardır. Bilhassa, yalan karşısında her kavimden daha çok sesini yükselten sahabiler söz konusu ise, hele hadiseler Resûl-u Ekrem'le (aleyhissalâtü vesselam) alâkalıysa ve bilhassa nakleden, sahabenin meşhurlarındansa, elbette o tek haberin sahibi onu, hadiseyi gören cemaati temsil eder gibi aktarır.

Halbuki şimdi bahsedeceğimiz, Resûl-u Ekrem'in su ile ilgili mucizelerinin her bir misalini tâbiînden binlerce muhakkik zât pek çok yolla pek çok sahabinin ellerinden almış, sağlam olarak ikinci asır müçtehitlerinin ellerine vermiş. Onlar da tam bir ciddiyetle ve hürmetle el uzatıp, kabul edip kendilerinden sonraki asrın muhakkiklerinin ellerine aktarmışlar. Her rivayet, binlerce kuvvetli elden geçip tâ asrımıza kadar gelmiş. Hem saadet asrında yazılan hadisler sağlam olarak aktarılıp tâ Buhârî ve Müslim gibi hadis ilminin dâhi imamlarının eline ulaşmış. Onlar da, son derece dikkatli bir araştırma ile mertebelerini ayırarak sahihliğinde şüphe olmayanları bir araya getirip bize ders vermiş, takdim etmişler. جَزَاهُمُ اللّٰهُ خَيْرًا كَثِيرًا[1]

İşte Resûl-u Ekrem'in (aleyhissalâtü vesselam) *mübarek parmaklarından su akması ve o suyu pek çok kişiye içirmesi, yanlışlığına ihtimal verilmeyecek şekilde, farklı rivayetlerle nakledilmiştir.*[2] *Öyle bir cemaat nakletmiş ki, yalanda birleşmeleri imkânsızdır. Şu mucize kesindir. Hem üç defa, üç büyük topluluğun önünde tekrarlanmıştır. Başta Buhârî, Müslim, İmam Mâlik, İmam Amr İbni Şuayb ve İmam Katâde gibi, sahih hadisleri aktaran pek çok âlim, sahabeden, başta*

---

1 Allah onları bol hayırlarla mükâfatlandırsın.

2 Bkz. el-Gazâlî, *Fedâihu'l-Bâtıniyye* 1/139-141; el-Âmidî, *Ğâyetü'l-Merâm* 1/356-357; el-Îcî, *Kitâbü'l-Mevâkıf* 3/405; et-Teftâzânî, *Şerhu'l-Makâsıd* 5/17.

Resûl-u Ekrem'in hizmetkârı Hazreti Enes, Hazreti Câbir ve Hazreti İbni Mes'ud gibi meşhurların bulunduğu bir cemaatten, Allah Resûlü'nün parmaklarından suyun çokça aktığını ve orduya içirdiğini, kesin ve sahih nakille bildirmiştir. Suyla alâkalı bu çeşit mucizelerin pek çok misalinden dokuzunu göstereceğiz.

Birinci Misal: Başta Buhârî ve Müslim olmak üzere, sahih hadis kitapları Hazreti Enes'ten –sahih nakille– haber veriyor:

Hazreti Enes diyor ki: Zevrâ denilen yerde üç yüz kadar kişi, Resûl-u Ekrem *(aleyhissalâtü vesselam)* ile beraberdik. İkindi namazı için abdest alınmasını buyurdu. Su bulunamadı. Yalnız bir miktar su istedi, getirdik. Mübarek ellerini içine batırdı. Gördüm ki, parmaklarından çeşme gibi su akıyor. Sonra yanındaki üç yüz kişinin hepsi geldi, abdest alıp o sudan içtiler.[3]

İşte Hazreti Enes, şu hadiseyi üç yüz kişiyi temsil ederek haber veriyor. Mümkün müdür ki, o üç yüz kişi şu habere mânen katılmasın ve katılmadıkları halde onu yalanlamasınlar?

İkinci Misal: Başta Buhârî ve Müslim, sahih kitaplar haber veriyor ki:

---

3 Buhârî, *menâkıb* 25; Müslim, *fezâil* 6, 7.

Hazreti Câbir İbni Abdillâhi'l-Ensârî anlatıyor: Hudeybiye Savaşı'nda biz, bin beş yüz kişi, susamıştık. Resûl-u Ekrem *(aleyhissalâtü vesselam)* kırba denilen deri bir kaptaki sudan abdest aldı, sonra elini içine soktu. Gördüm ki, parmaklarından çeşme gibi su akıyor. Bin beş yüz kişi o kırbadan su içip kaplarını doldurdular. Sâlim İbni Ebi'l-Ca'd, Câbir'e sormuş: "Kaç kişiydiniz?" Câbir demiş ki: "Yüz bin kişi de olsa o su yine yeterdi. Fakat biz bin beş yüz kişiydik."[4]

İşte şu apaçık mucizeyi rivayet edenler, mânen bin beş yüz kadardır. Çünkü insanın yaradılışında yalana "Yalan!" demeye bir meyil, bir arzu vardır. Sahabiler ise doğruluk için canlarını, mallarını, anne babalarını, kavim ve kabilelerini feda edip hak ve hakikat uğruna canlarını vermeye hazır oldukları halde, "Benden, bilerek yalan bir şey haber veren, cehennem ateşinde yerini hazırlasın!"[5] mealindeki hadis-i şerifin tehdidi karşısında yalanı işitip susmaları mümkün değildir. Madem bu rivayet hakkında sessiz kaldılar; o haberi kabul ediyor, mânen katılıp tasdik ediyorlar demektir.

---

4 Buhârî, *menâkıb* 25, *meğâzî* 35; Müslim, *imâre* 72, 73.

5 Buhârî, *ilim* 38, *enbiyâ* 50, *edeb* 109; Müslim, *mukaddime* 2-4, *zühd* 72.

Üçüncü Misal: Buvat Savaşı hakkında, yine başta Buhârî ve Müslim, sahih hadis kitapları şöyle bildiriyor:

Hazreti Câbir diyor ki: Resûl-u Ekrem *(aleyhissalâtü vesselam),* نَادِ بِوَضُوءٍ "Abdest alınması için seslen." dediler. "Su yok." denildi. Resûl-u Ekrem *(aleyhissalâtü vesselam)* dedi ki: "Biraz su bulunuz." Çok az su getirdik. O az suyun üstüne elini kapadı, bir şeyler okudu, bilmiyorum neydi. Sonra şöyle buyurdu: نَادِ بِجَفْنَةٍ Yani, "Kafilenin büyük teknesini getirsinler." Bana getirildi, Resûl-u Ekrem'in *(aleyhissalâtü vesselam)* önüne koydum. O da elini içine koydu, parmaklarını açtı. Ben o az suyu mübarek elinin üzerine döküyordum. Mübarek parmaklarından çokça su aktığını gördüm, sonra tekne doldu. Suya ihtiyacı olanları çağırdım. Hepsi geldi, o sudan abdest alıp içtiler. Ben dedim ki: "Başka kimse kalmadı." Allah Resûlü elini kaldırdı, o tekne ağzına kadar dolu kaldı.[6]

İşte Resûl-u Ekrem'in *(aleyhissalâtü vesselam)* şu apaçık mucizesi mânen tevatür derecesindedir.[7] Hazreti Câbir o işin başında olduğu için ilk

---

6 Müslim, *zühd* 74; İbni Hibbân, *es-Sahîh* 14/457; İbni Sa'd, *et-Tabakâtü'l-Kübrâ* 7/74.

7 Bkz. el-Gazâlî, *Fedâihu'l-Bâtıniyye* 1/139-141; el-Âmidî, *Ğâyetü'l-Merâm* 1/356-357; el-Îcî, *Kitâbü'l-Mevâkıf*

söz onun hakkıdır; o, hepsi adına ilan ediyor. O vakit Resûl-u Ekrem'e hizmet eden oydu, ilan etmek önce onun hakkıydı. İbni Mes'ud da rivayetinde aynen şöyle diyor: "Ben gördüm ki, Resûl-u Ekrem'in (aleyhissalâtü vesselam) parmaklarından çeşme gibi su akıyor."[8] *Acaba, sıddık unvanıyla meşhur Enes, Câbir, İbni Mes'ud gibi sahabiler "ben gördüm" diyorsa, görmemiş olmaları mümkün müdür?*

Şimdi şu üç misali birleştir, ne kadar kuvvetli, apaçık bir mucize olduğunu gör! Bu üç rivayet birleşse hakiki tevatür hükmünde, Hazreti Peygamber'in parmaklarından su aktığını kesinlikle ispat eder. Hazreti Mûsâ'nın (aleyhisselam) *taştan on iki yerde çeşme gibi su akıtması,*[9] *Resûl-u Ekrem'in* (aleyhissalâtü vesselam) *on parmağından on musluk gibi su akmasının derecesine çıkamaz. Çünkü taştan su akması mümkündür, alışılagelmiş hadiseler içinde benzeri bulunur. Fakat et ve kemikten, kevser gibi suyun çokça akmasının eşi benzeri, alışılmış hadiseler içinde yoktur!*

3/405; et-Teftâzânî, *Şerhu'l-Makâsıd* 5/17.

8 Buhârî, *menâkıb* 25; Tirmizî, *menâkıb* 6; Dârimî, *mukaddime* 5.

9 Bkz. Bakara sûresi, 2/60; A'râf sûresi, 7/160.

Dördüncü Misal: Başta İmam Mâlik, *Muvatta* adlı muteber kitabında, Muâz İbni Cebel gibi meşhur sahabilerden aktarıyor:

Hazreti Muâz İbni Cebel diyor ki: Tebük Savaşı'nda bir çeşmeye rast geldik, sicim kalınlığında, güçlükle akıyordu. Resûl-u Ekrem *(aleyhissalâtü vesselam)*, "O sudan biraz biriktiriniz." buyurdu. Avuçlarında bir miktar topladılar. Resûl-u Ekrem *(aleyhissalâtü vesselam)*, onunla elini yüzünü yıkadı. Suyu çeşmeye koyduk. Birden çeşmenin deliği açılıp su gürül gürül akmaya başladı, bütün orduya yetti –hatta rivayet edenlerden biri olan İmam İbni İshak diyor ki: O çeşmenin suyu toprak altında gök gürültüsü gibi ses çıkararak aktı.[10] Resûl-u Ekrem *(aleyhissalâtü vesselam)* Hazreti Muâz'a buyurdu ki: يُوشِكُ يَا مُعَاذُ إِنْ طَالَتْ بِكَ حَيَاةٌ أَنْ تَرَى مَا هٰهُنَا قَدْ مُلِئَ جِنَانًا Yani, "Mucize eseri olan bu mübarek su akmaya devam edip buraları bağa çevirecek, ömrün varsa göreceksin." Ve öyle olmuştur.[11]

Beşinci Misal:

Başta Buhârî Hazreti Berâ'dan,[12] Müslim

---

10 İbni Hişâm, *es-Sîratü'n-Nebeviyye* 5/209 (İbni İshak'tan naklen).

11 Müslim, *fezâil* 10; *Muvatta*, *sefer* 2; Ahmed İbni Hanbel, *el-Müsned* 5/238.

12 Buhârî, *menâkıb* 25, *meğâzî* 35; Ahmed İbni Hanbel, *el-Müsned* 4/290; İbni Ebî Şeybe, *el-Musannef* 7/383.

Hazreti Seleme İbnü'l-Ekva'dan[13] ve diğer sahih kitaplar başka râvilerden[14] ittifakla naklediyor:

Hudeybiye Savaşı'nda bir kuyuya rastladık. Bin dört yüz kişiydik. O kuyunun suyu elli kişiyi ancak idare ederdi. Suyu çektik, kuyunun içinde bir şey bırakmadık. Resûl-u Ekrem *(aleyhissalâtü vesselam)* geldi, kuyunun başına oturdu. Bir kova su istedi, getirdik. Kovanın içine mübarek ağzının suyunu bıraktı ve dua etti, sonra o kovadaki suyu kuyuya döktü. Kuyu birden coştu ve kaynadı, ağzına kadar doldu. Bütün ordu, kendileri ve hayvanları doyuncaya kadar içtiler, kaplarını da doldurdular.

Altıncı Misal: Yine Müslim[15] ve İbni Cerîr et-Taberî[16] gibi hadisin dâhi imamları başta olmak üzere, sahih kitaplar sahih nakille, meşhur Ebû Katâde'den aktarıyor:

Ebû Katâde anlatıyor: Meşhur Mûte Savaşı'nda reislerin şehit düşmesi üzerine yardıma gidiyorduk. Bende bir kırba[17] vardı. Resûl-u Ekrem *(aleyhissalâtü vesselam)* şöyle buyurdu:

---

13 Müslim, *cihâd* 132; Ahmed İbni Hanbel, *el-Müsned* 4/48.

14 Buhârî, *menâkıb* 25, *meğâzî* 35; Müslim, *imâre* 72, 73; Dârimî, *mukaddime* 5.

15 Müslim, *mesâcid* 311; Ahmed İbni Hanbel, *el-Müsned* 5/298; İbni Huzeyme, *es-Sahîh* 1/214.

16 Kadı Iyâz, *eş-Şifâ* 1/289.

17 **Kırba**: Deriden su kabı. Tulum.

اِحْفَظْ عَلَيْنَا مِيضَأَتَكَ فَسَيَكُونُ لَهَا نَبَأٌ Yani, "Kırbanı sakla, onun büyük işi var!" Sonra susuzluk başladı. Yetmiş iki kişiydik. (Taberî'nin naklinde, "Üç yüz kişiydik.") Susuz kaldık. Resûl-u Ekrem *(aleyhissalâtü vesselam)* dedi ki: "Kırbanı getir." Ben getirdim. Aldı, ağzını ağzına getirdi. İçine nefesini üfledi mi, üflemedi mi bilmem. Sonra yetmiş iki kişi gelip içtiler, kaplarını doldurdular. Ardından ben aldım, verdiğim gibi kalmıştı.

İşte Resûl-u Ekrem'in *(aleyhissalâtü vesselam)* şu apaçık mucizesini gör,

اَللّٰهُمَّ صَلِّ وَسَلِّمْ عَلَيْهِ وَعَلٰى اٰلِهِ بِعَدَدِ قَطَرَاتِ الْمَاءِ[18] de.

Yedinci Misal: Başta Buhârî ve Müslim olmak üzere sahih kitaplar, Hazreti İmran İbni Husayn'dan naklediyor:

İmran anlatıyor: Bir seferde Resûl-u Ekrem *(aleyhissalâtü vesselam)* ile beraberdik, susuz kaldık. Bana ve Ali'ye buyurdu ki: "Filan mevkide bir kadın, iki kırba suyu hayvana yükletmiş, gidiyor. Alıp buraya getiriniz." Ben ve Ali beraber gittik, aynı yerde kadını su yüküyle bulduk, getirdik. Allah Resûlü şöyle emretti: "Bir kaba biraz su boşaltınız." Boşalttık. Bereket duası etti. Sonra yine

---

18 Allahım! O'na ve âline, suyun damlaları sayısınca salât ve selam eyle.

suyu o hayvandaki kırbaya koyduk. Ferman etti ki: "Herkes gelsin, kabını doldursun." Bütün kafile geldi, kaplarını doldurdu, içtiler. Sonra Resûl-u Ekrem şöyle buyurdu: "Kadına bir şeyler toplayınız." Kadının eteğini doldurdular. İmran diyor ki: Bana öyle geliyordu ki, iki kırba gittikçe doluyor, daha da artıyor. Resûl-u Ekrem *(aleyhissalâtü vesselam)* o kadına şöyle dedi: اِذْهَبِي فَإِنَّا لَمْ نَأْخُذْ مِنْ مَائِكِ شَيْئًا وَلٰكِنَّ اللّٰهَ سَقَانَا Yani, "Senin suyundan almadık. Cenâb-ı Hak bize hazinesinden su içirdi."[19]

Sekizinci Misal: Başta meşhur İbni Huzeyme, *Sahih*'inde, râviler Hazreti Ömer'den naklediyor:

Tebük Savaşı'nda susuz kaldık. Hatta bazıları devesini kesiyor, susuzluktan içini sıkıp içiyordu. Ebûbekri's-Sıddık, Resûl-u Ekrem'e *(aleyhissalâtü vesselam)* dua etmesi için ricada bulundu. Resûl-u Ekrem *(aleyhissalâtü vesselam)* elini kaldırdı, daha indirmeden bulutlar toplandı, yağmur öyle geldi ki, kaplarımızı doldurduk. Sonra su çekildi; ordumuza mahsustu, sınırımızı aşmadı.[20] Demek, içine tesadüf karışmamış, sırf Resûl-u Ekrem'in *(aleyhissalâtü vesselam)* bir mucizesidir.

---

19 Buhârî, *teyemmüm* 6, *menâkıb* 25; Müslim, *mesâcid* 312.

20 İbni Huzeyme, *es-Sahîh* 1/53; İbni Hibbân, *es-Sahîh* 4/223; el-Bezzâr, *el-Müsned* 1/331.

Dokuzuncu Misal: Meşhur Abdullah İbni Amr İbni'l-Âs'ın torunu ve dört imamın kendisine itimat edip ondan hadisin kaynağına ulaştıkları Amr İbni Şuayb'dan sahih nakille haber veriyorlar: Peygamberlikten önce Resûl-u Ekrem *(aleyhissalâtü vesselam)*, amcası Ebû Talip ile deveye binip Arafat civarında Zü'l-mecâz adlı mevkiye geldikleri vakit Ebû Talip "Ben susadım." demiş. Resûl-u Ekrem *(aleyhissalâtü vesselam)* inmiş, ayağını yere vurmuş, su çıkmış, Ebû Talip içmiştir.[21]

Muhakkik zâtlardan biri demiş ki: Şu hadise peygamberlikten önce meydana geldiğinden, irhâsât[22] türünden olmakla beraber, bin sene sonra aynı yerden Arafat çeşmesinin çıkması Resûl-u Ekrem'in *(aleyhissalâtü vesselam)* bir kerameti sayılabilir.[23]

İşte şu dokuz misal gibi, doksan misal olmasa da belki doksan surette rivayetler, Resûl-u Ekrem'in suyla ilgili mucizelerini haber vermiştir. Baştaki yedi misal, manevî tevatür gibi kesin ve kuvvetlidir. Sondaki iki misalin gerçi rivayet

---

21 Kadı Iyâz, *eş-Şifâ* 1/290. Amr İbni Saîd rivayeti için ayrıca bkz. İbni Sa'd, *et-Tabakâtü'l-Kübrâ* 1/152-153; İbni Asâkir, *Târîhu Dimaşk* 66/308.

22 İrhâsât: Peygamber Efendimizin peygamberliğinden önce meydana gelen ve peygamber olacağına işaret eden harika haller.

23 Aliyyülkârî, *Şerhu'ş-Şifâ* 1/601.

edildikleri kanallar o derece kuvvetli, çeşitli ve aktaranları çok değil. Fakat sekizinci misalde Hazreti Ömer'den rivayet edilen, sahabilere dair mucizeyi doğrulayıp kuvvetlendiren ikinci bir mucizeyi, başta İmam Beyhakî ve Hâkim olmak üzere sahih kitaplar, yine Hazreti Ömer'den aktarıyor:

Hazreti Ömer, Resûl-u Ekrem'den *(aleyhissalâtü vesselam)* yağmur duası etmesini istedi. Çünkü ordu suya muhtaçtı. Resûl-u Ekrem *(aleyhissalâtü vesselam)* elini kaldırdı. Birden bulutlar toplandı, yağmur geldi, ordunun ihtiyacı kadar su verdi, gitti. Âdeta yalnız orduya su vermek için vazifeliydi; geldi, ihtiyaç miktarınca yağdı, gitti.[24]

Şu hadise, nasıl ki sekizinci misali doğrular ve kesin bir şekilde ispat eder. Aynen öyle de, şu hadise hakkında, meşhur büyük âlimlerden ve hadislerin sahihliği konusunda çok hassas, kılı kırk yaran, hatta pek çok sahih hadise uydurma deyip kabul etmeyen İbnü'l-Cevzî gibi bir muhakkik der ki: "Bu hadise, meşhur Bedir Savaşı'nda meydana gelmiştir. وَيُنَزِّلُ عَلَيْكُمْ مِنَ السَّمَاءِ مَاءً لِيُطَهِّرَكُمْ بِهِ[25] ayet-i

---

24 İbni Huzeyme, *es-Sahîh* 1/53; İbni Hibbân, *es-Sahîh* 4/223; el-Hâkim, *el-Müstedrek* 1/263; el-Beyhakî, *es-Sünenü'l-Kübrâ* 9/357.

25 "Sizi temizlemek için gökten üzerinize su indiriyordu." (Enfâl sûresi, 8/11).

kerîmesi, bu hadiseyi beyan ve ifade eder."[26] Madem ayet o hadiseyi gösterir, onun kesin olduğuna şüphe kalmaz.

Hem Hazreti Peygamber'in duası ile birden ve süratle, o daha elini indirmeden yağmurun gelmesi, çok tekrar etmiş, tek başına tevatür derecesinde bir mucizedir. Bazen de câmide, minberin üstünde elini kaldırmış, daha indirmeden yağmur yağmış ve bu, yanlışlığına ihtimal bulunmayacak şekilde, farklı rivayetlerle nakledilmiştir.[27]

---

26 İbnü'l-Cevzî, *Zâdü'l-Mesîr* 3/328.

27 Buhârî, *cum'a* 34, 35, *istiskâ* 6-15, *menâkıb* 25, *edeb* 68, *deavât* 24; Müslim; *istiskâ* 8-12.

Dokuzuncu İşaret

Resûl-u Ekrem'in *(aleyhissalâtü vesselam)* mucizelerinin çeşitlerinden biri de, *ağaçların* insanlar gibi emrini dinlemesi ve yerinden kalkıp onun yanına gelmeleridir ki, ağaçlarla ilgili şu mucizeler, mübarek parmaklarından su akması gibi, mânen tevatür derecesindedir. Bunun farklı suretleri vardır ve birçok kanaldan nakledilerek gelmiştir. Evet, Resûl-u Ekrem'in *(aleyhissalâtü vesselam)* emriyle ağacın yerinden çıkıp yanına gelmesi açıkça tevatür derecesindedir denilebilir. Çünkü doğruluğuyla meşhur Hazreti Ali, Hazreti İbni Abbas, Hazreti İbni Mes'ud, Hazreti İbni Ömer, Hazreti Ya'lâ İbni Mürre, Hazreti Câbir, Hazreti Enes İbni Mâlik, Hazreti Büreyde, Hazreti Üsâme İbni Zeyd ve Hazreti Gaylân İbni Seleme gibi sahabilerin her biri ağaçlarla ilgili aynı mucizeyi kesin bir şekilde haber vermiş. Tâbiînin yüzlerce imamı, zikredilen sahabilerin her birinden ayrı bir rivayetle o mucizeyi aktarmış, âdeta katmerli tevatür suretinde bize ulaştırmıştır. İşte ağaçlarla ilgili şu mucizeler, hiçbir şüphe kabul etmez, kesin birer manevî tevatür hükmündedir.

Şimdi o büyük mucizenin, tekrar tekrar görülen birkaç sahih suretini bazı misallerle anlatacağız.

Birinci Misal: Başta İmam İbni Mâce, Dârimî ve İmam Beyhakî, sahih nakille Hazreti Enes İbni Mâlik'ten,[1] Hazreti Ali'den[2] ve Bezzâr ile İmam Beyhakî, Hazreti Ömer'den[3] aktarıyorlar:

Üç sahabi diyor ki: Resûl-u Ekrem *(aleyhissalâtü vesselam)* kâfirlerin kendisini yalanlamasından dolayı üzgün ve mahzundu. Şöyle dedi: اَللّٰهُمَّ أَرِنِي الْيَوْمَ آيَةً لَا أُبَالِي مَنْ كَذَّبَنِي بَعْدَهَا[4] Enes'in rivayetinde, Hazreti Cebrail de oradaydı. Vadi kenarında bir ağaç vardı. Hazreti Cebrail'in bildirmesiyle, Resûl-u Ekrem *(aleyhissalâtü vesselam)* o ağacı çağırdı, ağaç yanına kadar geldi. Sonra Resûl-u Ekrem, "Git!" dedi, ağaç gitti, tekrar yerine yerleşti.

---

1 İbni Mâce, *fiten* 23; Dârimî, *mukaddime* 4; Ahmed İbni Hanbel, *el-Müsned* 3/113; İbni Ebî Şeybe, *el-Musannef* 6/317.

2 Kadı Iyâz, *eş-Şifâ* 1/290.

3 el-Bezzâr, *el-Müsned* 1/438; Ebû Ya'lâ, *el-Müsned* 1/190; İbni Sa'd, *et-Tabakâtü'l-Kübrâ* 1/170.

4 "Ya Rabbi! Bugün bana bir ayet (mucize) göster ki ondan sonra beni yalanlayanlara hiç aldırmayayım."

İkinci Misal: Allâme-i Mağrib Kadı Iyâz, *Şifâ-yı Şerif*'te yüce bir senetle, doğru ve sağlam bir silsileyle[5] Hazreti Abdullah İbni Ömer'den nakledıyor:

Bir seferde Resûl-u Ekrem'in *(aleyhissalâtü vesselam)* yanına bir bedevî geldi. Allah Resûlü أَيْنَ تُرِيدُ "Nereye gidiyorsun?" buyurdu. Bedevî dedi ki: "Aileme." Resûl-u Ekrem ferman etti: هَلْ لَكَ إِلٰى خَيْرٍ "Ondan daha hayırlı bir şey ister misin?" Bedevî cevap verdi: "Nedir?" Hazreti Peygamber şöyle buyurdu: تَشْهَدُ أَنْ لَا إِلٰهَ إِلَّا اللّٰهُ وَحْدَهُ لَا شَرِيكَ لَهُ وَأَنَّ مُحَمَّدًا عَبْدُهُ وَرَسُولُهُ[6] Bedevî dedi ki: "Buna şahit nedir?" Resûl-u Ekrem ferman etti: "Vadi kenarındaki ağaç şahit olacak." هٰذِهِ الشَّجَرَةُ السَّمُرَةُ

İbni Ömer diyor ki: O ağaç sallanarak yerinden çıktı, toprak yarıldı ve ağaç tâ Resûl-u Ekrem'in *(aleyhissalâtü vesselam)* yanına geldi. Resûl-u Ekrem *(aleyhissalâtü vesselam)* o ağacı üç defa şahit gösterdi, ağaç da doğruluğuna şehadet etti. Sonra Allah Resûlü emretti, ağaç gidip yine yerine yerleşti.[7]

---

5 Kadı Iyâz, *eş-Şifâ* 1/298-299.

6 Allah'tan başka ilah bulunmadığına, O'nun tek olduğuna, ortağı bulunmadığına, Hazreti Muhammed'in de O'nun kulu ve elçisi olduğuna şahitlik etmendir.

7 Kadı Iyâz, *eş-Şifâ* 1/298-299. Ayrıca bkz. Dârimî, *mukaddime* 4; İbni Hibbân, *es-Sahîh* 14/434.

Hazreti Büreyde İbni Husayb el-Eslemî, sahih nakille, rivayetinde diyor ki: Biz Resûl-u Ekrem'in *(aleyhissalâtü vesselam)* yanındayken, bir sefer sırasında bedevî bir Arap geldi. Bir ayet, yani mucize istedi. Resûl-u Ekrem *(aleyhissalâtü vesselam)* şöyle buyurdu: قُلْ لِتِلْكَ الشَّجَرَةِ رَسُولُ اللّٰهِ يَدْعُوكِ[8] Bir ağaca işaret etti. Ağaç, sağa ve sola meylederek köklerini yerden çıkarıp Allah Resûlü'nün huzuruna geldi, اَلسَّلَامُ عَلَيْكَ يَا رَسُولَ اللّٰهِ[9] dedi. Sonra o bedevî Arap dedi ki: "Yine yerine gitsin." Resûl-u Ekrem emretti, yerine gitti. Adam şöyle dedi: "İzin ver, sana secde edeyim." Hazreti Peygamber, "İzin yok kimseye!" buyurdu. Adam, "Öyleyse senin elini, ayağını öpeceğim." dedi. İzin verdi.[10]

Üçüncü Misal: Başta *Sahih-i Müslim* olmak üzere sahih hadis kitapları haber veriyor:

Câbir anlatıyor: Bir seferde Resûl-u Ekrem *(aleyhissalâtü vesselam)* ile beraberdik. İhtiyaç gidermek için bir yer aradı. Etrafı kapalı bir yer yoktu. Sonra iki ağacın yanına gitti, birinin dalını tuttu, çekti –ağaç itaat ederek beraber gitti– öteki ağacın yanına getirdi. İtaatkâr devenin yuları tutup

---

8 Şu ağaca "Resûlullah seni çağırıyor" de.

9 Selam sana ey Allah'ın Resûlü!

10 Ebû Nuaym, *Delâilü'n-Nübüvve* s. 390; el-Hâkim, *el-Müstedrek* 4/190; İbni Asâkir, *Târîhu Dimaşk* 4/365.

çekilince gelmesi gibi, o iki ağacı yan yana getirdi. Sonra, اِلْتَئِمَا عَلَيَّ بِإِذْنِ اللهِ yani, "Üstüme birleşiniz!" dedi. İki ağaç birleşerek ona örtü oldu. Allah Resûlü arkalarında ihtiyaç giderdikten sonra onlara emretti, yerlerine gittiler.[11]

İkinci bir rivayette, yine Hazreti Câbir diyor ki: "Bana, يَا جَابِرُ قُلْ لِهٰذِهِ الشَّجَرَةِ يَقُولُ لَكِ رَسُولُ اللهِ: اِلْحَقِي بِصَاحِبَتِكِ حَتّٰى أَجْلِسَ خَلْفَكُمَا yani, 'O ağaçlara de ki: Resûlullah'ın ihtiyacı için birleşiniz.' buyurdu. Ben öyle dedim, onlar da birleşti. Sonra beklerken, Resûl-u Ekrem *(aleyhissalâtü vesselam)* çıkageldi. Başıyla sağa sola işaret etti, o iki ağaç yerlerine gitti.[12]

Dördüncü Misal: Sahih nakille, Resûl-u Ekrem'in *(aleyhissalâtü vesselam)* cesur kumandanlarından ve hizmetkârlarından Üsâme İbni Zeyd anlatıyor:

Bir seferde Resûl-u Ekrem *(aleyhissalâtü vesselam)* ile beraberdik. İhtiyaç gidermek için boş, kapalı bir yer yoktu. هَلْ تَرٰى مِنْ نَخْلٍ أَوْ حِجَارَةٍ[13] diye sordu. "Evet, var." dedim. Şöyle buyurdu:

---

11 Müslim, *zühd* 74; İbni Hibbân, *es-Sahîh* 14/456; el-Beyhakî, *es-Sünenü'l-Kübrâ* 1/94.

12 Dârimî, *mukaddime* 4; Abd İbni Humeyd, *el-Müsned* s. 320; İbni Ebî Şeybe, *el-Musannef* 6/321.

13 "Bir hurma ağacı veya bir taş görebiliyor musun?"

اِنْطَلِقْ وَقُلْ لَهُنَّ إِنَّ رَسُولَ اللّٰهِ يَأْمُرُكُنَّ أَنْ تَأْتِينَ لِمَخْرَجِ رَسُولِ اللّٰهِ وَقُلْ لِلْحِجَارَةِ مِثْلَ ذٰلِكَ Yani, "Ağaçlara de ki, Resûlullah'ın ihtiyacı için birleşiniz ve taşlara da de ki, duvar gibi toplanınız." Ben gittim, öyle dedim. Yemin ederim ki, ağaçlar birleşti ve taşlar duvar oldu. Resûl-u Ekrem *(aleyhissalâtü vesselam)* ihtiyacını giderdikten sonra yine emretti: قُلْ لَهُنَّ يَفْتَرِقْنَ[14] Nefsim kudret elinde olan Zât-ı Zülcelâl'e yemin ederim, ağaçlar ve taşlar ayrılıp yerlerine gittiler.[15]

Hazreti Câbir ve Üsâme'nin beyan ettiği şu iki hadiseyi Ya'lâ İbni Mürre,[16] Gaylan İbni Seleme es-Sekafî[17] ve Hazreti İbni Mes'ud, Huneyn Savaşı'nda[18] aynen haber veriyorlar.

Beşinci Misal: İmam İbni Fûrek ki, içtihat hususundaki kusursuz hassasiyetinden ve faziletinden kinaye olarak "Şâfiî-yi Sânî"[19] unvanını alan, asrın büyük âlimidir, kesin bir şekilde şöyle haber veriyor:

---

14 "Onlara ayrılmalarını söyle."

15 el-Beyhakî, *Delâilü'n-Nübüvve* 6/25; Ebû Nuaym, *Delâilü'n-Nübüvve* s. 393-394; Kadı Iyâz, *eş-Şifâ* 1/300.

16 İbni Mâce, *tahâre* 23; Ahmed İbni Hanbel, *el-Müsned* 4/170, 172; İbni Ebî Şeybe, *el-Musannef* 6/321.

17 Ebû Nuaym, *Delâilü'n-Nübüvve* s. 391-392; İbni Asâkir, *Târîhu Dimaşk* 48/134; Kadı Iyâz, *eş-Şifâ* 1/301.

18 el-Bezzâr, *el-Müsned* 4/291; et-Taberânî, *el-Mu'cemü'l-Evsat* 9/81; İbni Sa'd, *et-Tabakâtü'l-Kübrâ* 1/170.

19 İkinci İmam Şâfii.

Tâif Savaşı'nda, Resûl-u Ekrem *(aleyhissalâtü vesselam)* gece at üstünde giderken uykusu geliyordu. O haldeyken bir sidre[20] ağacına rastladı. Ağaç ona yol verip atını incitmemek için ikiye yarıldı. Resûl-u Ekrem *(aleyhissalâtü vesselam)* bineğiyle içinden geçti. O ağaç tâ zamanımıza kadar iki ayak üstünde, muhterem bir vaziyette kaldı.[21]

Altıncı Misal: Hazreti Ya'lâ, sahih nakille haber veriyor:

Bir seferde, "talha" veya "semure"[22] denilen bir ağaç geldi, Resûl-u Ekrem'in *(aleyhissalâtü vesselam)* etrafında tavaf eder gibi döndü, sonra yine yerine gitti. Resûl-u Ekrem *(aleyhissalâtü vesselam)* buyurdu ki: إِنَّهَا اسْتَأْذَنَتْ أَنْ تُسَلِّمَ عَلَيَّ Yani, "O ağaç Cenâb-ı Hak'tan bana selam vermeyi istedi."[23]

Yedinci Misal: Hadis âlimleri, sahih nakille İbni Mes'ud'dan aktarıyor:

Batn-ı Nahle denilen mevkide, Nusaybin cinleri hidayete ermek için Resûl-u Ekrem'e *(aleyhissalâtü vesselam)* geldikleri vakit, bir ağaç onların geldiğini haber verdi.[24]

---

20 **Sidre**: Arabistan kirazı.

21 Kadı Iyâz, *eş-Şifâ* 1/301-302; Aliyyülkârî, *Şerhu'ş-Şifâ* 1/620.

22 Sakız ağacı.

23 Ahmed İbni Hanbel, *el-Müsned* 4/173; Abd İbni Humeyd, *el-Müsned* s. 154; el-Beyhakî, *Delâilü'n-Nübüvve* 6/23-24.

24 el-Beyhakî, *Delâilü'n-Nübüvve* 2/228; el-Kurtubî, *el-Câmi' li*

İmam Mücahid, o hadiste İbni Mes'ud'dan şunu nakleder: O cinler bir delil istediler. Resûl-u Ekrem *(aleyhissalâtü vesselam)* bir ağaca emretti, ağaç yerinden çıkıp geldi, sonra yine yerine gitti.[25] İşte o cin topluluğuna bir tek mucize yetti.

Acaba bu mucize gibi bin mucize işiten bir insan imana gelmezse, cinlerin يَقُولُ سَفِيهُنَا عَلَى اللّٰهِ شَطَطًا[26] *dedikleri şeytanlardan daha şeytan olmaz mı?*

Sekizinci Misal: *Sahih-i Tirmizî*, sahih nakille Hazreti İbni Abbas'tan aktarıyor:

Resûl-u Ekrem *(aleyhissalâtü vesselam)* bir bedeviye şöyle buyurdu: أَرَأَيْتَ إِنْ دَعَوْتُ هٰذَا الْعِذْقَ مِنْ هٰذِهِ النَّخْلَةِ أَتَشْهَدُ أَنِّي رَسُولُ اللّٰهِ؟ "Ben bu ağacın şu dalını çağırsam, yanıma gelse iman edecek misin?" Bedevi, "Evet" dedi. Resûl-u Ekrem *(aleyhissalâtü vesselam)* dalı çağırdı. O kurumuş hurma dalı, ağacının başından kopup atladı, Resûl-u Ekrem'in *(aleyhissalâtü vesselam)* yanına geldi. Sonra Allah Resûlü emretti, yine yerine gitti.[27]

Ahkâmi'l-Kur'an 16/216. Ayrıca bkz. Buhârî, *menâkıbü'l-ensâr* 32; Müslim, *salât* 153.

25 el-Fâkihî, *Ahbâru Mekke* 4/22-23; er-Rûyânî, *el-Müsned* 1/78; Kadı Iyâz, *eş-Şifâ* 1/301.

26 "Meğer içimizden birtakım cahiller, Allah hakkında gerçek olmayan sözler söylüyormuş!" (Cin sûresi, 72/4).

27 el-Hâkim, *el-Müstedrek* 2/676; el-Beyhakî, *Delâilü'n- Nübüvve* 6/15; es-Suyûtî, *el-Hasâisu'l-Kübrâ* 2/60. Ayrıca

İşte bu sekiz misal gibi, pek çok rivayetle nakledilmiş çok misal var. Mâlumdur ki, yedi-sekiz urgan toplansa, kuvvetli bir halat olur. Bu sebeple, sahabenin doğrulukta en meşhurlarının böyle çeşitli kanallarla aktardığı, ağaçlarla ilgili şu mucizeler elbette manevî tevatür kuvvetindedir, hatta hakiki tevatürdür. Zaten sahabeden sonra tâbiînin eline geçtiği vakit tevatür suretini alır. Bilhassa Buhârî, Müslim, İbni Hibban, Tirmizî gibi âlimlerin sahih kitapları, tâ sahabe zamanına kadar o yolu o kadar sağlam yapmış ve tutmuştur ki, mesela bir hadisi Buhârî'de görmek, aynen sahabeden işitmek gibidir.

Acaba o ağaçlar –misallerde görüldüğü gibi– Resûl-u Ekrem'i (aleyhissalâtü vesselam) tanıyıp peygamberliğini tasdik ettiği, ona selam vererek ziyaret ettiği ve emirlerini dinleyerek itaat ettiği halde, kendine insan diyen bir kısım ruhsuz,[28] akılsız mahlûklar onu tanımaz, ona iman etmezse, kuru ağaçtan çok daha aşağı,[29] odun parçası gibi önemsiz, kıymetsiz bir şekilde ateşe atılmayı hak etmezler mi?[30]

---

bkz. Tirmizî, *menâkıb* 6; Dârimî, *mukaddime* 4; el-Buhârî, *et-Târîhu'l-Kebîr* 3/3.

28 Bkz. A'râf sûresi, 7/179; Enfâl sûresi, 8/22; Furkan sûresi, 25/44.

29 Bkz. Münâfikûn sûresi, 63/4.

30 Bkz. Bakara sûresi, 2/24; Âl-i İmran sûresi, 3/10; Tebbet sûresi, 111/3-5.

Onuncu İşaret

Ağaçlarla ilgili şu mucizeleri daha da kuvvetlendiren, tevatür derecesinde nakledilen حَنِينُ الْجِذْعِ[1] mucizesidir. Evet, Mescid-i Şerif-i Nebevî'de kuru direğin büyük bir cemaat içinde, Resûl-u Ekrem'den *(aleyhissalâtü vesselam)* geçici olarak ayrı kalacağı için ağlaması, ağaçlarla ilgili beyan ettiğimiz mucizelerin misallerini hem doğrular hem de onlara kuvvet verir. Çünkü o da ağaçtır, cinsi aynıdır. Fakat bunun bizzat kendisi tevatür derecesindedir. Öteki misallerde ise her birinin türü tevatür derecesinde; kısımlarının, misallerinin çoğu açıkça tevatür derecesine çıkmıyor.

Evet, Resûl-u Ekrem *(aleyhissalâtü vesselam)* Mescid-i Şerif'te hutbe okurken hurma ağacından kuru direğe dayanıyordu. Sonra minber-i şerif yapıldığı vakit, minbere çıkıp hutbeye başladı. Allah Resûlü hutbeyi okurken direk, deve gibi inleyip

---

1 Hurma kütüğünün (veya kuru hurma direğinin) inlemesi.

ağladı, bütün cemaat işitti. Ne zaman ki Resûl-u Ekrem *(aleyhissalâtü vesselam)* yanına geldi, elini üstüne koydu, onunla konuştu, teselli verdi, direğin inlemesi o zaman durdu.[2] Allah Resûlü'nün *(aleyhissalâtü vesselam)* şu mucizesi pek çok rivayetle, tevatür derecesinde nakledilmiştir.[3]

Evet, حَنِينُ الْجِذْعِ mucizesi çok yayılmıştır, meşhurdur ve hakiki tevatür derecesindedir.[4] Sahabenin yüce bir cemaatinden on beş kanalla gelmiş,[5] tâbiînin yüzlerce imamı o mucizeyi o rivayetlerle gelecek asırlara aktarmış. Sahabenin o cemaatindeki meşhur âlimlerden ve hadis rivayetinin önde gelenlerinden Hazreti Enes İbni Mâlik (Resûl-u Ekrem'in hizmetkârı),[6] Hazreti Câbir İbni Abdillâhi'l-Ensârî (Resûl-u Ekrem'in hizmetkârı),[7] Hazreti Abdullah İbni Ömer,[8] Hazreti Abdullah

---

2 Tirmizî, *cum'a* 10, *menâkıb* 6; İbni Mâce, *ikâme* 199; Dârimî, *mukaddime* 6, *salât* 202.

3 Bkz. Kadı Iyâz, *eş-Şifâ* 1/303.

4 Bkz. el-Gazâlî, *Fedâihu'l-Bâtıniyye* 1/139-141; el-Âmidî, *Ğâyetü'l-Merâm* 1/356-357; el-Îcî, *Kitâbü'l-Mevâkıf* 3/405; et-Teftâzânî, *Şerhu'l-Makâsıd* 5/17.

5 Bkz. Kadı Iyâz, *eş-Şifâ* 1/303.

6 Tirmizî, *cum'a* 10, *menâkıb* 6; İbni Mâce, *ikâme* 199; Dârimî, *mukaddime* 6, *salât* 202.

7 İbni Mâce, *ikâme* 199; Dârimî, *mukaddime* 6, *salât* 202; Ahmed İbni Hanbel, *el-Müsned* 3/306.

8 Buhârî, *menâkıb* 25, *cum'a* 26; Tirmizî, *cum'a* 10; İbni

İbni Abbas,[9] Hazreti Sehl İbni Sa'd,[10] Hazreti Ebû Saidi'l-Hudrî,[11] Hazreti Übey İbnü'l-Kâ'b,[12] Hazreti Büreyde,[13] Hazreti Ümmü'l-müminîn Ümmü Seleme[14] gibi sahabilerin her biri bir rivayetin başında, aynı mucizeyi ümmete bildirmişler. Başta Buhârî ve Müslim olmak üzere, sahih kitaplar, o tevatür derecesindeki büyük mucizeyi gelecek asırlara rivayet kanallarıyla haber vermiş.

İşte Hazreti Câbir, rivayetinde diyor ki, Resûl-u Ekrem *(aleyhissalâtü vesselam)* Mescid-i Şerif'te hutbeyi جِذْعُ النَّخْل denilen kuru direğe dayanıp okurdu. Minber-i şerif yapıldıktan sonra minbere geçtiği vakit direk buna tahammül edemedi ve hamile deve gibi ses çıkarıp inleyerek ağladı.[15] Hazreti Enes, rivayetinde diyor ki, camus gibi ağladı, mescidi titretti.[16] Sehl

---

Hibbân, *es-Sahîh* 14/435.

9 Dârimî, *mukaddime* 6, *salât* 202; İbni Ebî Şeybe, *el-Musannef* 6/319; İbni Hibbân, *es-Sahîh* 14/436-437.

10 Dârimî, *mukaddime* 6, *salât* 202; İbni Ebî Şeybe, *el-Musannef* 6/319; et-Taberânî, *el-Mu'cemü'l-Kebîr* 16/194.

11 Dârimî, *mukaddime* 6; İbni Ebî Şeybe, *el-Musannef* 6/319.

12 İbni Mâce, *ikâme* 199; Dârimî, *mukaddime* 6; Ahmed İbni Hanbel, *el-Müsned* 5/137-138.

13 Dârimî, *mukaddime* 6.

14 et-Taberânî, *el-Mu'cemü'l-Kebîr* 23/255.

15 İbni Mâce, *ikâme* 199; Dârimî, *mukaddime* 6, *salât* 202; Ahmed İbni Hanbel, *el-Müsned* 3/306.

16 Dârimî, *mukaddime* 6.

İbni Sa'd şöyle diyor: Direğin ağlaması üzerine cemaatin ağlaması çoğaldı.[17] Hazreti Übey İbnü'l-Kâ'b ise diyor ki: Direk öyle ağladı ki, ortadan yarıldı.[18]

Diğer bir rivayette Resûl-u Ekrem *(aleyhissalâtü vesselam)* şöyle buyuruyor: إِنَّ هٰذَا بَكٰى لِمَا فَقَدَ مِنَ الذِّكْرِ Yani, "Onun ağlaması, yanında okunan hutbedeki ilahî zikirden ayrıldığı içindir."[19]

Bir başka rivayette ise ferman etmiş ki: لَوْ لَمْ أَلْتَزِمْهُ لَمْ يَزَلْ هٰكَذَا إِلٰى يَوْمِ الْقِيَامَةِ تَحَزُّنًا عَلٰى رَسُولِ اللّٰهِ Yani, "Ben onu kucaklayıp teselli vermeseydim, Allah Resûlü'nden ayrıldığı için kıyamete kadar ağlaması böyle devam edecekti."[20]

Hazreti Büreyde anlatıyor:[21] Kuru hurma direği ağladıktan sonra Resûl-u Ekrem *(aleyhissalâtü vesselam)* elini üstüne koyup şöyle buyurdu:

---

17 İbni Sa'd, *et-Tabakâtü'l-Kübrâ* 1/250-251.

18 İbni Mâce, *ikâme* 199; Dârimî, *mukaddime* 6; Ahmed İbni Hanbel, *el-Müsned* 5/137-138.

19 Ahmed İbni Hanbel, *el-Müsned* 3/300; İbni Ebî Şeybe, *el-Musannef* 6/319.

20 Kadı Iyâz, *eş-Şifâ* 1/228; İbni Seyyidi'n-Nâs, *Uyûnü'l-Eser* 1/377. Ayrıca bkz. İbni Mâce, *ikâme* 199; Dârimî, *mukaddime* 6, *salât* 202; Ahmed İbni Hanbel, *el-Müsned* 3/306.

21 Kadı Iyâz, *eş-Şifâ* 1/304; İbni Seyyidi'n-Nâs, *Uyûnü'l-eser* 1/377; el-Halebî, *es-Sîratü'l-Halebiyye* 2/367. Yakın ifadeler için bkz. Dârimî, *mukaddime* 6.

إِنْ شِئْتَ أَرُدُّكَ إِلَى الْحَائِطِ الَّذِي كُنْتَ فِيهِ تَنْبُتُ لَكَ عُرُوقُكَ وَيَكْمُلُ خَلْقُكَ وَيُجَدَّدُ لَكَ خُوصٌ وَثَمَرَةٌ، وَإِنْ شِئْتَ أَغْرِسُكَ فِي الْجَنَّةِ فَيَأْكُلُ أَوْلِيَاءُ اللهِ مِنْ ثَمَرِكَ[22]

Sonra ne söylüyor diye o kuru hurma direğini dinledi. Direk şöyle dedi, arkadaki sahabiler de işitti: بَلْ تَغْرِسُنِي فِي الْجَنَّةِ فَيَأْكُلُ مِنِّي أَوْلِيَاءُ اللهِ وَأَكُونُ فِي مَكَانٍ لَا أَبْلَى فِيهِ Yani, "Beni cennette dik ki, Cenâb-ı Hakk'ın sevgili kulları meyvelerimden yesin. Öyle bir mekân ki, orada bekâ var, çürümek yoktur." Resûl-u Ekrem *(aleyhissalâtü vesselam),* قَدْ فَعَلْتُ[23] dedi. Sonra, اِخْتَارَ دَارَ الْبَقَاءِ عَلَى دَارِ الْفَنَاءِ[24] buyurdu.

Kelâm ilminin büyük imamlarından meşhur Ebû İshak İsferâyînî ise şöyle naklediyor: Resûl-u Ekrem *(aleyhissalâtü vesselam)* direğin yanına gitmedi, direk onun emriyle yanına geldi. Sonra Allah Resûlü emretti, yerine döndü.[25]

Hazreti Übey İbni Kâ'b der ki: Şu harika hadiseden sonra Resûl-u Ekrem *(aleyhissalâtü vesselam),*

---

22 "Arzu edersen seni tekrar bahçeye dikeyim, köklerin gelişsin, ilk yaratıldığın gibi ağaç olasın, yeniden yaprakların ve meyvelerin çıksın. Veya istersen seni cennette dikeyim de Allah dostları senin meyvenden yesinler."

23 Ben de arzu ettiğin gibi yaptım.

24 Geçici, fâni hayatı bırakıp kalıcı, daimî hayatı tercih etti.

25 Kadı Iyâz, *eş-Şifâ* 1/304.

"Direk minberin altına konulsun." buyurdu. Minberin altına konuldu ve Mescid-i Şerif tamir için yıkılıncaya kadar orada kaldı. O vakit Hazreti Übey İbni Kâ'b onu yanına aldı, direk çürüyünceye kadar muhafaza edildi.[26]

Meşhur Hasan Basrî, şu mucizeyi talebelerine ders verdiği zaman ağlar ve derdi ki: "Ağaç Resûl-u Ekrem'e *(aleyhissalâtü vesselam)* meyil ve arzu gösteriyor. Siz o ağaçtan daha çok arzu ve meyil göstermeyi hak ediyorsunuz."[27] Biz de deriz ki:

Evet, Resûl-u Ekrem'e arzu, meyil ve muhabbet, sünnet-i seniyyesine ve güzel, parlak şeriatına uymakla olur.

Mühim Bir Nükte

Eğer denilse: "Hendek Savaşı'nda dört avuç yiyecekle bin adamı doyurduğu mucize[28] ve mübarek parmaklarından akan su ile bin kişiye doyuruncaya kadar su içirdiği mucize,[29] neden şu kuru hurma direğinin inlemesi gibi şaşaa ile, çok

---

26 İbni Mâce, *ikâme* 199; Dârimî, *mukaddime* 6; Ahmed İbni Hanbel, *el-Müsned* 5/137-138.

27 İbni Hibbân, *es-Sahîh* 14/437; Ebû Ya'lâ, *el-Müsned* 5/142; İbnü'l-Ca'd, *el-Müsned* s. 466.

28 Buhârî, *meğâzî* 29; Müslim, *eşribe* 141; Dârimî, *mukaddime* 7.

29 Buhârî, *meğâzî* 38; Müslim, *zühd* 74.

sayıda rivayetle nakledilmemiştir? Halbuki o ikisi, bundan daha kalabalık bir cemaatin içinde gerçekleşmiş."

Cevap: Görülen mucizeler iki kısımdır. Bir kısmı, peygamberliğini tasdik ettirmek için Hazreti Peygamber'in *(aleyhissalâtü vesselam)* elinde gösteriliyor. Kuru hurma direğinin inlemesi bu türdendir; sırf peygamberliği tasdik için bir delil olarak meydana gelmiş, müminlerin imanını artırmak, münafıkları ihlâsa ve imana sevk etmek ve kâfirleri imana getirmek için ortaya çıkmıştır. Onun için avam ve havas herkes onu görmüş, onun yayılmasına daha fazla dikkat edilmiştir.

Yiyeceklerle ve suyla ilgili şu mucizeler ise mucizeden çok birer keramettir, belki kerametten ziyade birer ikramdır, hatta ikramdan çok, ihtiyaca göre sunulan Rahmanî bir ziyafettir. Onun için, gerçi peygamberlik davasına delildir ve mucizedir, fakat bir çekirdekten bin batman hurmayı yarattığı gibi, Cenâb-ı Hak asıl maksat olarak, gayb hazinesinden bir sâ' yiyecekten ordudaki aç kalmış bin adama ziyafet veriyor. Hem susuz kalmış, cihad eden bir orduya başkumandanının parmaklarından kevser gibi su akıtıp içiriyor. İşte şu sırdandır ki, yiyeceklerle ve suyla ilgili mucizelerin her bir misali, kuru hurma direğinin inlemesi derecesine çıkmıyor. Fakat o iki mucizenin cinsleri ve türleri, külliyet itibarı ile kuru hurma direğinin inlemesi gibi tevatür derecesindedir[30] ve çokça görülmüştür. Hem yemeğin bereketini ve parmaklarından su aktığını herkes görememiş, yalnız eserlerini görmüşlerdir. Direğin ağlamasını ise herkes işitmiş. Onun için daha fazla yayılmıştır.

Eğer denilse: "Sahabiler, Resûl-u Ekrem'in *(aleyhissalâtü vesselam)* her hal ve hareketini kusursuz bir dikkat ve hassasiyetle kaydederek aktarmışlar. Böyle büyük mucizeler, neden on, yirmi kanaldan geliyor? Yüz kanaldan gelmeliydi. Hem neden Hazreti Enes, Câbir ve Ebû Hureyre'den çok geliyor; Hazreti Ebûbekir ve Hazreti Ömer az rivayet etmiş?"

Cevap: Birinci şıkkın cevabı, Dördüncü İşaret'in Üçüncü Esas'ında verilmiştir. İkinci şıkkın cevabı ise şudur:

Nasıl ki insan bir ilaca muhtaç olsa doktora gider; hendese[31] için mühendise gider, mühendisten nakleder; şer'i bir mesele müftüden öğrenilir ve bunun gibi... Aynen öyle de, sahabe içinde, Resûl-u Ekrem'in hadislerini gelecek asırlara ders

---

30 Bkz. el-Gazâlî, *Fedâihu'l-Bâtıniyye* 1/139-141; el-Âmidî, *Ğâyetü'l-Merâm* 1/356-357; el-Îcî, *Kitâbü'l-Mevâkıf* 3/405; et-Teftâzânî, *Şerhu'l-Makâsıd* 5/17.

31 **Hendese**: Geometri.

vermek için, sahabenin âlimlerinden bir kısmı mânen bu işle vazifeliydi, bütün kuvvetleriyle ona çalışıyorlardı. Evet, Hazreti Ebû Hureyre bütün hayatını hadisleri muhafaza etmeye vermişti.[32] Hazreti Ömer siyaset âlemiyle ve büyük halifelik vazifesiyle meşguldü. Onun için hadisleri ümmete ders vermek için Ebû Hureyre, Enes ve Câbir gibi zâtlara güvenip az rivayet ederdi. Hem madem doğru sözlü, dosdoğru, sadık ve bütün bu hususiyetleri tasdik edilmiş meşhur bir sahabi bir hadiseyi bir rivayetle haber verse, yeter denilir, başkasının nakline ihtiyaç da kalmaz. Onun için bazı mühim hadiseler iki-üç rivayetle geliyor.

---

32 Buhârî, *ilim* 42, *menâkıb* 28; Müslim, *fezâilü's-sahâbe* 159.

ON BİRİNCİ İŞARET

Nasıl ki Onuncu İşaret, Resûl-u Ekrem'in *(aleyhissalâtü vesselam)* ağaçlarla ilgili mucizelerini gösterdi. On Birinci İşaret de cansız varlıklardan taşların ve dağların Hazreti Peygamber'in mucizelerini gösterdiğini bildirecek. İşte bunun çok sayıdaki misalinden yedi-sekiz tanesini söyleyeceğiz.

Birinci Misal: Mağrip'in büyük âlimi Hazreti Kadı Iyâz, *Şifâ-yı Şerîf*'inde yüksek bir senetle ve Buhârî gibi mühim imamlardan sahih nakille haber veriyor: Hazreti Peygamber'in hizmetkârı Hazreti İbni Mes'ud diyor ki, "Biz Resûl-u Ekrem'in *(aleyhissalâtü vesselam)* yanında yemek yerken, yemeğin tesbihlerini işitiyorduk."[1]

İkinci Misal: Sahih hadis kitapları, sahih nakille Enes[2] ve Ebû Zerr'den[3] aktarıyor. Hazreti

---

1 Buhârî, *menâkıb* 25; Tirmizî, *menâkıb* 6; Dârimî, *mukaddime* 5.

2 İbni Asâkir, *Târîhu Dimaşk* 39/120, 121; İbnü'l-Cevzî, *el-İlelü'l-Mütenâhiye* 1/207.

3 el-Buhârî, *et-Târîhu'l-Kebîr* 8/442; el-Bezzâr, *el-Müsned* 9/431, 434; et-Taberânî, *el-Mu'cemü'l-Evsat* 2/59.

Enes (Hazreti Peygamber'in hizmetkârı) demiş ki: Resûl-u Ekrem'in *(aleyhissalâtü vesselam)* yanındaydık. Avucuna küçük taşları aldı, taşlar mübarek elinde Allah'ı tesbih etmeye başladı. Sonra Ebûbekri's-Sıddık'ın eline koydu, yine tesbih ettiler.

Ebû Zerr el-Gıfârî ise rivayetinde şöyle diyor: Sonra Hazreti Ömer'in eline koydu, yine tesbih ettiler. Ardından aldı, yere koydu, sustular. Yine aldı, Hazreti Osman'ın eline koydu, tekrar tesbihe başladılar. Hazreti Enes ve Ebû Zerr diyor ki: Sonra elimize koydu, taşlar sustu.

Üçüncü Misal: Hazreti Ali,[4] Hazreti Câbir[5] ve Hazreti Âişe-i Sıddîka'dan[6] sahih nakille sabittir ki: Dağ taş Resûl-u Ekrem'e *(aleyhissalâtü vesselam)* اَلسَّلَامُ عَلَيْكَ يَا رَسُولَ اللّٰهِ[7] diyordu.

Hazreti Ali naklediyor: Peygamberliğin başlangıcında, Mekke civarında Resûl-u Ekrem

---

4 Tirmizî, *menâkıb* 6; Dârimî, *mukaddime* 4; el-Hâkim, *el-Müstedrek* 2/677.

5 el-Beyhakî, *Delâilü'n-Nübüvve* 6/69; Kadı Iyâz, *eş-Şifâ* 1/307; el-Mâverdî, *A'lâmü'n-Nübüvve* 1/194; es-Suyûtî, *el-Hasâisu'l-Kübrâ* 1/114.

6 Kadı Iyâz, *eş-Şifâ* 1/307. Ayrıca bkz. el-Fâkihî, *Ahbâru Mekke* 4/90; İbni Asâkir, *Târîhu Dimaşk* 4/362; el-Münâvî, *Feyzu'l-Kadîr* 3/19.

7 "Ben Mekke'de öyle bir taş biliyorum ki, yanından geçtikçe bana selam verirdi." (Bkz. Müslim, *fezâil* 2; Tirmizî, *menâkıb* 5; Dârimî, *mukaddime* 4).

(aleyhissalâtü vesselam) ile gezerken ağaçlara ve taşlara rast geldiğimiz vakit اَلسَّلَامُ عَلَيْكَ يَا رَسُولَ اللّٰهِ diyorlardı.

Hazreti Câbir anlatıyor: Resûl-u Ekrem *(aleyhissalâtü vesselam)* taşa ve ağaca rastladığı zaman ona secde ediyorlardı. Yani itaatle اَلسَّلَامُ عَلَيْكَ يَا رَسُولَ اللّٰهِ diyorlardı.

Câbir İbni Semure'nin bir rivayetinde, Resûl-u Ekrem *(aleyhissalâtü vesselam)* şöyle buyurmuş: إِنِّي لَأَعْرِفُ حَجَرًا بِمَكَّةَ كَانَ يُسَلِّمُ عَلَيَّ[8] Bazıları demiş ki, bu söz Hacerü'l-Esved'e işarettir.[9]

Hazreti Âişe'nin rivayetinde, Resûl-u Ekrem *(aleyhissalâtü vesselam)* şöyle ferman etmiş:

لَمَّا اسْتَقْبَلَنِي جِبْرِيلُ عَلَيْهِ السَّلَامُ بِالرِّسَالَةِ جَعَلْتُ لَا أَمُرُّ بِحَجَرٍ وَلَا شَجَرٍ إِلَّا قَالَ: اَلسَّلَامُ عَلَيْكَ يَا رَسُولَ اللّٰهِ[10]

Dördüncü Misal: Sahih nakille Hazreti Abbas'tan aktarılıyor:

---

8 "Ben Mekke'de öyle bir taş biliyorum ki, yanından geçtikçe bana selam verirdi." (Bkz. Müslim, *fezâil* 2; Tirmizî, *menâkıb* 5; Dârimî, *mukaddime* 4).

9 Bkz. el-Kurtubî, *el-Câmi' li Ahkâmi'l-Kur'an* 10/268; el-Münâvî, *Feyzu'l-Kadîr* 1/19; el-Halebî, *es-Sîratü'l-Halebiyye* 1/361.

10 "Cebrâil *(aleyhisselam)* bana peygamberlik vazifesini getirdikten sonra uğradığım her bir taş ve ağaç bana 'Selam sana ey Allah'ın Resûlü' diyordu."

Resûl-u Ekrem *(aleyhissalâtü vesselam)*, Abbas ve dört oğlunu (Abdullah, Ubeydullah, Fazl, Kusem) beraber "mülâet" denilen bir perdenin altına alarak üzerlerini örttü. يَا رَبِّ هٰذَا عَمِّي وَصِنْوُ أَبِي وَهٰؤُلَاءِ أَهْلُ بَيْتِي فَاسْتُرْهُمْ مِنَ النَّارِ كَسَتْرِي إِيَّاهُمْ بِمُلَاءَتِي هٰذِهِ[11] diye dua etti. Birden evin damı, kapısı ve duvarları "âmin, âmin" diyerek duaya ortak oldu.[12]

Beşinci Misal: Başta Buhârî, İbni Hibban, Ebû Davud, Tirmizî gibi âlimlerin sahih kitapları, ittifakla, Hazreti Enes'ten,[13] Ebû Hureyre'den,[14] Osman Zinnureyn'den[15] ve cennetle müjdelenen on sahabiden biri olan[16] Said İbni Zeyd'den[17] naklediyor:

---

11 "Ya Rab! Bu benim amcam –ki babam gibidir– bunlar da benim ehl-i beytim. Bu örtümle onları örttüğüm gibi, sen de cehennem ateşinden onları öylece muhafaza eyle."

12 et-Taberânî, *el-Mu'cemü'l-Kebîr* 19/263; Ebû Nuaym, *Delâilü'n-Nübüvve* s. 433. Ayrıca Efendimizin dua ettiğine dair bkz. Tirmizî, *menâkıb* 28.

13 Buhârî, *fezâilü ashâb* 5, 7; Tirmizî, *menâkıb* 18; Ebû Dâvûd, *sünnet* 8.

14 Müslim, *fezâilü's-sahâbe* 50; Tirmizî, *menâkıb* 18.

15 Tirmizî, *menâkıb* 18; Nesâî, *sıyâm* 83.

16 Saîd İbni Zeyd'in cennetle müjdelenen on sahabiden olduğuna dair bkz. Tirmizî, *menâkıb* 25; Ebû Dâvûd, *sünnet* 8; İbni Mâce, *mukaddime* 11.

17 Tirmizî, *menâkıb* 27; el-Bezzâr, *el-Müsned* 4/91; el-Hâkim, *el-Müstedrek* 3/509.

Resûl-u Ekrem *(aleyhissalâtü vesselam)*, Ebûbekri's-Sıddık, Ömeru'l-Faruk ve Osman Zinnûreyn[18] ile Uhud Dağı'nın başına çıktı. Uhud Dağı ya onların heybetinden, onlara karşı hürmetinden ve korkusundan ya da kendi sevincinden titredi, kımıldadı. Resûl-u Ekrem *(aleyhissalâtü vesselam)* buyurdu ki: [19] اُثْبُتْ أُحُدُ فَإِنَّمَا عَلَيْكَ نَبِيٌّ وَصِدِّيقٌ وَشَهِيدَانِ Şu hadis, Hazreti Ömer ve Osman'ın şehit olacaklarını bildiren gayba dair bir haberdir.

Bu misale ilave olarak, şöyle nakledilmiştir: Resûl-u Ekrem *(aleyhissalâtü vesselam)* Mekke'den hicreti esnasında kâfirler kendisini takip ederken, Sebîr adlı dağa çıktılar. Sebîr dedi ki: "Ya Resûlullah, benden ininiz. Korkarım, size benim üstümde zarar verirlerse Allah bana azap eder." Hira Dağı, Resûl-u Ekrem'i çağırdı: يَا رَسُولَ اللّٰهِ إِلَيَّ "Bana gel."[20] Bu sırdandır ki kalb ehli zâtlar, Sebîr'de korku, Hira'da da emniyet hisseder.[21]

Bu misalden anlaşılıyor ki, *o koca dağlar da kendi başına birer kuldur, Cenâb-ı Hakk'ı*

---

18 Hazreti Osman. Peygamber Efendimizin iki kızıyla evlendiği için "iki nur sahibi" (zinnureyn) unvanını almıştır.

19 "Uhud sakin ol! Zira senin üzerinde bir nebi, bir sıddık ve iki tane de şehit bulunuyor."

20 Kadı Iyâz, *eş-Şifâ* 1/308; el-Kurtubî, *el-Câmi' li Ahkâmi'l-Kur'an* 1/466; es-Süheylî, *er-Ravdu'l-Ünf* 1/400.

21 Aliyyülkârî, *Şerhu'ş-Şifâ* 1/630.

tesbih ederler, vazifelidirler. Hazreti Peygamber'i (aleyhissalâtü vesselam) tanır ve severler, başıboş değildirler.

Altıncı Misal: Sahih rivayetle, Abdullah İbni Ömer'den şöyle naklediliyor: Resûl-u Ekrem *(aleyhissalâtü vesselam)* minberde, hutbe sırasında وَمَا قَدَرُوا اللّٰهَ حَقَّ قَدْرِهِ وَالْأَرْضُ جَمِيعًا قَبْضَتُهُ يَوْمَ الْقِيَامَةِ وَالسَّمٰوَاتُ مَطْوِيَّاتٌ بِيَمِينِهِ[22] ayetini okudu ve

إِنَّ الْجَبَّارَ يُعَظِّمُ نَفْسَهُ وَيَقُولُ أَنَا الْجَبَّارُ أَنَا الْجَبَّارُ أَنَا الْكَبِيرُ الْمُتَعَالِ[23]

dediği vakit minber öyle sarsıldı ve o derece sallandı ki, Resûl-u Ekrem'i *(aleyhissalâtü vesselam)* düşüreceğinden korktuk.

Yedinci Misal: Sahih nakille, "Ümmetin Âlimi" ve "Kur'an'ın Tercümanı" olan[24] Hazreti

---

22 "Ama onlar Allah'ın kudret ve büyüklüğünü hakkıyla takdir edemediler. Halbuki bütün bir dünya kıyamet günü O'nun avucunda, gökler âlemi de bükülmüş olarak elinin içindedir." (Zümer sûresi, 39/67).

23 "Hazreti Cebbâr *(celle celâlüh)*, Zât'ını bizzat kendisi yüceltiyor ve 'Ben Cebbâr'ım, ben Cebbâr'ım, ben Kebîru'l-Müteâl'im' buyuruyor." (Bkz. Kadı Iyâz, *eş-Şifâ* 1/308). Ayrıca bkz. Ahmed İbni Hanbel, *el-Müsned* 2/87.

24 İbni Ebî Şeybe, *el-Musannef* 6/383; İbni Sa'd, *et-Tabakâtü'l-Kübrâ* 2/366; el-Hâkim, *el-Müstedrek* 3/618; İbni Abdilberr, *el-İstîâb* 3/935).

İbni Abbas'tan[25] ve Resûl-u Ekrem'in hizmetkârı, sahabenin büyük âlimlerinden olan İbni Mes'ud'dan[26] aktarılıyor: Mekke'nin fethedildiği gün Kâbe'de ve etrafında, taşa kurşunla çakılmış üç yüz altmış put vardı. Resûl-u Ekrem *(aleyhissalâtü vesselam)* elinde yaya benzer bir değnekle o putlara birer birer işaret ederek جَاءَ الْحَقُّ وَزَهَقَ الْبَاطِلُ إِنَّ الْبَاطِلَ كَانَ زَهُوقًا[27] dedi ve hangisini gösterdiyse o put yere düştü. Putun yüzüne işaret ettiyse put arkaya, arkasına işaret ettiyse yüz üstü düştü ve böylece hepsi yere yuvarlandı.

Sekizinci Misal: Meşhur Rahip Bahîra'nın meşhur kıssasıdır. Peygamberliğinden evvel Resûl-u Ekrem *(aleyhissalâtü vesselam)*, amcası Ebû Talip ve bir kısım Kureyşli ile beraber Şam tarafına ticarete gidiyordu. Rahip Bahîra'nın kilisesi civarına geldikleri vakit oturdular. İnsanlarla görüşmeyen münzevi rahip birden çıkageldi. Kafilenin içinde Muhammedü'l-Emîn'i *(aleyhissalâtü vesselam)* gördü. Kafileye şöyle dedi: "Bu, Âlemlerin

---

25 et-Taberânî, *el-Mu'cemü'l-Kebîr* 10/279; et-Taberânî, *el-Mu'cemü's-Sağîr* 2/272; Ebû Nuaym, *Hilyetü'l-Evliyâ* 3/212. Ayrıca bkz. Buhârî, *meğâzî* 48.

26 Buhârî, *mezâlim* 32, *meğâzî* 48, *tefsîru sûre (17)* 12; Müslim, *cihâd* 87.

27 "Hak geldi, bâtıl yıkılıp gitti. Çünkü bâtıl, yok olmaya mahkûmdur." (İsrâ sûresi, 17/81).

Efendisi'dir ve peygamber olacaktır." Kureyşliler dedi ki: "Nereden biliyorsun?" Mübarek rahip cevap verdi: "Siz gelirken baktım ki, havada, üstünüzde bir parça bulut var. Siz otururken bulut Muhammedü'l-Emîn'in *(aleyhissalâtü vesselam)* tarafına meyletti, gölge yaptı. Hem taşlar ve ağaç ona secde ediyor gibi bir vaziyet gördüm. Bu ancak nebilere yapılır."[28]

İşte bu sekiz misal gibi belki seksen hadise var. Bu sekiz misal birleştirilse öyle kopmaz bir zincir olur ki, hiçbir şüphe onu koparamaz ve sarsamaz. Şu çeşit mucizeler, yani cansız cisimlerin peygamberlik davasına delil olarak konuşmaları, çoğunlukla manevî tevatür hükmünde, şüphe edilmeyecek bir kesinliği ifade eder. Her bir misal, o mucizelerin tamamından, kendi kuvvetinin üstünde bir güç alır. Evet, zayıf bir direk, kuvvetli direklerle omuz omuza geldiği vakit sağlamlaşır. Zayıf, kuvvetsiz bir adam, asker olup orduya girse öyle bir kuvvet kazanır ki, bin adama meydan okuyabilir.

---

[28] Tirmizî, *menâkıb* 3; İbni Ebî Şeybe, *el-Musannef* 7/327; el-Bezzâr, *el-Müsned* 8/97.

On İkinci İşaret

On Birinci İşaret'le alâkalı olan gayet mühim üç misaldir.

Birinci Misal: وَمَا رَمَيْتَ إِذْ رَمَيْتَ وَلٰكِنَّ اللّٰهَ رَمٰى[1] ayeti, kesin hükmüyle, hakikati araştırıp delilleriyle bilen bütün tefsircilerin tahkikiyle ve bütün hadis âlimlerinin bildirmesiyle, Bedir Savaşı hakkında şunu haber veriyor:

Resûl-u Ekrem *(aleyhissalâtü vesselam)* bir avuç toprakla küçük taşları aldı, kâfir ordusuna doğru attı, شَاهَتِ الْوُجُوهُ[2] dedi. شَاهَتِ الْوُجُوهُ ifadesi tek bir söz olduğu halde onların her birinin kulağına gitmesi gibi, o bir avuç toprak da her bir kâfirin gözüne gitti. Hepsi kendi gözüyle meşgul oldu, hücumdayken birden kaçtılar.[3]

---

1 "(Ey Resûlüm) Attığın vakit sen atmadın, lâkin Allah attı." (Enfâl sûresi, 8/17).

2 "Yüzleri kara olsun!"

3 Ahmed İbni Hanbel, *el-Müsned* 1/303, 368; İbni Sa'd, *et-Tabakâtü'l-Kübrâ* 2/155; İbni Hibbân, *es-Sahîh* 14/430.

Hem başta İmam Müslim olmak üzere hadis âlimleri naklediyor ki: Huneyn Savaşı'nda –Bedir'deki gibi– kâfirler şiddetle hücum ederken, Resûl-u Ekrem yine شَاهَتِ الْوُجُوهُ diyerek bir avuç toprak attı, شَاهَتِ الْوُجُوهُ sözü her birinin kulağına girdiği gibi, Allah'ın izniyle her birinin yüzüne bir avuç toprak gitti, gözleriyle meşgul olup kaçtılar.[4]

İşte Bedir ve Huneyn'deki şu harika hadise, basit sebeplerin ve insan kudretinin üstünde olduğundan, Kur'an-ı Mucizü'l-Beyan وَمَا رَمَيْتَ إِذْ رَمَيْتَ وَلٰكِنَّ اللّٰهَ رَمٰى[5] buyurur. Yani o hadise, insan kudretini aşar. Beşerî bir kuvvetle değil, fevkalâde bir surette Cenâb-ı Hakk'ın kudretiyle olmuştur.

İkinci Misal: Başta Buhârî ve Müslim, sahih kitaplar haber veriyor:

Hayber Savaşı'nda bir Yahudi kadın bir keçiyi pişirip kebap yapmış, içine gayet tesirli bir zehir katarak Resûl-u Ekrem'e *(aleyhissalâtü vesselam)* göndermiş. Sahabiler yemeye başlamışlar. Allah Resûlü birden buyurmuş ki: اِرْفَعُوا أَيْدِيَكُمْ إِنَّهَا أَخْبَرَتْنِي أَنَّهَا مَسْمُومَةٌ Yani, "Pişirilen keçi bana, 'Ben zehirliyim' diye haber veriyor." Herkes yemekten

---

4 Müslim, *cihâd* 81; Dârimî, *siyer* 16; İbni Ebî Şeybe, *el-Musannef* 7/399.

5 "(Ey Resûlüm) Attığın vakit sen atmadın, lâkin Allah attı." (Enfâl sûresi, 8/17).

elini çekmiş. Fakat o şiddetli zehrin tesiriyle Bişr İbnü'l-Berâ' aldığı bir tek lokmadan vefat etmiş. Resûl-u Ekrem *(aleyhissalâtü vesselam)*, Zeyneb ismindeki o kadını çağırmış, "Neden böyle yaptın?" diye sormuş. Uğursuz kadın demiş ki: "Eğer peygambersen sana zarar vermeyecekti. Peygamber değil, padişahsan insanları senden kurtarmak için yaptım."[6] Bazı rivayetlerde Resûl-u Ekrem onu öldürtmemiş,[7] bazı rivayetlerde öldürtmüş.[8] Tahkik ehli zâtlar der ki, kendisi öldürtmemiş fakat kadın Bişr'in varislerine verilmiş, onlar öldürmüş.[9]

Şu hayret verici vakadaki mucizelik yönünü gösterecek iki-üç noktayı dinle:

• *Birincisi*: Bir rivayette, o keçinin bacağı zehri haber verdiği vakit bazı sahabiler de işitti.

• *İkincisi*: Yine bir rivayette, Resûl-u Ekrem *(aleyhissalâtü vesselam)* zehri haber verdikten sonra şöyle buyurdu: "بِسْمِ اللّٰهِ[10] deyiniz, ondan sonra yi-

---

6 Buhârî, *cizye* 7, *tıb* 55; Müslim, *tıb* 45.

7 Buhârî, *hibe* 28; Müslim, *tıb* 45. Ayrıca bkz. İbni Hacer, *Fethu'l-Bârî* 7/497.

8 Ebû Dâvûd, *diyât* 6; et-Taberânî, *el-Mu'cemü'l-Kebîr* 2/35, 19/221; el-Hâkim, *el-Müstedrek* 3/242.

9 İbni Sa'd, *et-Tabakâtü'l-Kübrâ* 2/202; Kadı Iyâz, *eş-Şifâ* 1/318.

10 Allah'ın adıyla.

yiniz. Zehir artık tesir etmeyecektir."[11] Şu rivayeti gerçi İbni Hacer Askalânî kabul etmemiş,[12] fakat başkaları kabul etmiştir.[13]

• *Üçüncüsü*: Hilekâr Yahudiler, Resûl-u Ekrem'e *(aleyhissalâtü vesselam)* ve ona en yakın olan sahabilerin hepsine birden darbe vurmak istedikleri halde, hadisenin bir anda, gaipten haber verilmiş gibi meydana çıkmasıyla hileleri neticesiz kalmış. O haberin doğruluğu ve sahabileri tarafından hiçbir zaman gerçeğe zıt bir haber verdiği görülmeyen Resûl-u Ekrem'in, "Şu keçinin bacağı bana söylüyor." demesiyle, herkes o sözü keçiden kulağıyla işitmiş gibi kesin bir kanaate sahip olmuş.

Üçüncü Misal: Hazreti Mûsâ'nın *(aleyhisselam)* "yed-i beyzâ" ve "asâ"[14] mucizelerine karşılık olarak, üç hadisede Resûl-u Ekrem'in *(aleyhissalâtü vesselam)* birer mucizesini anlatacağız.

---

11 el-Hâkim, *el-Müstedrek* 4/122; Ebû Nuaym, *Delâilü'n-Nübüvve* s. 197; Kadı Iyâz, *eş-Şifâ* 1/318.

12 Bkz. Aliyyülkârî, *Şerhu'ş-Şifâ* 1/645.

13 el-Hâkim, *el-Müstedrek* 4/122; el-Heysemî, *Mecmeu'z-Zevâid* 8/295-296.

14 Yed-i beyzâ ve asâ mucizelerine dair bkz. A'râf sûresi, 7/108; Tâhâ sûresi, 20/17-22; Şuarâ sûresi, 26/32-33; Neml sûresi, 27/12; Kasas sûresi, 28/31-32.

• *Birincisi*: Hazreti İmam Ahmed İbni Hanbel'in Ebû Saidi'l-Hudrî'den kaynağına ulaştığı ve tashih ettiği bir hadis:

Resûl-u Ekrem *(aleyhissalâtü vesselam)* Katâde İbni Numan'a, karanlık, yağmurlu bir gecede bir değnek verir ve buyurur ki: "Lamba gibi, senin her tarafına onar arşın[15] ışık verecek. Evine gittiğin zaman siyah bir gölge göreceksin. O şeytandır. Onu evinden çıkar, kov." Katâde değneği alır, gider. Değnek ona yed-i beyzâ (parlak bir el) gibi ışık verir. Evine varır, o siyah gölgeyi görür, kovar.[16]

• *İkincisi*: Hayret verici hadiselerin çokça görüldüğü büyük Bedir Savaşı'nda müşriklerle dövüşürken Ukkâşe İbnü'l-Mihsan el-Esedî'nin kılıcı kırıldı. Resûl-u Ekrem *(aleyhissalâtü vesselam)* ona kılıç yerine kalınca bir değnek verdi. Dedi ki: "Bununla savaş." Birden değnek, Allah'ın izniyle, uzun, beyaz bir kılıç oldu. Ukkâşe onunla savaştı. Hayatı boyunca, tâ Yemâme Savaşı'nda şehit oluncaya kadar onu yanında taşıdı. Şu hadise kesindir. Çünkü Ukkâşe bütün hayatında onunla iftihar etmiş ve o kılıç "el-avn" (yardım) namıyla meşhur

---

15 **Arşın**: 68 santimetreye eşit olan uzunluk ölçüsü.

16 Ahmed İbni Hanbel, *el-Müsned* 3/65; İbni Huzeyme, *es-Sahîh* 3/81; İbni Abdilberr, *el-İstîâb* 3/1276.

olmuştur.[17] İşte Hazreti Ukkâşe'nin iftiharı ve kılıcın "avn" namıyla, benzerlerinin üstünde şöhret kazanması, şu hadisenin iki delilidir.

• *Üçüncüsü*: İbni Abdilberr gibi, yaşadığı asrın büyük bir âlimi ve tahkik ehli büyük zâtlar şu hadiseyi, sahihliğini göstererek naklediyor:

Uhud Savaşı'nda Resûl-u Ekrem'in *(aleyhissalâtü vesselam)* halasının oğlu Abdullah İbni Cahş'ın kılıcı kırıldı. Resûl-u Ekrem *(aleyhissalâtü vesselam)* ona bir değnek verdi. Değnek Abdullah İbni Cahş'ın elinde bir kılıç oldu, onunla savaştı. Mucize eseri olan o kılıç bâki kaldı.[18] Meşhur İbni Seyyidi'n-Nâs siyerinde, bir zaman sonra Abdullah'ın o kılıcının Buğâ-yı Türkî adında bir adama iki yüz dinara satıldığını haber veriyor.[19]

İşte şu iki kılıç, Hazreti Mûsâ'nın asâsı gibi birer mucizedir. Hazreti Mûsâ'nın vefatından sonra asâsının mucizelik yönü kalmamıştı, fakat şunlar bâki kaldı.

---

17 İbni Hişâm, *es-Sîratü'n-Nebeviyye* 3/185-186; el-Vâkıdî, *Kitâbü'l-Meğâzî* 1/93; İbni Sa'd, *et-Tabakâtü'l-Kübrâ* 1/188.

18 Ma'mer İbni Râşid, *el-Câmi'* 11/279; el-Beyhakî, *el-İ'tikâd* s. 295; İbni Abdilberr, *el-İstîâb* 3/879.

19 İbni Abdilberr, *el-İstîâb* 3/879; İbnü'l-Esîr, *Üsdü'l-Ğâbe* 3/90; İbni Kesîr, *el-Bidâye* 4/42.

On Üçüncü İşaret

Resûl-u Ekrem'in *(aleyhissalâtü vesselam)* mucizelerinin hem tevatür derecesinde hem misalleri pek çok olan bir çeşidi de hasta ve yaralıların, onun mübarek nefesiyle şifa bulmasıdır. Allah Resûlü'nün *(aleyhissalâtü vesselam)* bu çeşit mucizeleri cins itibarı ile manevî tevatür derecesindedir. Misallerinin bir kısmı da manevî tevatür hükmündedir. Diğer kısmı tek bir kişi kanalıyla gelse bile hadis ilminin çok hassas ve dikkatli imamları tashih ettikleri ve hadisin kaynağına ulaştıkları için, ilmî olarak bir kanaat verir. Bunun pek çok misalinden birkaçını zikredeceğiz.

Birinci Misal:

Mağrip'in büyük âlimi Kadı Iyâz *Şifâ-yı Şerîf*'inde, yüce bir silsile ve çeşitli rivayetlerle, Resûl-u Ekrem'in *(aleyhissalâtü vesselam)* hizmetkârı,[1]

---

1 Bkz. Buhârî, *cihâd* 70, *temennî* 4; Müslim, *fezâilü's-sahâbe* 39.

bir kumandanı,[2] Hazreti Ömer zamanında İslam ordusunun başkumandanı,[3] İran'ın fatihi[4] ve cennetle müjdelenen on sahabiden[5] biri olan Hazreti Sa'd İbni Ebî Vakkas'tan naklediyor:

Uhud Savaşı'nda ben Resûl-u Ekrem'in *(aleyhissalâtü vesselam)* yanındaydım. O gün yayı kırılıncaya kadar kâfirlere ok attı. Sonra okları bana veriyor, "At!" diyordu. "Nasl"sız, yani uçmasına yardım eden kanatları olmayan okları veriyor ve "At!" diye emrediyordu. Ben de atıyordum, oklar kanatlı olanlar gibi uçuyor, kâfirlerin bedenine saplanıyordu.[6]

Yine savaşta, Katâde İbni Numan'ın gözüne bir ok isabet etti, gözünü çıkardı, gözbebeği yüzüne indi. Resûl-u Ekrem *(aleyhissalâtü vesselam)* mübarek, şifalı eliyle onun gözünü alıp yuvasına

---

2 Bkz. İbni Hişâm, *es-Sîratü'n-Nebeviyye* 3/145; el-Vâkıdî, *Kitâbü'l-Meğâzî* 1/2; İbni Kesîr, *el-Bidâye* 3/234.

3 Bkz. el-Buhârî, *et-Târîhu'l-Kebîr* 3/61; et-Taberî, *Târîhu'l-Ümem ve'l-Mülûk* 2/276; İbni Abdilberr, *el-İstîâb* 2/832.

4 Bkz. et-Taberî, *Târîhu'l-Ümem ve'l-Mülûk* 2/383-389; İbni Kesîr, *el-Bidâye* 8/75-77.

5 Sa'd İbni Ebî Vakkas'ın cennetle müjdelenen on sahabiden biri olduğuna dair bkz. Tirmizî, *menâkıb* 25; Ebû Dâvûd, *sünnet* 8; İbni Mâce, *mukaddime* 11.

6 Müslim, *fezâilü's-sahâbe* 42; et-Taberânî, *el-Mu'cemü'l-Kebîr* 1/142. Ayrıca bkz. İbni İshak, *es-Sîre* 3/307; İbni Hişâm, *es-Sîratü'n-Nebeviyye* 4/31.

yerleştirdi. O göz Katâde'nin en güzel gözü olarak, hiçbir şey olmamış gibi şifa buldu.[7] Bu hadise çok meşhurdur. Hatta Katâde'nin bir torunu, Ömer İbni Abdilaziz'in yanına geldiği zaman kendini şöyle tarif etmiş: "Ben öyle bir zâtın torunuyum ki, Resûl-u Ekrem *(aleyhissalâtü vesselam)* onun çıkmış gözünü yerine koydu, birden şifa buldu. En güzel göz o oldu." Bunu Hazreti Ömer bin Abdilaziz'e nazım şeklinde[8 HAŞİYE] söylemiş, kendini öyle tanıtmış.[9]

Hem sahih nakille: Yevm-i Zîkarad denilen savaşta meşhur Ebû Katâde'nin mübarek yüzünü bir ok yaralamış. Resûl-u Ekrem *(aleyhissalâtü vesselam)* mübarek eliyle meshetmiş. Ebû Katâde diyor ki: "Katiyen ne acısını duydum ne de cerahatini gördüm."[10]

---

7 İbni Sa'd, *et-Tabakâtü'l-Kübrâ* 1/187; el-Beyhakî, *Delâilü'n-Nübüvve* 3/251-252; İbni Abdilberr, *el-İstîâb* 3/1275.

8 HAŞİYE

أَنَا ابْنُ الَّذِي سَالَتْ عَلَى الْخَدِّ عَيْنُهُ فَرُدَّتْ بِكَفِّ الْمُصْطَفٰى أَحْسَنَ الرَّدِّ
فَعَادَتْ كَمَا كَانَتْ لِأَوَّلِ أَمْرِهَا فَيَا حُسْنَ مَا عَيْنٍ وَيَا حُسْنَ مَا رَدِّ

9 İbni Kesîr, *el-Bidâye* 6/294; İbni Seyyidi'n-Nâs, *Uyûnü'l-eser* 2/23; el-Halebî, *es-Sîratü'l-Halebiyye* 2/543; Aliyyülkârî, *Şerhu'ş-Şifâ* 1/652.

10 el-Vâkıdî, *Kitâbü'l-Meğâzî* 2/545; el-Beyhakî, *Delâilü'n-Nübüvve*, 4/193; İbni Abdilberr, *el-İstîâb* 4/1731; Kadı Iyâz, *eş-Şifâ* 1/322.

İkinci Misal: Başta Buhârî ve Müslim, sahih hadis kitapları haber veriyor:

Hayber Savaşı'nda Resûl-u Ekrem *(aleyhissalâtü vesselam)* Hazreti Ali'yi bayraktar tayin etmişti, fakat Hazreti Ali'nin gözleri hastalıktan çok ağrıyordu. Allah Resûlü *(aleyhissalâtü vesselam)* ilaç gibi tükürüğünü gözüne sürdüğü dakikada şifa buldu, hiçbir şeyi kalmadı. Sabahleyin Hayber Kalesi'nin pek ağır demir kapısını çekip elinde kalkan gibi tutarak kaleyi fethetti.[11]

Yine o savaşta Seleme İbnü'l-Ekva'nın bacağı kılıç darbesiyle yarılmış. Resûl-u Ekrem *(aleyhissalâtü vesselam)* ona nefesini üflemiş, Seleme'nin bacağı birden şifa bulmuş.[12]

Üçüncü Misal: Başta Nesâî olmak üzere siyer âlimleri, Osman İbni Huneyf'ten naklediyor:

Resûl-u Ekrem'in *(aleyhissalâtü vesselam)* yanına kör bir adam geldi, dedi ki: "Gözlerimin açılması için dua et." Allah Resûlü *(aleyhissalâtü vesselam)* ona şöyle buyurdu:

فَانْطَلِقْ وَتَوَضَّأْ ثُمَّ صَلِّ رَكْعَتَيْنِ ثُمَّ قُلِ اللّٰهُمَّ إِنِّي أَسْئَلُكَ وَأَتَوَجَّهُ إِلَيْكَ بِنَبِيِّكَ مُحَمَّدٍ نَبِيِّ الرَّحْمَةِ، يَا مُحَمَّدُ إِنِّي أَتَوَجَّهُ بِكَ إِلَى

---

11 Buhârî, *cihâd* 102, 143, *fezâilü ashâb* 9, *meğâzî* 38; Müslim, *fezâilü's-sahâbe* 34.

12 Buhârî, *meğâzî* 38; Ebû Dâvûd, *tıb* 19; Ahmed İbni Hanbel, *el-Müsned* 4/48.

رَبِّكَ أَنْ يَكْشِفَ عَنْ بَصَرِي، اَللّٰهُمَّ شَفِّعْهُ فِيَّ[13]

Adam gitti, öyle yaptı, geldi. Gözü açılmıştı, güzelce gördüğüne şahit olduk.[14]

Dördüncü Misal: Büyük bir imam olan İbni Vehb haber veriyor:

Bedir Savaşı'nın on dört şehidinden biri olan Muavviz İbni Afrâ, Ebû Cehil ile dövüşürken, lânetlenmiş Ebû Cehil o kahramanın bir elini kesmiş. O da elini öteki eliyle tutarak Resûl-u Ekrem'in *(aleyhissalâtü vesselam)* yanına gelmiş. Allah Resûlü onun elini yerine yapıştırmış, tükürüğünü sürmüş. Muavviz birden şifa bulmuş, dönüp şehit oluncaya kadar savaşmış.

Yine İmam-ı Celîl İbni Vehb naklediyor: O savaşta Hubeyb İbni İsaf'ın (Yesaf) omuz başına bir kılıç darbesi vurulmuş, kolu kopmuş gibi dehşetli bir yara açılmış. Resûl-u Ekrem *(aleyhissalâtü*

---

13 "Git abdest al, sonra iki rekât namaz kıl ve şöyle dua et: 'Allahım! Şüphesiz ben Sen'den isterim. Rahmet peygamberi olan Hazreti Muhammed'i *(sallallâhu aleyhi ve sellem)* vesile edinerek Sana yöneliyorum. Ya Muhammed! Gözlerimin açılması için seni vesile kılarak Rabbine yöneliyorum. Allahım! O'nu benim hakkımda şefaatçi eyle.'"

14 en-Nesâî, *es-Sünenü'l-Kübrâ* 6/168, 169; Kadı Iyâz, *eş-Şifâ* 1/322. Ayrıca bkz. Tirmizî, *deavât* 118; İbni Mâce, *ikâme* 189.

vesselam) eliyle onun kolunu omzuna yapıştırmış, nefesini üflemiş ve Hubeyb'in omzu şifa bulmuş.[15]

İşte şu iki hadise gerçi tek bir kişiden nakledilmiştir. Fakat İbni Vehb gibi bir imam sahihliğini gösterdiyse, iki hadise de Bedir gibi mucizeler kaynağı bir savaşta olduysa ve bunları andıracak çok misal bulunuyorsa, elbette ikisi de kesindir ve gerçekleşmiştir, denilebilir.

İşte sahih hadislerle sabit belki bin misal var ki, Resûl-u Ekrem'in *(aleyhissalâtü vesselam)* mübarek eli şifa olmuştur.

---

15 el-Beyhakî, *Delâilü'n-Nübüvve* 6/178; İbnü'l-Esîr, *Üsdü'l-Ğâbe* 1/679; İbni Hacer, *el-İsâbe* 2/261.

Bu Parça Altın ve Elmasla Yazılsa Lâyıktır

Evet, daha önce bahsi geçtiği gibi:

Avucunda küçük taşların zikir ve tesbih etmesi...[16]

وَمَا رَمَيْتَ إِذْ رَمَيْتَ[17] sırrıyla, aynı avucunda küçücük taşların ve toprağın, top ve gülle gibi düşmanı hezimete uğratması...

وَانْشَقَّ الْقَمَرُ[18] açık ve kesin hükmüyle, aynı elinin parmağıyla ayı iki parça etmesi...

Hem aynı elin on parmağından çeşme gibi su akması ve bir ordunun içmesi...

Yine aynı elin, hastalara ve yaralılara şifa olması...

Elbette o mübarek elin, Cenâb-ı Hakk'ın ne kadar harika bir kudret mucizesi olduğunu gösterir.

---

16 el-Buhârî, *et-Târîhu'l-Kebîr* 8/442; el-Bezzâr, *el-Müsned* 9/431, 434; et-Taberânî, *el-Mu'cemü'l-Evsat* 4/245.

17 "(Ey Resûlüm) Attığın vakit sen atmadın, lâkin Allah attı." (Enfâl sûresi, 8/17).

18 "...Ay bölündü." (Kamer sûresi, 54/1).

Âdeta,

O elin avucu dostlar içinde Allah'ın tesbih edildiği küçük bir zikirhanedir ki, küçücük taşlar dahi içine girse Cenâb-ı Hakk'ı zikir ve tesbih ederler.[19]

Düşmanlara karşı küçücük bir Rabbanî cephanedir ki, içine taş ve toprak girse, gülle ve bomba olur.

Yaralılar ve hastalar için küçücük, Rahmanî bir eczanedir ki, hangi derde temas etse derman olur.

Celâl ile kalktığı vakit, ayı parçalayıp iki yay şeklini verir.

Ve cemâl ile döndüğü vakit, kevser akıtan on musluklu bir rahmet çeşmesi hükmüne geçer.

Acaba böyle bir zâtın bir tek eli bu hayret verici mucizelere mazhar ve vesile oluyorsa, o zâtın, kâinatın Yaratıcısı katında ne kadar makbul ve davasına ne kadar sadık bulunduğu ve o el ile biat edenlerin ne kadar bahtiyar olacakları, açıkça anlaşılmaz mı?

---

[19] el-Buhârî, *et-Târîhu'l-Kebîr* 8/442; el-Bezzâr, *el-Müsned* 9/431, 434; et-Taberânî, *el-Mu'cemü'l-Evsat* 4/245.

Bir Soru: Deniliyor ki, "Sen çok şeye tevatür derecesinde diyorsun. Halbuki biz bunların çoğunu yeni işitiyoruz. Tevatür derecesinde bir şey böyle gizli kalmaz."

Cevap: Fıkıh âlimlerine göre tevatür derecesinde ve apaçık olan çok şey var ki, başkaları için meçhuldür. Hadis âlimlerine göre de tevatür derecesinde çok hadis var ki, başkalarının gözünde bir tek kişi kanalıyla nakledilmiş zayıf bir haber kadar bile değildir ve bunun gibi... Her ilmin ihtisas sahipleri, o ilme göre açık hükümleri ve nazari görüşleri bildirir. Halk tabakası ise o ilmin ihtisas sahiplerine güvenir, teslim olur veya meselenin içine girer, görür.

Şimdi, haber verdiğimiz hakiki veya manevî mütevatir yahut onun gibi tevatür derecesinde kesinlik ifade eden hadiseler, hem hadis hem fıkıh âlimleri hem usûlcüler hem de çoğu ulemâ tabakası için hükmünü öyle göstermiştir. Gaflette bulunan avam tabaka veya gözünü kapayan cahiller bilmiyorsa kabahat onlara aittir...

Beşinci Misal: İmam Bagavî, hadisin kaynağına ulaşarak ve tashih ederek bildiriyor ki:

Hendek Savaşı'nda kâfirlerin darbesiyle Ali İbnü'l-Hakem'in ayağı kırıldı. Resûl-u Ekrem *(aleyhissalâtü vesselam)* meshetti. Dakikasında öyle şifa buldu ki, atından inmedi.[20]

Altıncı Misal: Başta İmam Beyhakî, hadis âlimleri haber veriyor:

İmam Ali çok hastaydı. Izdırabından kendi kendine dua edip inliyordu. Resûl-u Ekrem *(aleyhissalâtü vesselam)* geldi, اَللّٰهُمَّ اشْفِهِ[21] dedi ve ayağıyla Hazreti Ali'ye dokundu, "Kalk" buyurdu. İmam Ali birden şifa buldu. Kendisi diyor ki: "Ondan sonra o hastalığı hiç görmedim."[22]

Yedinci Misal: Şürahbil el-Cu'fî'nin meşhur kıssasıdır:

Avucunda etten bir ur vardı, kılıcını ve atının dizginini tutamıyordu. Resûl-u Ekrem *(aleyhissalâtü vesselam)* mübarek eliyle avucundaki uru meshetti ve ovdu. O urdan hiçbir eser kalmadı.[23]

Sekizinci Misal: Altı çocuk ve çocuk tabiatında bir kadın ayrı ayrı, Resûl-u Ekrem'in birer mucizesine mazhar olmuştur.

---

20 Bkz. el-Beyhakî, *Delâilü'n-Nübüvve* 6/185; İbni Abdilberr, *el-İstîâb* 3/1415.

21 Allahım! Ona şifa ver.

22 Tirmizî, *deavât* 111; Ahmed İbni Hanbel, *el-Müsned* 1/107, 128; İbni Ebî Şeybe, *el-Musannef* 5/46, 6/63.

23 et-Taberânî, *el-Mu'cemü'l-Kebîr* 7/306; el-Beyhakî, *Delâilü'n-Nübüvve* 6/176; İbni Abdilberr, *el-İstîâb* 2/697, 6/176.

• *Birincisi:* Kâmil muhakkiklerden meşhur hadis âlimi İbni Ebî Şeybe haber veriyor:

Bir kadın, bir çocuğu Resûl-u Ekrem'in *(aleyhissalâtü vesselam)* yanına getirdi. Çocukta bir musibet vardı; konuşamıyordu, aptaldı. Resûl-u Ekrem *(aleyhissalâtü vesselam)* suyla ağzını çalkaladı, elini yıkadı ve o suyu kadına verdi. "Çocuğa içirsin." buyurdu. Çocuk o suyu içtikten sonra hastalığından, o musibetten bir şey kalmadı. Öyle bir akla ve olgunluğa sahip oldu ki, en akıllı insanları geride bıraktı.[24]

• *İkincisi:* Sahih nakille, Hazreti İbni Abbas anlatıyor:

Resûl-u Ekrem'e *(aleyhissalâtü vesselam)* mecnun bir çocuk getirildi. Allah Resûlü mübarek elini onun göğsüne koydu. Çocuk birden istifra etti. İçinden –küçük hıyar kadar– siyah bir şey çıktı, çocuk şifa bulup gitti.[25]

• *Üçüncüsü:* İmam Beyhakî ve Nesâî sahih nakille haber veriyor:

Muhammed İbni Hâtıb isminde bir çocuğun koluna kaynayan tencere dökülmüş, bütün kolu yanmıştı. Resûl-u Ekrem *(aleyhissalâtü vesselam)*

---

24 İbni Mâce, *tıb* 40; İbni Ebî Şeybe, *el-Musannef* 5/48, 6/321; Abd İbni Humeyd, *el-Müsned* 1/452.

25 Dârimî, *mukaddime* 4; Ahmed İbni Hanbel, *el-Müsned* 1/239, 254, 268; İbni Ebî Şeybe, *el-Musannef* 5/47.

meshedip tükürüğünü sürdü, çocuk dakikasında şifa buldu.[26]

• *Dördüncüsü:* Büyümüş fakat dilsiz, yaşça ileri bir çocuk Resûl-u Ekrem'in *(aleyhissalâtü vesselam)* yanına geldi. Çocuğa, "Ben kimim?" buyurdu. Hiç konuşmayan dilsiz çocuk أَنْتَ رَسُولُ اللّٰهِ[27] deyip konuşmaya başladı.[28]

• *Beşincisi:* Uyanıkken Resûl-u Ekrem'in sohbetiyle *(aleyhissalâtü vesselam)* tekrar tekrar şereflenen[29] Celâleddin Süyûtî, asrın imamı –hadisin kaynağına ulaşarak ve tashihle– haber veriyor ki:

Mübarekü'l-Yemâme ismiyle meşhur bir zâtı daha yeni dünyaya geldiğinde Resûl-u Ekrem'in *(aleyhissalâtü vesselam)* yanına getirmişler. Allah Resûlü *(aleyhissalâtü vesselam)* ona yönelmiş, çocuk konuşmaya başlamış, أَشْهَدُ أَنَّكَ رَسُولُ اللّٰهِ[30] demiş. Resûl-u Ekrem *(aleyhissalâtü vesselam)* "Bârekâllah" buyurmuş. Çocuk ondan sonra büyüyünceye

---

26 Ahmed İbni Hanbel, *el-Müsned* 3/418; İbni Ebî Şeybe, *el-Musannef* 5/45; en-Nesâî, *es-Sünenü'l-Kübrâ* 4/366, 6/55, 253, 254.

27 "Sen Allah'ın resûlüsün."

28 el-Beyhakî, *Delâilü'n-Nübüvve* 6/60-61; İbni Kesîr, *el-Bidâye* 6/159.

29 İbnü'l-İmâd, *Şezerâtü'z-Zeheb* 4/54; en-Nebhânî, *Câmiu Kerâmâti'l-Evliyâ* 2/158.

30 "Şehadet ederim ki, sen Allah'ın resûlüsün."

kadar bir daha konuşmamış. O çocuk, Resûl-u Ekrem'in bu mucizesine ve "Bârekâllah" duasına mazhar olduğundan, "Mübarekü'l-Yemâme" ismiyle şöhret bulmuş.[31]

• *Altıncısı:* Namaz kılarken hırçın bir çocuk namazını bozup geçtiğinden, Resûl-u Ekrem *(aleyhissalâtü vesselam)* اَللّٰهُمَّ اقْطَعْ أَثَرَهُ[32] demiş. Ondan sonra çocuk bir daha yürüyememiş, öyle kalmış, hırçınlığının cezasını bulmuş.

• *Yedincisi:* Çocuk tabiatında, hayâsız bir kadın, Resûl-u Ekrem *(aleyhissalâtü vesselam)* yemek yerken bir lokma istemiş, Allah Resûlü vermiş. Kadın demiş ki: "Yok, senin ağzındakini istiyorum." Resûl-u Ekrem onu da vermiş. O gayet hayâsız kadın, o lokmayı yedikten sonra en hayâlı kadınlardan olmuş ve Medineli kadınların üstünde bir hayâya erişmiş.[33]

İşte bu sekiz misal gibi, seksen değil, belki sekiz yüz hadise var. Çoğu, siyer ve hadis kitaplarında anlatılmıştır.

Evet, Resûl-u Ekrem'in (aleyhissalâtü vesselam) mübarek eli Lokman Hekim'in bir eczanesi gibi..

---

31 el-Beyhakî, *Delâilü'n-Nübüvve* 6/59; Hatîb el-Bağdâdî, *Târîhu Bağdâd* 3/443; İbni Kesîr, *el-Bidâye* 6/158.

32 "Allahım! Sen de onun yürüyüşünü kes." Ebû Dâvûd, *salât* 109; Ahmed İbni Hanbel, *el-Müsned* 4/64, 5/376; el-Buhârî, *et-Târîhu'l-Kebîr* 8/365.

33 et-Taberânî, *el-Mu'cemü'l-Kebîr* 8/200, 231.

tükürüğü Hazreti Hızır'ın âb-ı hayat çeşmesi gibi.. ve nefesi Hazreti İsa'nın (aleyhisselam) nefesi gibi medet verip şifa ulaştırıyorsa ve insan çok musibete ve belâya düşüyorsa, elbette Resûl-u Ekrem'e (aleyhissalâtü vesselam) sayısız müracaat olmuştur. Hastalar, çocuklar, mecnunlar pek çok defa gelmiş, hepsi şifa bulup gitmiştir.

Hatta kırk defa hacca giden, kırk sene sabah namazını yatsı abdestiyle kılan, tâbiînin büyük imamlarından olan ve çok sahabiyle görüşen, Tâvûs adıyla da bilinen Ebû Abdurrahmân el-Yemânî[34] kesin bir şekilde bildirir ve hüküm verir ki: Resûl-u Ekrem'e (aleyhissalâtü vesselam) ne kadar mecnun gelmişse ve Allah Resûlü (aleyhissalâtü vesselam) hangisinin göğsüne elini koymuşsa, mutlaka şifa bulmuştur, şifa bulmayan kalmamıştır.[35]

İşte saadet asrında yetişmiş böyle bir imam, böyle kesin ve umumi bir hükme varmışsa, elbette Resûl-u Ekrem'e gelen hiçbir hasta kalmamıştır ki, şifa bulmuş olmasın. Madem şifa bulmuşlar, elbette müracaatlar binlerce olacaktır.

---

34 İbnü'l-Cevzî, *Sıfatü's-Safve* 2/288.

35 Kadı Iyâz, *eş-Şifâ* 1/335; Aliyyülkârî, *Şerhu'ş-Şifâ* 1/676.

On Dördüncü İşaret

Resûl-u Ekrem'in *(aleyhissalâtü vesselam)* mucizelerinin çeşitlerinden mühim bir tanesi de, duasıyla meydana gelen harikalardır. Evet, şu türden mucizeler kesindir ve hakiki tevatür derecesindedir. Tek tek misalleri o kadar çoktur ki, hesap edilemez. Misallerin birçoğu var ki, onlar da tevatür derecesine çıkmış, belki tevatüre yakın meşhur olmuştur. Bir kısmını öyle imamlar nakletmiştir ki, meşhur tevatür derecesinde gibi kesinlik ifade eder. Biz bu mucizelerin pek çok misalinden, tevatüre yakın derecede yayılmış ve meşhur bazılarını örnek olarak göstereceğiz ve her misalin de birkaç kısmını söyleyeceğiz.

Birinci Misal: Resûl-u Ekrem'in *(aleyhissalâtü vesselam)* yağmur duasının, tevatür derecesinde ve çok defa tekrar ile, daima süratle kabul olduğunu, başta İmam Buhârî ve İmam Müslim, hadis imamları nakletmiştir. Hatta bazı defa minber-i şerifin üstünde yağmur duası için elini kaldırdığında, indirmeden yağmur yağmış.[1] Daha önce söylediğimiz gibi, bir-iki defa ordu susuz kaldığı vakit bulut geliyor, yağmur yağdırıyordu.[2] Hatta dedesi Abdülmuttalib, peygamberlikten önce, Resûl-u Ekrem *(aleyhissalâtü vesselam)* yaşça küçük olduğu zamanlarda yağmur duasına onun mübarek yüzüyle giderdi. Yağmur onun yüzü hürmetine gelirdi ki, bu hadise Abdülmuttalib'in bir şiiriyle şöhret bulmuştur.[3] Hem Resûl-u Ekrem'in ahirete yolculuğundan sonra Hazreti Ömer, Hazreti Abbas'ı vesile yapıp demiş ki: "Ya Rab, bu senin habibinin amcasıdır. Onun yüzü suyu hürmetine yağmur ver." Yağmur gelmiş.[4]

Yine İmam Buhârî ve Müslim haber veriyor: Yağmur için dua talep edildi. Resûl-u Ekrem *(aleyhissalâtü vesselam)* dua etti. Yağmur öyle geldi ki, "Aman dua et, kesilsin." demeye mecbur kaldılar. Dua etti, birden kesildi.[5]

---

1 Buhârî, *istiskâ* 6, 7, 9, 12, 14; Müslim, *istiskâ* 8-10; Nesâî, *istiskâ* 1, 10; *Muvatta*, *istiskâ* 3.

2 İbni Huzeyme, *es-Sahîh* 1/53; et-Taberânî, *el-Mu'cemü'l-Evsat* 3/324; el-Bezzâr, *el-Müsned* 1/331.

3 Bkz. et-Taberânî, *el-Mu'cemü'l-Kebîr* 24/260-261; İbni Sa'd, *et-Tabakâtü'l-Kübrâ* 1/90, 2/322; el-Beyhakî, *Delâilü'n-Nübüvve* 2/15-19.

4 Buhârî, *istiskâ* 3, *fezâilü ashâb* 11; et-Taberânî, *el-Mu'cemü'l-Kebîr* 1/72; el-Beyhakî, *es-Sünenü'l-Kübrâ* 3/352.

5 Buhârî, *istiskâ* 6, 7, 9, 12, 14; Müslim, *istiskâ* 8-10; Nesâî,

İkinci Misal: Tevatüre yakın bir şekilde meşhurdur ki, Resûl-u Ekrem *(aleyhissalâtü vesselam)* müminler daha kırk kişiye ulaşmadan ve gizli ibadet etmekteyken şöyle dua buyurdu: اَللّٰهُمَّ أَعِزَّ الْإِسْلَامَ بِعُمَرَ بْنِ الْخَطَّابِ أَوْ بِعَمْرِو بْنِ هِشَامٍ[6] Bir-iki gün sonra Hazreti Ömer İbnü'l-Hattab imana geldi ve İslamiyet'i ilan etmeye, yüceltmeye, güçlendirmeye vesile oldu, "Fâruk" yüce unvanını aldı.[7]

Üçüncü Misal: Allah Resûlü bazı seçkin sahabilere ayrı ayrı maksatlar için dua etmiş. Duası öyle parlak bir surette kabul olmuş ki, o duaların kerameti mucize derecesine çıkmış.

• Mesela, başta Buhârî ve Müslim haber veriyor, İbni Abbas'a şöyle dua etmiş: اَللّٰهُمَّ فَقِّهْهُ فِي الدِّينِ وَعَلِّمْهُ التَّأْوِيلَ[8] Duası öyle makbul olmuş ki,

---

istiskâ 1, 10; *Muvatta, istiskâ* 3.

6 "Allahım! İslam'ı Ömer İbnü'l-Hattab veya Amr İbni Hişâm'la aziz eyle." (Bkz. et-Taberânî, *el-Mu'cemü'l-Kebîr* 10/159, *el-Mu'cemü'l-Evsat* 2/240, 11/255). Yakın rivayetler için ayrıca bkz. Tirmizî, *menâkıb*, 17; İbni Mâce, *mukaddime* 11; Ahmed İbni Hanbel, *el-Müsned* 2/95).

7 Bkz. İbni Sa'd, *et-Tabakâtü'l-Kübrâ* 3/270; et-Taberî, *Târîhu'l-Ümem ve'l-Mülûk* 2/562; en-Nevevî, *Tehzîbü'l-Esmâ* 2/325.

8 "Allahım! Ona dinin ruhunu öğret ve onu te'vile (Kur'an'ın sırlı hakikatlerine) âşina kıl!" (Bkz. Buhârî, *vudû'* 10; Müslim, *fezâilü's-sahâbe* 138).

İbni Abbas "Kur'an'ın tercümanı"[9] şanlı unvanını ve "habrü'l-ümme," yani "ümmetin büyük âlimi" yüce rütbesini kazanmış.[10] Hatta çok gençken, Hazreti Ömer onu âlimlerin ve sahabenin ileri gelenlerinin meclisine alıyordu.[11]

• Yine başta İmam Buhârî, sahih hadis kitaplarının sahipleri haber veriyor: Enes'in annesi, Resûl-u Ekrem'e *(aleyhissalâtü vesselam)*, "Hizmetkârın olan Enes'in evladı ve malı hakkında bereket duası et." diye yalvarmış. Allah Resûlü de şöyle dua etmiş, اَللّٰهُمَّ أَكْثِرْ مَالَهُ وَوَلَدَهُ وَبَارِكْ لَهُ فِيمَا أَعْطَيْتَهُ[12]. Hazreti Enes, ömrünün sonlarında yeminle ilan ediyor ki: "Ben kendi elimle yüz evladımı defnettim. Mal ve servet itibarı ile de hiçbiri benim kadar mesut yaşamamıştır. Malımı görüyorsunuz ki pek çoktur. Bütün bunlar Resûl-u Ekrem'in duasının bereketindendir."[13]

---

9 İbni Ebî Şeybe, *el-Musannef* 6/383; İbni Sa'd, *et-Tabakâtü'l-Kübrâ* 2/366; el-Hâkim, *el-Müstedrek* 3/618.

10 et-Taberânî, *el-Mu'cemü'l-Kebîr* 10/237; el-Hâkim, *el-Müstedrek* 3/616; İbni Sa'd, *et-Tabakâtü'l-Kübrâ* 2/370.

11 Bkz. Buhârî, *menâkıb* 37, *meğâzî* 38, 51; Tirmizî, *tefsîru sûre (110)* 1; Ahmed İbni Hanbel, *el-Müsned* 1/338.

12 "Allahım! Onun malını ve evladını çoğalt ve ona verdiklerini bereketli kıl." (Bkz. Buhârî, *deavât* 18, 25, 47, 48; Müslim, *fezâilü's-sahâbe*, 141-143).

13 Ahmed İbni Hanbel, *el-Müsned* 3/248, 6/430; et-Tayâlisî, *el-Müsned* 1/270; İbni Hibbân, *es-Sahîh* 16/143.

• Başta İmam Beyhakî, hadis âlimleri haber veriyor ki: Resûl-u Ekrem *(aleyhissalâtü vesselam)*, cennetle müjdelenen on sahabiden Abdurrahmân İbni Avf'a malının çok ve bereketli olması için dua etmiş.[14] O duanın bereketiyle Abdurrahmân İbni Avf o kadar servet kazanmış ki, bir defasında yedi yüz deveyi yükleriyle beraber sırf Allah için sadaka vermiş.[15] İşte Resûl-u Ekrem'in duasının bereketine bakınız, "Bârekâllah" deyiniz!..

• Hem İmam Buhârî başta olmak üzere, hadis rivayetçileri şöyle naklediyor: Resûl-u Ekrem *(aleyhissalâtü vesselam)* Urve İbni Ebi'l-Ca'd'e ticarette kâr ve kazanç sağlaması için bereket duası etmiş. Urve diyor ki: "Ben bazen Kûfe çarşısında duruyordum. Bir günde kırk bin kazanıyor, sonra evime dönüyordum." İmam Buhârî şöyle diyor: "Toprağı da eline alsa onda bir kazanç bulurdu."[16]

• Yine Allah Resûlü, Abdullah İbni Câfer'e malının çok olması ve bereket için dua etmiş.[17] Hazreti Abdullah İbni Câfer o derece servet kazanmış ki,

---

14 Buhârî, *nikâh* 7, 68, *deavât* 53; Müslim, *nikâh* 79.

15 Ahmed İbni Hanbel, *el-Müsned* 6/115; Abd İbni Humeyd, *el-Müsned* 1/407; et-Taberânî, *el-Mu'cemü'l-Kebîr* 1/129, 6/27.

16 Buhârî, *menâkıb* 28; Ebû Dâvûd, *büyû'* 27; İbni Mâce, *sadakât* 7; Ahmed İbni Hanbel, *el-Müsned* 4/375.

17 Ahmed İbni Hanbel, *el-Müsned* 1/205; en-Nesâî, *es-Sünenü'l-Kübrâ* 5/48, 180, 6/265.

o asırda meşhur olmuş. Resûl-u Ekrem'in bereket duasıyla elde ettiği serveti kadar cömertliğiyle de şöhret bulmuş.[18]

Böyle çok misal var. Bu dördüyle yetiniyoruz.

• Başta İmam Tirmizî haber veriyor ki: Sa'd İbni Ebî Vakkas hakkında Resûl-u Ekrem *(aleyhissalâtü vesselam)*, اَللّٰهُمَّ أَجِبْ دَعْوَتَهُ[19] diye dua etmiş. Sa'd'ın duasının kabulü için dua buyurmuş. O asırda Sa'd'ın bedduasından herkes korkardı. Duasının makbul oluşu da şöhret buldu.[20]

• Hem Resûl-u Ekrem, meşhur Ebû Katâde'ye أَفْلَحَ اللّٰهُ وَجْهَكَ، اَللّٰهُمَّ بَارِكْ لَهُ فِي شَعْرِهِ وَبَشَرِهِ[21] buyurmuş, genç kalması için dua etmiş. Ebû Katâde yetmiş yaşında vefat ettiği zaman, on beş yaşında bir genç gibi olduğu –sahih nakille– şöhret bulmuştur.[22]

---

18 İbni Hibbân, *es-Sikât* 3/207; İbni Abdilberr, *el-İstîâb* 3/881; el-Mizzî, *Tehzîbü'l-Kemâl* 14/367.

19 "Allahım! Onun duasını kabul et!" (Bkz. İbni Abdilberr, *el-İstîâb* 2/608. Ayrıca bkz. Tirmizî, *menâkıb*, 26; et-Taberânî, *el-Mu'cemü'l-Kebîr* 1/43; el-Bezzâr, *el-Müsned* 4/50).

20 Buhârî, *ezân* 95; Tirmizî, *menâkıb* 37; el-Bezzâr, *el-Müsned* 3/274; İbni Hibbân, *es-Sahîh* 5/168-169.

21 "Allah yüzünü pak etsin! Allahım! Onun saçına ve yüzüne bereket ver." (Kadı Iyâz, *eş-Şifâ* 1/327. Ayrıca bkz. el-Hâkim, *el-Müstedrek* 3/549; el-Beyhakî, *Delâilü'n-Nübüvve* 4/193).

22 el-Hâkim, *el-Müstedrek* 3/549; el-Beyhakî, *Delâilü'n-Nübüvve* 4/193; İbni Abdilberr, *el-İstîâb* 4/1731.

• Meşhur şair Nâbiğa'nın meşhur kıssasıdır. Nabiğa, Resûl-u Ekrem'in *(aleyhissalâtü vesselam)* yanında bir şiirini okudu:

بَلَغْنَا السَّمَاءَ فِي مَجْدِنَا وَسَنَائِنَا وَإِنَّا نُرِيدُ فَوْقَ ذٰلِكَ مَظْهَرًا

yani, "Şerefimiz göğe çıktı, biz daha üstüne çıkmak istiyoruz." mısralarını söyledi. Resûl-u Ekrem *(aleyhissalâtü vesselam)*, latife suretinde şöyle buyurdu: إِلَى أَيْنَ يَا أَبَا لَيْلَى؟ O da cevap verdi: إِلَى الْجَنَّةِ يَا رَسُولَ اللهِ Yani, Allah Resûlü *(aleyhissalâtü vesselam)* latife olarak dedi ki: "Gökten öbür tarafa nereyi istiyorsun ki, şiirinde orayı niyet ediyorsun?" Nâbiğa da, "Göklerin ötesinde cennete gitmek istiyoruz." dedi. Sonra mânidar bir şiirini daha okudu. Resûl-u Ekrem *(aleyhissalâtü vesselam)* şöyle dua etti: لَا يَفْضُضِ اللّٰهُ فَاكَ Yani, "Senin ağzın bozulmasın." İşte o peygamber duasının bereketiyle Nâbiğa yüz yirmi yaşındayken bir dişi bile eksilmemişti. Hatta bazen bir dişi düştüğü vakit yerine bir tane daha geliyordu.[23]

• Hem –sahih nakille– Allah Resûlü, İmam Ali için şöyle dua etmiş: اَللّٰهُمَّ اكْفِهِ الْحَرَّ وَالْبَرْدَ Yani, "Ya Rab, ona soğuğun ve sıcağın zahmetini gösterme." İşte bu duanın bereketiyle İmam Ali kışın yazlık

---

23 el-Beyhakî, *Delâilü'n-Nübüvve* 6/232-233; İbni Abdilberr, *el-İstîâb* 4/1516, 1743.

elbisesini, yazın kışlık elbisesini giyerdi. Derdi ki: "O duanın bereketiyle soğuğun ve sıcağın zahmetini hiç çekmiyorum."[24]

• Yine Resûl-u Ekrem, Hazreti Fâtıma için dua etmiş: اَللّٰهُمَّ لَا تُجِعْهَا Yani, "Allahım, ona açlık elemi verme!" Hazreti Fâtıma diyor ki: "O duadan sonra açlık elemi görmedim."[25]

• Tufeyl İbni Amr, Resûl-u Ekrem'den *(aleyhissalâtü vesselam)* bir mucize istemiş ki götürüp kavmine göstersin. Allah Resûlü *(aleyhissalâtü vesselam)* اَللّٰهُمَّ نَوِّرْ لَهُ[26] demiş. Tufeyl'in iki gözünün ortasında bir nur belirmiş, sonra değneğinin ucuna geçmiş. Bununla "zinnûr" (nurlu) diye şöhret bulmuş.[27]

İşte bunlar meşhur hadislerdendir ve kesinlik kazanmıştır.

• Ebû Hureyre, Resûl-u Ekrem'e *(aleyhissalâtü vesselam)*, "Bende unutkanlık oluyor." diye şikâyette

---

24 İbni Ebî Şeybe, *el-Musannef* 6/367, 7/394. Ayrıca bkz. İbni Hacer, *Fethu'l-Bârî* 7/477; İbni Mâce, *mukaddime* 11.

25 et-Taberânî, *el-Mu'cemü'l-Evsat* 4/210-211; Ebû Nuaym, *Delâilü'n-Nübüvve* s. 462; el-Beyhakî, *Delâilü'n-Nübüvve* 6/108.

26 Allahım! Onu nurlandır.

27 İbni Abdilberr, *el-İstîâb* 2/759; ez-Zehebî, *Siyeru A'lâmi'n-Nübelâ* 1/344. Yakın ifadeler için ayrıca bkz. İbni Hişâm, *es-Sîratü'n-Nebeviyye* 2/23; İbni Sa'd, *et-Tabakâtü'l-Kübrâ* 4/238.

bulunmuş. Resûl-u Ekrem'in *(aleyhissalâtü vesselam)* buyruğuyla mendil şeklinde bir şey açmış. Sonra Allah Resûlü mübarek avucuyla gaipten bir şey alır gibi yapıp avucunu ona boşaltmış. İki üç defa böyle yaparak Ebû Hureyre'ye, "Şimdi mendili topla." demiş, o da toplamış. Resûl-u Ekrem'in duasının bu manevî sırrıyla Ebû Hureyre, "Ondan sonra hiçbir şeyi unutmadım."[28] diye yemin ediyor.

İşte bunlar kesin olan, meşhur rivayetlerdendir.

Dördüncü Misal: Resûl-u Ekrem'in *(aleyhissalâtü vesselam)* bedduasına sebep olmuş birkaç hadiseyi söyleyeceğiz.

• *Birincisi:* Perviz adlı İran padişahı, Allah Resûlü'nün mektubunu yırttı. Kendisine haber gelince Resûl-u Ekrem *(aleyhissalâtü vesselam)* şöyle beddua etti: اَللّٰهُمَّ مَزِّقْ مُلْكَهُ "Ya Rab! Nasıl mektubumu yırttıysa sen de onu ve mülkünü parça parça et!"[29] İşte şu bedduanın tesiriyle oğlu Şîreveyh, o Kisrâ Perviz'i hançerle paraladı.[30] Sa'd İbni Ebî Vakkas da saltanatını parça parça etti. Sâsâni devletinin hiçbir yerde haşmeti, büyüklüğü kalmadı. Kayser

---

28 Buhârî, *ilim* 7, *menâkıb* 28; Müslim, *fezâilü's-sahâbe* 159.

29 İbni Sa'd, *et-Tabakâtü'l-Kübrâ* 1/260; İbni Abdilberr, *el-İstîâb* 3/889. Ayrıca bkz. Buhârî, *ilim* 7, *cihâd* 101; Ahmed İbni Hanbel, *el-Müsned* 1/243, 305.

30 İbni Hişâm, *es-Sîratü'n-Nebeviyye* 1/191; İbni Sa'd, *et-Tabakâtü'l-Kübrâ* 1/260.

ve diğer hükümdarlar ise Allah Resûlü'nün mektubuna hürmet ettikleri için mahvolmadılar.[31]

• *İkincisi:* Tevatüre yakın derecede meşhurdur ve Kur'an ayetleri işaret ediyor ki, İslam'ın ilk yıllarında Resûl-u Ekrem *(aleyhissalâtü vesselam)* Mescidü'l-Haram'da namaz kılarken Kureyş'in ileri gelenleri toplandı, kendisine karşı gayet kötü, çirkin bir muamelede bulundular. Allah Resûlü de o vakit onlara beddua etti. İbni Mes'ud diyor ki: "Yemin ederim, o kötü muameleyi yapan ve Resûl-u Ekrem'in bedduasını alanların Bedir Savaşı'nda birer birer leşlerini gördüm."[32]

• *Üçüncüsü:* Arapların Mudar denilen büyük bir kabilesi, Hazreti Peygamber'i *(aleyhissalâtü vesselam)* yalanladığından, onlara kıtlık çekmeleri için beddua etti. Yağmur kesildi, kıtlık ve pahalılık baş gösterdi. Sonra Mudar kavminden olan Kureyş kabilesi Resûl-u Ekrem'e *(aleyhissalâtü vesselam)* ricada bulundu. Allah Resûlü dua etti, yağmur geldi, kıtlık ortadan kalktı.[33] Bu hadise tevatür derecesinde meş-

---

31 **Kayser**: Buhârî, *bed'ü'l-vahy* 6; Müslim, *cihâd* 74; Necâşî: İbni Sa'd, *et-Tabakâtü'l-Kübrâ* 1/260-261; el-Hâkim, *el-Müstedrek* 4/23; **Mukavkıs**: İbni Sa'd, *et-Tabakâtü'l-Kübrâ* 1/260; İbni Ebî Şeybe, *el-Musannef* 6/516; et-Taberânî, *el-Mu'cemü'l-Evsat* 7/213.

32 Buhârî, *vudû'* 69; Müslim, *cihâd* 107.

33 Buhârî, *istiskâ* 2, 13, *tefsîru sûre (44)* 4; Müslim, *münâfikîn*

hurdur.

Beşinci Misal: Bazı insanlara hususi beddu-asının dehşetli kabulüdür. Bunun çok misali var. Kesin olan üçünü beyan edeceğiz.

• *Birincisi*: Allah Resûlü, Utbe İbni Ebî Leheb hakkında şöyle beddua etti: اَللّٰهُمَّ سَلِّطْ عَلَيْهِ كَلْبًا مِنْ كِلَابِكَ Yani, "Ya Rab! Ona bir köpeğini musallat et!" Utbe sefere giderken bir aslan gelmiş, kafilenin içinde onu arayıp bulmuş, parçalamış.[34] Bu vaka meşhurdur, hadis imamları aktarmış ve tashih etmişlerdir.

• *İkincisi:* Muhallim İbni Cessâme'dir ki, Âmir İbni Azbat'ı zalimce katletmişti. –Halbuki Resûl-u Ekrem *(aleyhissalâtü vesselam)* Âmir'i cihad ve savaş için kumandan tayin edip bir bölükle göndermişti. Muhallim de onunla beraberdi.[35]– Bu zulmün haberi Resûl-u Ekrem'e *(aleyhissalâtü vesselam)* ulaştığı vakit hiddetlenmiş, اَللّٰهُمَّ لَا تَغْفِرْ لِمُحَلِّمٍ[36] diye beddua buyurmuş. Yedi gün sonra Muhallim öldü. Kabre koydular, kabir dışarı attı. Kaç defa koydularsa yer kabul etmedi. Sonra mecburen iki taşın arasına sağlamca

---

39-40.

34 el-Beyhakî, *es-Sünenü'l-Kübrâ* 5/211; İbni Abdilberr, *et-Temhîd* 15/161.

35 el-Hafâcî, *Nesîmü'r-riyâd* 4/119.

36 Allahım, Muhallim'i affetme!

bir duvar yapıldı, o şekilde yeraltında gizlendi.[37]

• *Üçüncüsü*: Resûl-u Ekrem *(aleyhissalâtü vesselam)* bir adamı sol eliyle yemek yerken görmüş. Buyurmuş ki: كُلْ بِيَمِينِكَ Yani, "Sağ elinle ye!" Adam, لَا أَسْتَطِيعُ demiş, "Sağ elimle yapamıyorum." Resûl-u Ekrem *(aleyhissalâtü vesselam)* لَا اسْتَطَعْتَ yani, "Kaldıramayacaksın!" diye beddua etmiş. İşte ondan sonra adam sağ elini hiç kaldıramamış.[38]

Altıncı Misal: Resûl-u Ekrem'in *(aleyhissalâtü vesselam)* hem duası hem teması sayesinde meydana gelen pek çok harika hadiseden kesinlik kazanmış birkaçını zikredeceğiz.

• *Birincisi:* Hazreti Hâlid İbni Velid'e (Seyfullah'a)[39] birkaç saç telini verip zafer kazanması ve Allah'ın yardımı için dua etmiş. Hazreti Hâlid o saçları sarığında saklamış. İşte o saçların ve duanın bereketi hürmetine, girdiği her savaştan mutlaka zafer kazanarak çıkmış.[40]

---

37 İbni Hişâm, *es-Sîratü'n-Nebeviyye* 6/38-40; et-Taberânî, *el-Mu'cemü'l-Kebîr* 6/40-41. Ayrıca bkz. Ebû Dâvûd, *diyât* 3; Ahmed İbni Hanbel, *el-Müsned* 5/112, 6/10.

38 Müslim, *eşribe* 107; Dârimî, *et'ime* 8; Ahmed İbni Hanbel, *el-Müsned* 4/45-46, 50.

39 Seyfullah: Allah'ın kılıcı. Bkz. Ahmed İbni Hanbel, *el-Müsned* 5/299, 300; el-Buhârî, *et-Târîhu'l-Kebîr* 3/136.

40 Ebû Ya'lâ, *el-Müsned* 13/138; et-Taberânî, *el-Mu'cemü'l-Kebîr* 4/104; el-Hâkim, *el-Müstedrek* 3/338.

• *İkincisi:* Selmân Farisî, daha önce Yahudilerin kölesiydi. Efendileri onu azat etmek için çok şey istedi. "Üç yüz hurma fidanını dikip onlar meyve verdikten sonra kırk okka altın vererek azat edilebilirsin" dediler. Selmân, Resûl-u Ekrem'e *(aleyhissalâtü vesselam)* geldi, halini bildirdi. Allah Resûlü *(aleyhissalâtü vesselam)* kendi eliyle Medine civarında üç yüz fidan dikti. Yalnız bir tanesini başkası dikti. O sene Resûl-u Ekrem'in *(aleyhissalâtü vesselam)* diktiği bütün fidanlar meyve verdi, yalnız başkasının diktiği o tek fidan vermedi. Resûl-u Ekrem *(aleyhissalâtü vesselam)* onu çıkardı, yeniden dikti. O da meyve verdi.[41]

Sonra Hazreti Peygamber tavuk yumurtası kadar bir altına tükürüğünü sürdü, dua etti ve onu Selmân'a verdi. Dedi ki: "Git, Yahudilere ver." Selmân Farisî gidip o altından Yahudilere kırk okka verdi. Tavuk yumurtası kadar olan altın, eskisi gibi kaldı. İşte bu, Hazreti Selmân-ı Pâk'in hayatının en mühim ve mucizeli hadiselerindendir; bunu muteber ve güvenilir imamlar haber vermiştir.[42]

• *Üçüncüsü:* Ümmü Mâlik isminde bir kadın

---

41 Ahmed İbni Hanbel, *el-Müsned* 5/354, 443; el-Beyhakî, *es-Sünenü'l-Kübrâ* 10/321, 322.

42 Ahmed İbni Hanbel, *el-Müsned* 5/443; et-Taberânî, *el-Mu'cemü'l-Kebîr* 6/230; el-Bezzâr, *el-Müsned* 6/467-468.

sahabi, "ukke" denilen küçük bir yağ tulumundan Resûl-u Ekrem'e *(aleyhissalâtü vesselam)* yağ hediye ederdi. Bir defasında Resûl-u Ekrem *(aleyhissalâtü vesselam)* ona dua edip ukkeyi vermiş, buyurmuş ki: "Boşaltıp sıkmayınız." Ümmü Mâlik ukkeyi almış. Ne vakit çocukları yağ istese Resûl-u Ekrem'in duasının bereketiyle ukkede yağ bulurlardı. Bu, hayli zaman devam etti. Sonra sıktılar, bereket kesildi.[43]

Yedinci Misal: Resûl-u Ekrem'in *(aleyhissalâtü vesselam)* duasıyla ve temasıyla suların tatlılaşmasına, güzel koku vermesine örnek çok hadise var. Beş tanesini söyleyeceğiz.

• *Birincisi*: Başta İmam Beyhakî, hadis âlimleri haber veriyor: Bi'r-i Kubâ denilen kuyunun suyu bazen kesiliyor, yani tükeniyordu. Resûl-u Ekrem *(aleyhissalâtü vesselam)* abdest suyunu içine döküp dua ettikten sonra çokça aktı, bir daha hiç kesilmedi.[44]

• *İkincisi: Delâilü'n-Nübüvve*'de Ebû Nuaym başta olmak üzere, hadis âlimleri bildiriyor ki: Enes'in evindeki kuyuya Resûl-u Ekrem *(aleyhissalâtü vesselam)*

---

43 Müslim, *fezâil* 8; Ahmed İbni Hanbel, *el-Müsned* 3/340, 347.

44 el-Beyhakî, *Delâilü'n-Nübüvve* 6/136; Kadı Iyâz, *eş-Şifâ* 1/331; İbni Kesîr, *el-Bidâye* 6/101.

tükürüğünü atıp dua etmiş. Medine-i Münevvere'de en tatlı su o olmuş.[45]

• *Üçüncüsü:* İbni Mâce naklediyor: Resûl-u Ekrem'e *(aleyhissalâtü vesselam)* bir kova zemzem suyu getirdiler. Ağzına bir miktar aldı, tekrar kovaya boşalttı. Kova misk gibi kokmaya başladı.[46]

• *Dördüncüsü:* İmam Ahmed İbni Hanbel haber veriyor: Bir kuyudan bir kova su çıkardılar. Resûl-u Ekrem *(aleyhissalâtü vesselam)* içine ağzının suyunu akıtıp kuyuya boşalttıktan sonra kuyu misk gibi kokmaya başladı.[47]

• *Beşincisi:* Manevî kuvvete sahip evliyadan, İmam Müslim'in ve Mağrip âlimlerinin güvenilir, makbul saydığı Hammad İbni Seleme aktarıyor: Resûl-u Ekrem *(aleyhissalâtü vesselam)* deriden bir kaba su doldurup ağzına üflemiş, dua etmiş. Sonra onu bağlayıp bir kısım sahabeye vermiş. "Ağzını yalnız abdest alacağınız vakit açınız." demiş. Gitmişler, abdest alacakları vakit ağzını açmışlar. Görmüşler ki, hâlis bir süt, ağzında da kaymak yağ...[48]

---

45 Bkz. el-Esbehânî, *Delâilü'n-Nübüvve* 1/162; Kadı Iyâz, *eş-Şifâ* 1/331-332; es-Suyûtî, *el-Hasâisu'l-kübrâ* 1/105.

46 İbni Mâce, *tahâre* 136; Ahmed İbni Hanbel, *el-Müsned* 4/318; el-Humeydî, *el-Müsned* 2/293.

47 Ahmed İbni Hanbel, *el-Müsned* 4/315; et-Taberânî, *el-Mu'cemü'l-Kebîr* 22/51.

48 Kadı Iyâz, Şifâ, 1/334; Aliyyü'l-Kârî, *Şerhu'ş-Şifâ* 1/673;

İşte bu beş misali, bazıları meşhur bazıları da mühim imamlar naklediyor. Bunlar ve burada nakledilmeyenlerle tamamı, manevî tevatür gibi, mutlak bir mucizenin gerçekleştiğini gösteriyor.

Sekizinci Misal: Resûl-u Ekrem'in *(aleyhissalâtü vesselam)* duası ve mübarek elinin temasıyla, sütsüz ve kısır keçilerin fazla süt vermesinin misali çoktur. Biz yalnız meşhur ve kesin iki-üç tanesini bildireceğiz.

- *Birincisi:* Bütün muteber siyer kitapları nakletmiyor: Resûl-u Ekrem *(aleyhissalâtü vesselam)* Ebûbekri's-Sıddık ile beraber hicret ederken, Ümmü Mâbed diye bilinen Âtike Binti Hâlid el-Huzâiyye'nin evine gelmişler. Orada gayet zayıf, sütsüz, kısır bir keçi varmış. Resûl-u Ekrem *(aleyhissalâtü vesselam)* Ümmü Mâbed'e, "Bunda süt yok mu?" buyurmuş. Ümmü Mâbed demiş ki: "Bunun vücudunda kan yok, nereden süt verecek?" Allah Resûlü *(aleyhissalâtü vesselam)* gidip keçinin beline elini sürmüş, memesini de mesh etmiş, dua buyurmuş. Sonra demiş ki: "Kap getiriniz, sağınız." Sağmışlar. Resûl-u Ekrem *(aleyhissalâtü vesselam)* ve Ebûbekri's-Sıddık içtikten sonra o ev halkı da doyuncaya kadar içmişler. O keçi kuvvetlenmiş, öyle

---

el-Hafâcî, *Nesîmü'r-Riyâd* 4/140.

de mübarek kalmış.[49]

• *İkincisi:* İbni Mes'ud'un keçisinin meşhur kıssasıdır. İbni Mes'ud, Müslüman olmadan önce çobandı. Resûl-u Ekrem *(aleyhissalâtü vesselam)* Ebûbekri's-Sıddık ile beraber, onun keçileriyle bulunduğu yere gitmiş, ondan süt istemiş. İbni Mes'ud demiş ki: "Keçiler benim değil, başkasının malıdır." Resûl-u Ekrem *(aleyhissalâtü vesselam)*, "Bana kısır, sütsüz bir keçi getir." buyurmuş. O da iki senedir teke görmemiş bir keçi getirmiş. Resûl-u Ekrem *(aleyhissalâtü vesselam)* eliyle keçinin memesini meshedip dua buyurmuş. Sonra sağmışlar, hâlis bir süt almış, içmişler. İbni Mes'ud bu mucizeyi gördükten sonra iman etmiş.[50]

• *Üçüncüsü:* Resûl-u Ekrem'in *(aleyhissalâtü vesselam)* sütannesi olan Halime-i Sa'diye'nin keçilerinin meşhur kıssasıdır. O kabilede bir derece kıtlık vardı. Hayvanlar zayıf ve sütsüz oluyor, doyuncaya kadar yemiyordu. Resûl-u Ekrem *(aleyhissalâtü vesselam)* oraya, sütannesinin yanına gönderildiği zaman, onun bereketiyle Halime-i Sa'diye'nin keçileri akşam vakti diğer keçilerin aksine, tok ve

---

49 et-Taberânî, *el-Mu'cemü'l-Kebîr* 4/48-49; el-Hâkim, *el-Müstedrek* 3/10; el-Beyhakî, *Delâilü'n-Nübüvve* 1/278.

50 Ahmed İbni Hanbel, *el-Müsned* 1/462; İbni Ebî Şeybe, *el-Musannef* 6/327; et-Tayâlisî, *el-Müsned* 1/47.

memeleri dolu olarak geliyordu.[51] İşte siyer kitaplarında bunun gibi daha başka örnekler var. Fakat bu kadarı asıl maksadı göstermeye kâfidir.

Dokuzuncu Misal: Resûl-u Ekrem *(aleyhissalâtü vesselam)* bazı zâtların başını ve yüzünü mübarek eliyle meshedip dua buyurduktan sonra görülen harikaların pek çok örneğinden, meşhur olmuş birkaçını beyan ediyoruz.

• *Birincisi:* Umeyr İbni Sa'd'ın başına elini sürmüş, dua etmiş. O duanın bereketiyle Umeyr seksen yaşında öldüğü vakit başında beyaz saç yoktu.[52]

• *İkincisi:* Kays İbni Zeyd'in başına elini koyup mesh ve dua etmiş. Kays yüz yaşına girdiği zaman bütün başı beyazdı, yalnız o duanın bereketiyle ve meshin tesiriyle Resûl-u Ekrem'in *(aleyhissalâtü vesselam)* elini koyduğu yer simsiyah kalmıştı.[53]

• *Üçüncüsü:* Abdurrahman İbni Zeyd İbni'l-Hattab hem küçük hem çirkindi. Resûl-u Ekrem *(aleyhissalâtü vesselam)* eliyle başını meshedip dua buyurmuş. O duanın bereketiyle Abdurrahman, endamıyla en heybetli, görünüşüyle en güzel bir

---

51 İbni Hibbân, *es-Sahîh* 14/245; İbni Hişâm, *es-Sîratü'n-Nebeviyye* 1/300; İbni Sa'd, *et-Tabakâtü'l-Kübrâ* 1/151.

52 Kadı Iyâz, *eş-Şifâ* 1/334.

53 Kadı Iyâz, *eş-Şifâ* 1/334; İbni Hacer, *el-İsâbe* 5/469.

surete girmiş.[54]

• *Dördüncüsü:* Huneyn Savaşı'nda Âiz İbni Amr'ın yüzü yaralanmış. Resûl-u Ekrem *(aleyhissalâtü vesselam)* eliyle yüzündeki kanı silmiş. Allah Resûlü'nün *(aleyhissalâtü vesselam)* elinin temas ettiği yer parlak bir nuraniyet kazanmış ki, hadis âlimleri onu كَغُرَّةِ الْفَرَسِ yani "doru atın alnındaki beyaz gibi" parlıyordu, şeklinde tarif etmişler.[55]

• *Beşincisi*: Allah Resûlü *(aleyhissalâtü vesselam)*, Katâde İbni Milhân'ın yüzüne elini sürmüş, dua etmiş. Katâde'nin yüzü ayna gibi parlamaya başlamış.[56]

• *Altıncısı*: Müminlerin annesi Ümmü Seleme'nin kızı ve Resûl-u Ekrem'in *(aleyhissalâtü vesselam)* üvey kızı Zeyneb'in yüzüne küçükken Allah Resûlü *(aleyhissalâtü vesselam)* abdest suyu atıp iltifatta bulunmuş. O suyun temasından sonra Zeyneb'in güzelliği ve cemâli hayret verici bir suret almış, eşsiz bir güzelliğe sahip olmuş.[57]

---

54 İbni Abdilberr, *el-İstîâb* 2/833-834; el-Mizzî, *Tehzîbü'l-Kemâl* 7/121; İbni Hacer, *el-İsâbe* 5/36.

55 et-Taberânî, *el-Mu'cemü'l-Kebîr* 18/20; el-Hâkim, *el-Müstedrek* 3/677; er-Rûyânî, *el-Müsned* 2/33.

56 Ahmed İbni Hanbel, *el-Müsned* 5/27, 81; el-Beyhakî, *Delâilü'n-Nübüvve* 6/217; İbni Hacer, *el-İsâbe* 5/416.

57 et-Taberânî, *el-Mu'cemü'l-kebîr* 24/282; İbni Abdilberr,

İşte bunlar gibi daha çok misal var, çoğunu hadis âlimleri nakletmiştir. Bu misallerin her birini tek bir rivayetle gelen zayıf birer haber farz etsek dahi, yine de bütünü manevî tevatür hükmünde, Resûl-u Ekrem'in *(aleyhissalâtü vesselam)* mutlak bir mucizesini gösterir. Çünkü bir hadise ayrı ayrı pek çok şekilde nakledilirse asıl hadisenin gerçekleşmiş olduğu kesinleşir. Rivayetlerin her biri zayıf bile olsa yine de asıl hadiseyi ispat eder.

Mesela bir gürültü işitilse... Bazıları dese ki, "Filan ev yıkıldı." Bir diğeri, "Başka ev yıkıldı." dese, daha başkası farklı bir evi söylese ve bunun gibi... Her bir haber, bir kişi kanalıyla gelmiş de olabilir, zayıf da, gerçeğe aykırı da bulunabilir. Fakat asıl hadise, bir evin yıkılmasıdır; bu kesindir, bütün haber verenler bunda ittifak eder. Halbuki bahsettiğimiz şu altı örnek hem sahihtir hem de bazıları şöhret derecesine çıkmıştır. Bunların her birini zayıf kabul etsek bile, temsilde bir evin mutlaka yıkılması gibi, örneklerin tamamı Resûl-u Ekrem'in *(aleyhissalâtü vesselam)* mutlak bir mucizesinin varlığını kesin bir şekilde gösterir.

İşte Hazreti Peygamber'in (aleyhissalâtü vesselam) apaçık olan, her bir çeşit mucizesi şüphesiz

---

el-İstîâb 4/1854; İbni Hacer, *el-İsâbe* 7/675.

mevcuttur. Kısımları da o kuşatıcı ve mutlak mucizenin suretleri veyahut numuneleridir. Resûl-u Ekrem'in (aleyhissalâtü vesselam) nasıl ki eli, parmakları, tükürüğü, nefesi, sözü, yani duası pek çok mucizenin kaynağı oluyor. Aynen öyle de, diğer latifeleri, duyguları ve azaları, birçok harika hadiseye kaynaklık eder. Siyer ve tarih kitapları, o harikaları bildirmiş, Allah Resûlü'nün ahlâkında, suretinde ve duygularında pek çok peygamberlik delili bulunduğunu göstermiştir.

On Beşinci İşaret

Nasıl ki taşlar, ağaçlar, ay ve güneş Allah Resûlü'nü tanıyor, birer mucizesini göstermekle onun peygamberliğini tasdik ediyor. Aynı şekilde, hayvanlar, ölüler, cinler ve melekler de o mübarek zâtı tanıyor, peygamberliğini doğruluyor. Her bir topluluk onu tanıdıklarını, bazı mucizelerini göstermekle bildiriyor ve peygamberliğini tasdiklerini ilan ediyorlar.

On Beşinci İşaret'in üç şubesi var.

Birinci Şube

Hayvanlar, Resûl-u Ekrem'i *(aleyhissalâtü vesselam)* tanıyor ve mucizelerini gösteriyor. Bu kısmın çok misali var. Biz burada yalnız, meşhur ve manevî tevatür derecesinde kesin veya muhakkik imamların makbul gördüğü veyahut ümmetin kabul ettiği bir kısım hadiseleri örnek olarak söyleyeceğiz.

Birinci Hadise: Manevî tevatür derecesinde meşhur olan, Resûl-u Ekrem'in *(aleyhissalâtü vesselam)* Ebûbekri's-Sıddık ile, kâfirlerin takibinden kurtulmak için sığındıkları Sevr Mağarası'nın kapısında iki güvercinin iki nöbetçi gibi gelip beklemesi ve örümceğin de perdedâr gibi, harika bir şekilde, kalın bir ağ ile mağaranın kapısını örtmesidir. Hatta Kureyş'in ileri gelenlerinden, Bedir Savaşı'nda Resûl-u Ekrem'in *(aleyhissalâtü vesselam)* eliyle öldürülen Übey İbni Halef[1] mağaraya bakmış. Arkadaşları demiş ki: "İçeri girelim." O şöyle cevap vermiş: "Nasıl girelim? Burada bir ağ görüyorum ki, Hazreti Muhammed dünyaya gelmeden önce yapılmış gibidir. Bu iki güvercin işte orada duruyor. İçeride adam olsa orada dururlar mı?"[2]

İşte bunun gibi, mübarek güvercinlerin Mekke'nin fethinde de Resûl-u Ekrem'in *(aleyhissalâtü vesselam)* başı üzerinde gölge yaptığını İmam-ı Celîl İbni Vehb naklediyor.[3]

Hem sahih rivayetle Hazreti Âişe-i Sıddîka haber veriyor ki: Evimizde güvercin gibi, evcil bir

---

1 Bkz. İbni İshak, *es-Sîre* 3/310; İbni Hişâm, *es-Sîratü'n-Nebeviyye* 4/33; İbni Sa'd, *et-Tabakâtü'l-Kübrâ* 2/46.

2 Ahmed İbni Hanbel, *el-Müsned* 1/348; Abdurrezzak, *el-Musannef* 5/389.

3 Kadı Iyâz, *eş-Şifâ* 1/313; el-Halebî, *es-Sîratü'l-Halebiyye* 2/210; Aliyyülkârî, *Şerhu'ş-Şifâ* 1/637.

kuş vardı. Resûl-u Ekrem *(aleyhissalâtü vesselam)* evdeyken hiç çırpınmaz, sessizce dururdu. Ne vakit Resûl-u Ekrem *(aleyhissalâtü vesselam)* dışarı çıksa, o kuş başlardı harekete; gider gelir, hiç durmazdı.[4] Demek o kuş, Allah Resûlü'nü *(aleyhissalâtü vesselam)* dinliyor, huzurunda temkinle susuyordu.

İkinci Hadise: Beş-altı farklı rivayetle aktarılmış, manevî tevatür hükmünü almış kurt hadisesidir. Bu hayret verici kıssa, meşhur sahabilerden nakledilmiştir.

Mesela Ebû Saidi'l-Hudrî, Seleme İbnü'l-Ekva', İbni Ebî Vehb, Ebû Hureyre ve bu vakayı gören çoban Uhban çeşitli rivayetlerle haber veriyorlar:

Bir kurt, bir sürüdeki keçilerden birini yakalamış, çoban kurdun elinden kurtarmış. Kurt demiş ki: "Allah'tan korkmadın, benim rızkımı elimden aldın." Çoban cevap vermiş: "Acayip, kurt konuşur mu?" Kurt da şöyle demiş: "Acayiplik senin halindedir ki, buranın arka tarafında bir zât var, sizi cennete davet ediyor, peygamberdir, onu tanımıyorsunuz."[5] Bütün rivayetler kurdun konuşmasında ittifak etmekle beraber, kuvvetli olan

---

4 Ahmed İbni Hanbel, *el-Müsned* 6/112, 150, 209; Ebû Ya'lâ, *el-Müsned* 7/418, 8/121.

5 Buhârî, *enbiyâ* 54, *fezâilü ashâb* 5, 6; Müslim, *fezâilü's-sahâbe* 13; Ahmed İbni Hanbel, *el-Müsned* 3/83.

Ebû Hureyre'nin rivayetinde şöyle anlatılıyor: Çoban kurda, "Ben gideceğim, fakat keçilerime kim bakacak?" demiş. Kurt demiş ki: "Ben bakacağım." Çoban, çobanlığı kurda devredip gitmiş, Resûl-u Ekrem'i *(aleyhissalâtü vesselam)* görmüş, iman edip dönmüş. Kurdu çoban olarak bulmuş; sürüde kayıp yokmuş. Kendisine üstadlık ettiği için ona bir keçi kesmiş.[6]

Bir rivayette, Kureyş'in ileri gelenlerinden Ebû Süfyan ile Safvan bir kurt görmüşler. Kurt bir ceylanı takip edip Harem-i Şerif'e girmiş, sonra dönmüş, konuşmuş, Resûl-u Ekrem'in peygamberliğini haber vermiş. İki adam hayret etmişler. Ebû Süfyan, Safvan'a demiş ki: "Bu kıssayı kimseye söylemeyelim. Korkarım, Mekke boşalıp onlara katılacak."[7]

Sözün özü, kurt kıssası kesin ve manevî tevatür derecesinde gibi bir kanaat verir.

Üçüncü Hadise: Beş altı farklı rivayetle mühim sahabilerden nakledilen deve hadisesidir. Mesela Ebû Hureyre,[8] Sa'lebe İbni Mâlik,[9] Câbir

6 Kadı Iyâz, *eş-Şifâ* 1/311; el-Kurtubî, *el-İ'lâm bimâ fî dîni'n-nasârâ* s. 361; Aliyyülkârî, *Şerhu'ş-Şifâ* 1/634-635.

7 Kadı Iyâz, *eş-Şifâ* 1/311; İbni Kesîr, *el-Bidâye* 6/146; el-Kurtubî, *el-İ'lâm bimâ fî Dîni'n-Nasârâ* s. 361.

8 el-Heysemî, *Mecmeu'z-Zevâid* 9/7 (Bezzâr'dan naklen).

9 Ebû Nuaym, *Delâilü'n-Nübüvve* s. 382.

İbni Abdillâh,[10] Abdullah İbni Câfer[11] ve Abdullah İbni Ebî Evfâ[12] gibi farklı sahabiler[13] çeşitli rivayetlerle, ittifakla haber veriyor: Bir deve gelmiş, Resûl-u Ekrem'i *(aleyhissalâtü vesselam)* hürmetle selamlar gibi secde edip konuşmuş. Birkaç rivayette aktarılıyor ki, o deve bir bağda kızmış, vahşileşmiş, yanına kimseyi sokmuyor, etrafına hücum ediyormuş. Resûl-u Ekrem *(aleyhissalâtü vesselam)* bağa girmiş, deve gelip hürmetle secde etmiş, yanına çökmüş. Allah Resûlü *(aleyhissalâtü vesselam)* ona yular takmış. Deve, "Beni çok zahmetli işlerde çalıştırdılar, şimdi de kesmek istiyorlar. Onun için kızdım." demiş. Resûl-u Ekrem deve sahibine sormuş: "Öyle mi?" "Evet" demişler.

---

10 Dârimî, *mukaddime* 4; Ahmed İbni Hanbel, *el-Müsned* 3/310; İbni Ebî Şeybe, *el-Musannef* 6/316.

11 Ebû Dâvûd, *cihâd* 44; Ahmed İbni Hanbel, *el-Müsned* 1/204-205.

12 Ebû Nuaym, *Delâilü'n-Nübüvve* s. 384-385; el-Beyhakî, *Delâilü'n-Nübüvve* 6/29.

13 **İbni Abbas**: el-Beyhakî, *Delâilü'n-Nübüvve* 6/30; **Enes İbni Mâlik**: Dârimî, *mukaddime* 4; Ahmed İbni Hanbel, *el-Müsned* 3/158; **Hazreti Âişe**: Ahmed İbni Hanbel, *el-Müsned* 6/76; Ebû Nuaym, *Delâilü'n-Nübüvve* s. 380; **Ya'lâ İbni Mürre**: Ahmed İbni Hanbel, *el-Müsned* 4/173; Ebû Nuaym, *Delâilü'n-Nübüvve* s. 382-383; **Ya'lâ İbni Siyâbe**: Ahmed İbni Hanbel, *el-Müsned* 4/172; **İbni Mes'ud**: et-Taberânî, *el-Mu'cemü'l-Rvsat* 9/81.

Hem Adbâ ismindeki devesi, Allah Resûlü'nün ahirete göç etmesinden sonra kederinden ne yemiş ne içmiş, sonunda ölmüş. O devenin Resûl-u Ekrem *(aleyhissalâtü vesselam)* ile mühim bir kıssayı konuştuğunu Ebû İshak İsferâyînî gibi bazı mühim imamlar haber veriyor.[14]

Yine sahih nakille, Câbir İbni Abdullah'ın devesi bir seferde çok yorulmuştu, artık yürüyemiyordu. Resûl-u Ekrem *(aleyhissalâtü vesselam)* onu ufak bir dokunuşla dürttü. Deve, Resûl-u Ekrem'in o iltifatıyla öyle bir çeviklik kazandı, sevindi ki, süratinden artık dizgini zaptedilmiyor, yolda ona yetişilmiyordu. Bunu Hazreti Câbir haber veriyor.[15]

Dördüncü Hadise: Başta İmam Buhârî, hadis imamları naklediyor: Bir defa, gece vakti "Medine-i Münevvere'nin dışında, düşman hücum ediyor." gibi mühim bir haber yayıldı. Sonra cesur atlılar çıkıp gittiler. Yolda bir zâtın geldiğini gördüler, baktılar ki Resûl-u Ekrem'miş *(aleyhissalâtü vesselam)*. Allah Resûlü, "Bir şey yok." buyurdu. Meşhur Ebû Talha'nın atına binip mukaddes cesaretinin gereği, herkesten önce gitmiş, araştırıp dönmüştü. Ebû

---

14 Kadı Iyâz, *eş-Şifâ* 1/313; Aliyyülkârî, *Şerhu'ş-Şifâ* 1/637.

15 Buhârî, *büyû'* 34, *şurût* 4, *cihâd* 113, *nikâh* 10, 122; Müslim, *radâ'* 56-58, *müsâkât* 109-113.

Talha'ya dedi ki: وَجَدْتُ فَرَسَكَ بَحْرًا Yani, "Senin atın, sarsmadan, gayet çabuk yürüyor."[16] Halbuki Ebû Talha'nın atı, "katûf" denilen, tembel, yavaş cinsindendi. O geceden sonra hiçbir at yürüyüşte onunla yarışamadı.[17]

Yine –sahih nakille– Resûl-u Ekrem *(aleyhissalâtü vesselam)* bir seferde, namaz vakti atına "Dur!" dedi. At durdu, namaz bitinceye kadar hiçbir yerini kımıldatmadı.[18]

Beşinci Hadise: Hizmetkârı Sefîne, Resûl-u Ekrem'den *(aleyhissalâtü vesselam)* emir alıp Yemen valisi Muaz İbni Cebel'in yanına gitmiş. Yolda bir aslana rastlamış. Sefîne demiş ki: "Ben Allah Resûlü'nün *(aleyhissalâtü vesselam)* hizmetkârıyım." Aslan ses verip ayrılmış, ilişmemiş. Diğer bir rivayette, Sefîne dönerken yolunu kaybetmiş. Bir aslana rastlamış, aslan ona ilişmemekle beraber yolu da göstermiş.[19]

Hazreti Ömer'den naklediliyor: Resûl-u Ekrem'in *(aleyhissalâtü vesselam)* yanına bir bedevî

---

16 Bkz. Buhârî, *hibe* 33, *cihâd* 24, 46, 50, 82, 116, 117, 165, *edeb* 39, 116; Müslim, *fezâil* 48-49.

17 İbni Mâce, *cihâd* 9; Ahmed İbni Hanbel, *el-Müsned* 3/147; Abd İbni Humeyd, *el-Müsned* 1/398.

18 Kadı Iyâz, *eş-Şifâ* 1/315; Aliyyülkârî, *Şerhu'ş-Şifâ* 1/641.

19 el-Bezzâr, *el-Müsned* 9/285; et-Taberânî, *el-Mu'cemü'l-Kebîr* 7/80; el-Hâkim, *el-Müstedrek* 2/675.

geldi. Elinde Arapça "dabb" denilen, kertenkele cinsinden bir hayvan vardı. Dedi ki: "Eğer bu hayvan sana şahitlik ederse inanırım, yoksa iman etmem." Resûl-u Ekrem *(aleyhissalâtü vesselam)* o hayvana sordu. Hayvan, açık ve düzgün bir dille Allah Resûlü'nün peygamberliğine şahitlik etti.[20]

Müminlerin annesi Ümmü Seleme haber veriyor: Bir ceylan Resûl-u Ekrem'le *(aleyhissalâtü vesselam)* konuşmuş ve onun peygamberliğine şehadet etmiş.[21]

İşte bunlar gibi çok misal var.[22] Yalnızca kesin şöhret bulmuş birkaçını gösterdik. Resûl-u Ekrem'i *(aleyhissalâtü vesselam)* tanımayana ve ona itaat etmeyene deriz ki:

Ey insanlar, ibret alınız! Kurt ve aslan Resûl-u Ekrem'i (aleyhissalâtü vesselam) tanıyor, ona itaat ediyor. Sizin hayvandan, kurttan aşağı düşmemeye çalışmanız gerekir.

---

20 et-Taberânî, *el-Mu'cemü'l-Evsat* 6/127; el-Beyhakî, *Delâilü'n-Nübüvve* 6/36-38; Ebû Nuaym, *Delâilü'n-Nübüvve* s. 377-379.

21 et-Taberânî, *el-Mu'cemü'l-Kebîr* 23/331; es-Suyûtî, *el-Hasâisu'l-Kübrâ* 2/101.

22 **Ebû Saîd**: el-Beyhakî, *Delâilü'n-Nübüvve* 6/34; İbni Kesîr, *el-Bidâye* 6/148; **Zeyd İbni Erkam**: Ebû Nuaym, *Delâilü'n-Nübüvve* s. 375-376; el-Beyhakî, *Delâilü'n-Nübüvve* 6/34-35; **Enes İbni Malik**: et-Taberânî, *el-Mu'cemü'l-Evsat* 5/358; Ebû Nuaym, *Delâilü'n-Nübüvve* s. 376.

İkinci Şube

Cenazelerin, cinlerin ve meleklerin Resûl-u Ekrem'i *(aleyhissalâtü vesselam)* tanımalarıdır. Buna örnek olarak da çok hadise var. Şöhret bulmuş ve hadis imamları tarafından delilleriyle haber verilmiş birkaç numuneyi, öncelikle cenazelerden göstereceğiz. Cinler ve meleklerle ilgili hadiseler ise tevatür derecesindedir; onların misalleri bir değil, bindir.

İşte ölülerin konuşmasının misallerinden birincisi: Dinin hem açık hükümlerini hem de manevî sırlarını bilen âlimlerin, tâbiîn zamanında en büyük reisi ve İmam Ali'nin mühim ve sadık bir talebesi olan Hasan Basrî haber veriyor: Bir adam, Resûl-u Ekrem'in *(aleyhissalâtü vesselam)* yanına gelerek ağlayıp sızladı. Dedi ki: "Benim küçük bir kızım vardı. Şu yakındaki derede öldü, oraya attım." Allah Resûlü *(aleyhissalâtü vesselam)* ona acıdı, şöyle dedi: "Gel, oraya gideceğiz." Gittiler. Resûl-u Ekrem *(aleyhissalâtü vesselam)* o ölmüş kızı çağırdı, "Ya filan!" dedi. Birden, kız لَبَّيْكَ وَسَعْدَيْكَ[23] diye cevap verdi. Resûl-u Ekrem *(aleyhissalâtü vesselam)* buyurdu ki: "Tekrar anne ve babanın yanına gelmeyi arzu eder misin?" Kız

23 "Buyur, emret, emrin başım üstüne."

şöyle dedi: "Yok, ben onlardan daha hayırlısını buldum."[24]

İkinci Misal: İmam Beyhakî ve İmam İbni Adiyy gibi bazı mühim imamlar, Hazreti Enes İbni Mâlik'ten aktarıyor: İhtiyar bir kadının tek oğlu, birden vefat etti. Dinin emirlerine uymakta hassas olan o kadın çok üzüldü. Dedi ki: "Ya Rab! Senin rızan için, Resûl-u Ekrem'e *(aleyhissalâtü vesselam)* biat ve hizmet maksadıyla hicret edip buraya geldim. Hayatımda istirahatımı sağlayacak tek evlatçığımı resûlün hürmetine bağışla." Enes diyor ki: O ölmüş adam kalktı, bizimle yemek yedi.[25]

İşte İmam Busayrî'nin Kaside-i Bürde'deki şu mısraları bu hayret verici hadiseye işaret eder ve onu bildirir:

لَوْ نَاسَبَتْ قَدْرَهُ اٰيَاتُهُ عِظَمًا أَحْيَى اسْمُهُ حِينَ يُدْعَى دَارِسَ الرِّمَمِ

Yani, "*Eğer alâmetleri, onun büyüklüğünü ve makbuliyetini kıymetine lâyık derecede gösterseydi, değil yeni ölmüşler, onun ismiyle çürümüş kemikler bile canlanabilirdi.*"[26]

---

24 Kadı Iyâz, *eş-Şifâ* 1/320; el-Kurtubî, *el-İ'lâm bimâ fî Dîni'n-Nasârâ* s. 364; Aliyyülkârî, *Şerhu'ş-Şifâ* 1/648.

25 el-Beyhakî, *Delâilü'n-Nübüvve* 6/50; İbni Adiyy, *el-Kâmil* 4/62.

26 Buseyrî, *Kasîde-i Bürde* s. 60.

Üçüncü Misal: Başta İmam Beyhakî gibi rivayetçiler, Abdullah İbni Ubeydillâhi'l-Ensârî'den aktarıyor: Sâbit İbni Kays İbni Şemmâs, Yemâme Savaşı'nda şehit düştüğünde ve kabre konulduğu sırada ben oradaydım. Kabre konulurken, birden ondan bir ses geldi: مُحَمَّدٌ رَسُولُ اللّٰهِ، أَبُو بَكْرٍ الصِّدِّيقُ، وَعُمَرُ الشَّهِيدُ، وَعُثْمَانُ الْبَرُّ الرَّحِيمُ[27] dedi. Sonra açtık, baktık; ölü, cansız! İşte Hazreti Ömer daha halifelik makamına geçmeden, şehit olacağını haber veriyordu.

Dördüncü Misal: İmam Taberânî ve Ebû Nuaym Delâil-i Nübüvve'de, Numan İbni Beşîr'den naklediyorlar: Zeyd İbni Hârise çarşı içinde birden düşüp vefat etti. Eve getirdik. Akşam ve yatsı arasında, etrafında kadınlar ağlarken birden أَنْصِتُوا أَنْصِتُوا "Susunuz." dedi. Ardından açık ve düzgün bir lisanla مُحَمَّدٌ رَسُولُ اللّٰهِ، اَلسَّلَامُ عَلَيْكَ يَا رَسُولَ اللّٰهِ[28] diyerek bir miktar konuştu. Sonra baktık ki, cansız, vefat etmiş.

---

27 "Muhammed, Allah'ın resûlüdür; Ebûbekir, sıddıktır; Ömer, şehittir; Osman da iyilik ve merhamet timsalidir." (Bkz. el-Buhârî, *et-Târîhu'l-Kebîr* 5/138; el-Beyhakî, *Delâilü'n-Nübüvve* 6/58; Kadı Iyâz, *eş-Şifâ* 1/320).

28 "Muhammed, Allah'ın resûlüdür. Selam sana ey Allah'ın Resûlü!" (Bkz. et-Taberânî, *el-Mu'cemü'l-Kebîr* 5/218-219; el-Beyhakî, *Delâilü'n-Nübüvve* 6/56-57; Kadı Iyâz, *eş-Şifâ* 1/321).

İşte cansız cenazeler Allah Resûlü'nün peygamberliğini tasdik ederken canlı olanlar etmezse, elbette o cani canlılar, cansızlardan daha cansız ve ölülerden daha ölü demektir!

Meleklerin Resûl-u Ekrem'e *(aleyhissalâtü vesselam)* hizmeti, görünmesi ve cinnîlerin ona imanı, itaati tevatür derecesindedir. Kur'an'ın açık ve kesin hükmüyle, birçok ayetle apaçıktır.[29] Bedir Savaşı'nda beş bin melek, –Kur'an'ın açık ve kesin hükmüyle–[30] önde, sahabiler gibi Allah Resûlü'ne hizmet edip asker olmuşlar. Hatta o melekler, kendi emsalleri içinde Bedir Ashabı gibi şeref kazanmış.[31] Şu meselenin iki yönü var:

- *Birincisi:* Cinlerin ve meleklerin varlıklarının hayvan ve insanlar gibi kesin ve bizimle münasebetli olduğunu, Yirmi Dokuzuncu Söz'de iki kere

---

29 Bkz. Âl-i İmran sûresi, 3/123-125; Cin sûresi, 72/1-2; Ahkaf sûresi, 46/29.

30 "Gerçekten sizler birkaç biçare iken, Bedir'de Allah sizi yardımına mazhar etmişti. O halde Allah'a karşı gelmekten sakının ki şükretmiş olasınız. O vakit sen müminlere: 'Rabbinizin, indirdiği üç bin melek ile size imdat göndermesi yetmez mi?' diyordun. Evet, eğer sabreder ve itaatsizlikten sakınırsanız –düşmanlarınız da hemen üzerinize geliverirse– Rabbiniz, formalı formalı tam beş bin melek göndererek size yardım edecektir." (Âl-i İmran sûresi, 3/123).

31 Buhârî, *meğâzî* 11; İbni Mâce, *mukaddime* 11; Ahmed İbni Hanbel, *el-Müsned* 3/465.

iki dört eder derecesinde, şüphesiz şekilde ispat etmiştik. Bunun ispatını o Söz'e havale ediyoruz.

• *İkincisi:* Resûl-u Ekrem'in *(aleyhissalâtü vesselam)* şerefine, bir mucize eseri olarak, ümmetinin fertlerinin onları görmesi ve onlarla konuşmasıdır.

İşte Buhârî ve İmam Müslim başta olmak üzere, hadis imamları ittifakla haber veriyor: Bir defa Hazreti Cebrail, beyaz elbiseli bir insan suretinde, Resûl-u Ekrem *(aleyhissalâtü vesselam)* sahabileri içinde otururken yanına gelmiş, demiş ki: مَا الْإِسْلَامُ وَمَا الْإِيمَانُ وَمَا الْإِحْسَانُ؟ Yani, "İman, İslam ve ihsan nedir? Tarif et." Resûl-u Ekrem *(aleyhissalâtü vesselam)* tarif etmiş. Oradaki sahabi cemaati hem ders almış hem de o zâtı iyice görmüş. O zât, misafir gibi görünürken, üstünde hiç yolculuk alâmeti yokmuş. Kalkmış, birden kaybolmuş. O vakit Resûl-u Ekrem *(aleyhissalâtü vesselam)* buyurmuş ki: "Cebrail size ders vermek için böyle yaptı."[32]

Yine sahih ve kesin rivayetle ve manevî tevatür derecesinde, hadis imamları naklediyor ki, sahabiler Hazreti Cebrail'i çok defa, çok güzel bir görünüşe sahip olan Dıhye suretinde, Resûl-u Ekrem'in *(aleyhissalâtü vesselam)* yanında görüyorlardı.[33] Mesela:

---

32 Buhârî, *îmân* 37, *tefsîru sûre (31)* 2; Müslim, *îmân* 1, 5, 7.

33 Bkz. Buhârî, *menâkıb* 25, *fezâilü'l-Kur'an* 1; Müslim, *îmân* 271, *fezâilü's-sahâbe* 100.

Kesinlikle sabittir ve Hazreti Ömer, İbni Abbas, Üsame İbni Zeyd, Hârise, Âişe-i Sıddîka ve Ümmü Seleme kesin bir şekilde haber veriyorlar ki: "Biz Hazreti Cebrail'i Dıhye suretinde, Resûl-u Ekrem'in *(aleyhissalâtü vesselam)* yanında çok görüyoruz." Acaba hiç mümkün müdür ki; bu zâtlar görmeden, görüyoruz desinler?

Hem kesin ve sahih nakille, cennetle müjdelenen on sahabiden İran fatihi Sa'd İbni Ebî Vakkas haber veriyor: "Uhud Savaşı'nda Resûl-u Ekrem'in *(aleyhissalâtü vesselam)* iki tarafında, iki beyaz elbiseliyi ona nöbetçi gibi, muhafız şeklinde gördük. Anlaşıldı ki, ikisi de melekmiş. Ve onların Hazreti Cebrail ile Mikail olduğunu öğrendik."[34] Acaba böyle bir İslam kahramanı "Gördük" diyorsa, görmemiş olması mümkün müdür?

Hem Ebû Süfyan İbni Hâris İbni Abdülmuttalib (Resûl-u Ekrem'in amcasının oğlu), sahih nakille bildiriyor ki: "Bedir Savaşı'nda, gökle yer arasında beyaz elbiseli, atlı zâtlar gördük."[35]

Hem Hazreti Hamza, Resûl-u Ekrem'e *(aleyhissalâtü vesselam)*, "Ben Cebrail'i görmek istiyorum."

---

[34] Buhârî, *meğâzî* 18; *libâs* 24; Müslim, *fezâil* 46-47.

[35] İbni Hişâm, *es-Sîratü'n-Nebeviyye* 3/197; el-Bezzâr, *el-Müsned* 9/317; İbni Sa'd, *et-Tabakâtü'l-Kübrâ* 4/74-75.

diye yalvardı. Allah Resûlü Kâbe'de Cebrail'i ona gösterdi. Hazreti Hamza dayanamadı, şaşkınlık ve hayret içinde yere düştü.[36]

Meleklerin görüldüğü bu çeşit hadiseler çoktur. Bütün bunlar, Resûl-u Ekrem'in *(aleyhissalâtü vesselam)* bir çeşit mucizesini gösteriyor ve *onun peygamberlik kandiline meleklerin dahi pervane olduğuna* işaret ediyor.

Cinnîlere gelince; onların çoğuyla, değil sahabiler, belki ümmetin avam tabakasının dahi görüşmesi ve onları görmeleri çokça olan bir hadisedir. En kesin, en sahih haberle hadis imamları bize İbni Mes'ud'dan şunu aktarıyor: "Batn-ı Nahle'de, ecinnîlerin hidayete erdiği gece onları gördüm, Sudan kabilesinden Zutt denilen uzun boylu topluluğa benzettim. Onlara benziyorlardı."[37]

Yine meşhur, hadis imamlarının kaynağına ulaşarak kabul ettikleri Hazreti Hâlid İbni Velid vakasıdır: Uzzâ denilen putu yıktıkları vakit, içinden siyah bir kadın şeklinde bir cin çıktı. Hazreti Hâlid kılıçla o cini iki parçaya ayırdı. Resûl-u Ekrem *(aleyhissalâtü vesselam)*, o hadise için buyurmuş

---

36 İbni Sa'd, *et-Tabakâtü'l-Kübrâ* 3/12; el-Beyhakî, *Delâilü'n-Nübüvve* 7/81; es-Suyûtî, *el-Hasâisu'l-Kübrâ* 1/208.

37 Ahmed İbni Hanbel, *el-Müsned* 1/455; el-Bezzâr, *el-Müsned* 5/267; et-Taberânî, *el-Mu'cemü'l-Kebîr* 10/66.

ki: "Uzzâ putunun içinde ona ibadet ediliyordu, artık edilmez."[38]

Hazreti Ömer'den nakledilen meşhur bir hadisedir: Biz Resûl-u Ekrem'in *(aleyhissalâtü vesselam)* yanındayken ihtiyar görünüşlü, elinde bir asâ olan, "Hâme" isminde bir cinnî geldi, iman etti. Allah Resûlü *(aleyhissalâtü vesselam)* ona kısa sûrelerden birkaçını ders verdi. O da dersini aldı, gitti.[39] Bu son hadiseye gerçi bazı hadis imamları itiraz etmiş,[40] fakat mühim imamlar, sahih olduğuna hükmetmiştir.[41] Her neyse, bu türden hadiseleri uzun uzun anlatmaya lüzum yok, misalleri çoktur.

Kısacası deriz ki, Resûl-u Ekrem'in *(aleyhissalâtü vesselam)* nuruyla, terbiyesiyle ve onun arkasından giderek Şeyh-i Geylânî gibi binlerce kutub zât ve asfiya, meleklerle ve cinlerle görüşmüş ve konuşmuşlar. Bu hadise, yüz tevatür derecesindedir, defalarca görülmüştür. Evet, ümmet-i Muhammed'in *(aleyhissalâtü vesselam)* meleklerle ve cinlerle teması

---

38 İbni Sa'd, *et-Tabakâtü'l-Kübrâ* 2/145; el-Vâkıdî, *Kitâbü'l-Meğâzî* 3/873-874; en-Nesâî, *es-Sünenü'l-Kübrâ* 4/474.

39 el-Beyhakî, *Delâilü'n-Nübüvve* 5/418-420; Ebû Nuaym, *Delâilü'n-Nübüvve* s. 370-372.

40 Bkz. İbnü'l-Cevzî, *el-Mevzûât* 1/207-209; es-Suyûtî, *el-Leâli'l-Masnûa* 1/174-177.

41 es-Suyûtî, *el-Leâli'l-masnûa* 1/174-177; el-Beyhakî, *Delâilü'n-Nübüvve* 5/420.

ve konuşması, Allah Resûlü'nün *(aleyhissalâtü vesselam)* mucizevî terbiyesinin ve irşadının bir eseridir.

Üçüncü Şube

Resûl-u Ekrem'in *(aleyhissalâtü vesselam)* korunması ve masumiyeti, temizliği, apaçık bir mucizedir. وَاللّٰهُ يَعْصِمُكَ مِنَ النَّاسِ[42] ayet-i kerîmesinin aşikâr hakikati, pek çok mucizeyi gösterir. Evet, Resûl-u Ekrem *(aleyhissalâtü vesselam)* peygamberlik davasıyla ortaya çıktığı vakit, yalnız bir topluluğa, bir kavme, bir kısım siyasetçilere veya bir dine değil, bütün padişahlara ve bütün dinlerin mensuplarına tek başına meydan okudu. Amcası [Ebû Leheb] en büyük düşmanı, kavmi ve kabilesi de ona düşmanken, yirmi üç sene nöbetçisiz, gösterişsiz, muhafazasız bir şekilde ve pek çok defa suikasta maruz kaldığı halde, tam bir saadet içinde, rahat döşeğinde vefat edip mele-i âlâya[43] çıkana kadar korunması ve masum, temiz kalması, وَاللّٰهُ يَعْصِمُكَ مِنَ النَّاسِ ayetinin ne kadar kuvvetli bir hakikati ifade ettiğini ve ne kadar sağlam bir dayanak noktası olduğunu, güneş gibi gösterir.

---

42 "Allah seni, zarar vermek isteyenlerin şerlerinden koruyacaktır." (Mâide sûresi, 5/67).

43 **Mele-i âlâ**: Melekler âlemi. En yüksek heyetin bulunduğu manevî âlem. Felekler.

Örnek olarak yalnız, kesinlik kazanmış birkaç hadiseyi söyleyeceğiz.

Birinci Hadise: Siyer ve hadis âlimleri ittifakla haber veriyor: Kureyş kabilesi, Resûl-u Ekrem'i *(aleyhissalâtü vesselam)* öldürtmek için kesin bir şekilde sözbirliği edip anlaştılar. Hatta insan suretine girmiş bir şeytanın yol göstermesiyle, Kureyş'in içine fitne düşmemesi için her kabileden en az bir adam seçilip iki yüze yakın kişi Ebûcehil ve Ebû Leheb'in emri altında Resûl-u Ekrem'in *(aleyhissalâtü vesselam)* saadet hanesini bastı. Allah Resûlü'nün *(aleyhissalâtü vesselam)* yanında Hazreti Ali vardı. Ona dedi ki: "Sen bu gece benim yatağımda yat." Resûl-u Ekrem *(aleyhissalâtü vesselam)*, Kureyşliler gelip evin her tarafını tutana kadar bekledi. Sonra çıktı, yüzlerine bir parça toprak attı, hiçbiri onu göremedi, içlerinden çıktı gitti.[44] Hem Sevr Mağarası'nda iki güvercin ve bir örümcek, bütün Kureyş'e karşı nöbet tutup onu korudu.[45]

---

44 İbni Hişâm, *es-Sîratü'n-Nebeviyye* 3/6-8; İbni Sa'd, *et-Tabakâtü'l-Kübrâ* 1/227-228. Ayrıca bkz. Ahmed İbni Hanbel, *el-Müsned* 1/303, 368; İbni Ebî Şeybe, *el-Musannef* 7/399.

45 Bkz. Ahmed İbni Hanbel, *el-Müsned* 1/348; Abdurrezzak, *el-Musannef* 5/389; et-Taberânî, *el-Mu'cemü'l-Kebîr* 20/443; İbni Sa'd, *et-Tabakâtü'l-Kübrâ* 1/229.

İkinci Hadise: Gerçekleştiği şüphe götürmeyen hadiselerdendir. Allah Resûlü ve Hazreti Ebûbekir mağaradan çıkıp Medine tarafına gittikleri vakit, Kureyş'in ileri gelenleri, mühim bir mal karşılığında Sürâka isminde gayet cesur bir adamı onları takip edip öldürmesi için gönderdiler. Resûl-u Ekrem *(aleyhissalâtü vesselam)*, Ebûbekri's-Sıddık ile beraber mağaradan çıkıp giderken Sürâka'nın geldiğini gördü. Ebûbekri's-Sıddık telâş etti. Resûl-u Ekrem *(aleyhissalâtü vesselam)* mağarada dediği gibi, لَا تَحْزَنْ إِنَّ اللّٰهَ مَعَنَا[46] buyurdu. Sürâka'ya bir baktı, Sürâka'nın atının ayakları yere saplandı, kaldı. Kurtuldu, tekrar takip etti. Yine atının ayakları saplandı, yerden duman gibi bir şey çıkıyordu. O vakit anladı ki, Allah Resûlü'ne ilişmek ne onun ne de başka bir kimsenin elinden gelir. "El-aman!" dedi. Resûl-u Ekrem *(aleyhissalâtü vesselam)* onu bağışladı. Fakat buyurdu ki: "Git, öyle yap ki başkası gelmesin."[47]

Bu hadise münasebetiyle şunu da söyleyelim: Sahih bir surette naklediliyor ki, bir çoban Allah Resûlü ile Hazreti Ebûbekir'i gördükten sonra

---

46 "Hiç tasalanma! Şüphesiz Allah bizimle beraberdir." (Tevbe sûresi, 9/40).

47 Buhârî, *menâkıb* 25, *fezâilü ashâb* 2, *menâkıbü'l-ensâr* 45; Müslim, *zühd* 75.

Kureyş'e haber vermek için Mekke'ye gitmiş. Şehre girdiği vakit niçin geldiğini unutmuş. Ne kadar hatırlamaya çalıştıysa da hatırlayamamış. Dönmeye mecbur olmuş. Sonra bunun, kendisine unutturulduğunu anlamış.[48]

Üçüncü Hadise: Gatafan ve Enmar Savaşı'nda, çeşitli rivayetlerle hadis imamları aktarıyor: Gavres isminde cesur bir kabile reisi, kimse görmeden tam Resûl-u Ekrem'in *(aleyhissalâtü vesselam)* başının üzerine gelerek yalın kılıç elinde, Hazreti Peygamber'e *(aleyhissalâtü vesselam)* "Kim seni benden kurtaracak?" demiş. Resûl-u Ekrem, "Allah!" buyurmuş. Sonra şöyle dua etmiş: اَللّٰهُمَّ اكْفِنِيهِ بِمَا شِئْتَ[49] Birden Gavres iki omzunun ortasına gaipten bir darbe yemiş, kılıcı elinden düşmüş, yere yuvarlanmış. Resûl-u Ekrem *(aleyhissalâtü vesselam)* kılıcı eline almış, "Şimdi seni kim kurtaracak?" demiş, sonra onu affetmiş. Adam kabilesine dönmüş. O pek cüretkâr, cesur adama herkes hayretle bakmış. "Ne oldu sana? Niçin bir şey yapamadın?" demişler. O da demiş ki: "*Hadise böyle oldu. Ben şimdi insanların en iyisinin yanından geliyorum.*"[50]

---

48 Kadı Iyâz, *eş-Şifâ* 1/351; Aliyyülkârî, *Şerhu'ş-Şifâ* 1/715.

49 Allahım! (Bu kâfire karşı) Dilediğin bir şekilde bana destek ol, yardım et.

50 Ahmed İbni Hanbel, *el-Müsned* 3/364; 390; İbni Hibbân,

Yine bu hadise gibi, Bedir Savaşı'nda da bir münafık, Resûl-u Ekrem'e *(aleyhissalâtü vesselam)* haberi olmadan, kimse görmeden, tam arkasından kılıcını kaldırıp vuracakken, birden Allah Resûlü *(aleyhissalâtü vesselam)* dönüp bakmış. O münafık titremiş, kılıç elinden yere düşmüş.[51]

Dördüncü Hadise: Manevî tevatüre yakın bir şekilde meşhur olan, çoğu tefsircinin

إِنَّا جَعَلْنَا فِي أَعْنَاقِهِمْ أَغْلاَلاً فَهِيَ إِلَى الأَذْقَانِ فَهُمْ مُقْمَحُونَ ۞ وَجَعَلْنَا مِن بَيْنِ أَيْدِيهِمْ سَدًّا وَمِنْ خَلْفِهِمْ سَدًّا فَأَغْشَيْنَاهُمْ فَهُمْ لاَ يُبْصِرُونَ[52]

ayetinin indirilme sebebi kabul ettiği şu hadiseyi büyük tefsir âlimleri[53] ve hadis imamları haber veriyor:

---

es-Sahîh 7/138; Ebû Ya'lâ, *el-Müsned* 3/313. Ayrıca bkz. Buhârî, *cihâd* 84, 87, *meğâzî* 31, 32; Müslim, *müsâfirîn* 311, *fezâil* 13.

51 Kadı Iyâz, *eş-Şifâ* 1/347; Aliyyülkârî, *Şerhu'ş-Şifâ* 1/710.

52 "Boyunlarına öyle boyunduruklar koyduk ki onlar çenelerine dayanmaktadır. Boyunları yukarı, çeneleri kalkık, gözleri havada bir durumdadırlar. Hem önlerinden hem arkalarından bir set yaparak, öylesine çepeçevre sardık ki, artık hiç göremezler onlar." (Yâsîn sûresi, 36/8-9).

53 et-Taberî, *Câmiu'l-Beyân* 22/152; İbni Kesîr, *Tefsîru'l-Kur'an* 3/565; el-Kurtubî, *el-Câmi' li Ahkâmi'l-Kur'an* 15/9.

Ebû Cehil, "Ben Muhammed'i secdede görürsem bu taşla ona vuracağım." diye yemin etmiş, büyük bir taş alıp gitmiş. Allah Resûlü'nü secdede görünce taşı kaldırıp vuracakken elleri havada kalmış. Resûl-u Ekrem *(aleyhissalâtü vesselam)* namazı bitirip kalkmış, Ebûcehil'in eli ondan sonra çözülmüş. Ya Resûl-u Ekrem'in *(aleyhissalâtü vesselam)* müsaadesiyle ya da ihtiyaç kalmadığından çözülmüştür.[54]

Yine Ebû Cehil kabilesinden –bir rivayette– Velid İbni Muğire, Resûl-u Ekrem'e *(aleyhissalâtü vesselam)* vurmak için büyük bir taşı alıp secdedeyken yanına gitmiş, o sırada gözü kapanmış. Resûl-u Ekrem'i *(aleyhissalâtü vesselam)* Mescid-i Haram'da göremeden dönmüş. Onu gönderenleri de görmüyor, yalnız seslerini işitiyormuş. Ne zaman ki Resûl-u Ekrem *(aleyhissalâtü vesselam)* namazını bitirmiş, ihtiyaç kalmadığından onun da gözü açılmış.[55]

Hem sahih nakille, Ebûbekri's-Sıddık'tan aktarılıyor: Tebbet Sûresi تَبَّتْ يَدَآ أَبِي لَهَبٍ[56] indirildikten

---

54 İbni Hişâm, *es-Sîratü'n-Nebeviyye* 2/137-138; el-Beyhakî, *Delâilü'n-Nübüvve* 2/190-191. Ayrıca bkz. Buhârî, *tefsîru sûre (96)* 4; Müslim, *münâfikîn* 38.

55 et-Taberî, *Câmiu'l-Beyân* 22/152; el-Beyhakî, *Delâilü'n-Nübüvve* 2/196-197; Ebû Nuaym, *Delâilü'n-Nübüvve* s. 200.

56 "Elleri kurusun Ebû Leheb'in" (Tebbet sûresi, 111/1).

sonra Ebû Leheb'in karısı Ümmü Cemil denilen [57]حَمَّالَةَ الْحَطَبِ (cehennem oduncusu), bir taş alıp Mescid-i Harâm'a gelmiş. Ebûbekir ile Resûl-u Ekrem *(aleyhissalâtü vesselam)* orada oturuyormuş. Ümmü Cemil'in gözü Ebûbekri's-Sıddık'ı görmüş, sormuş: "Ya Ebâ Bekir! Arkadaşın nerede? İşittim ki beni hicvetmiş. Onu görürsem, bu taşı ağzına vuracağım." Yanındayken Hazreti Peygamber'i *(aleyhissalâtü vesselam)* görmemiş.[58] *Elbette böyle bir cehennem oduncusu, Cenâb-ı Hakk'ın korumasında olan bir Sultan-ı Levlâk'ı,*[59] *huzuruna girip göremez. Ona mı düşmüş!*

Beşinci Hadise: Sahih nakille bildiriliyor ki, Âmir İbni Tufeyl ve Erbed İbni Kays anlaşarak, birlikte Resûl-u Ekrem'in *(aleyhissalâtü vesselam)* yanına gitmişler. Âmir demiş ki: "Ben onu meşgul edeceğim, sen de vuracaksın." Sonra bakmış ki, arkadaşı bir şey yapmıyor. Gittikten sonra Erbed'e, "Neden vurmadın?" demiş. O da cevap vermiş: "Nasıl vursaydım? Ne kadar niyet ettiysem, baktım ki ikimizin ortasına sen geçiyorsun.

---

57 "Cehennem oduncusu" (Tebbet sûresi, 111/4).

58 el-Humeydî, *el-Müsned* 1/153-154; el-Bezzâr, *el-Müsned* 1/62, 212-213; İbni Ebî Şeybe, *el-Musannef* 6/323.

59 **Levlâk**: "Sen olmasaydın!" mânâsına gelen, "Sen olmasaydın, sen olmasaydın âlemleri yaratmazdım." kutsî hadisinden alınmış, Peygamber Efendimiz'e hitap ifadesi.

Sana nasıl vuracaktım?"[60]

Altıncı Hadise: Sahih nakille haber veriliyor ki, Uhud Savaşı'nda veya Huneyn'de, Şeybe İbni Osman el-Hacebî –ki Hazreti Hamza onun hem amcasını hem babasını öldürmüştü– intikamını almak için gizlice geldi. Resûl-u Ekrem'in *(aleyhissalâtü vesselam)* arkasına kadar ulaşıp kılıcını kaldırdı. Birden kılıç elinden düştü. Resûl-u Ekrem *(aleyhissalâtü vesselam)* ona baktı, elini göğsüne koydu. Şeybe diyor ki: "O dakikada benim için dünyada ondan daha sevgili bir insan olamazdı." İmana geldi. Resûl-u Ekrem *(aleyhissalâtü vesselam)* buyurdu ki: "Haydi git, savaş." Şeybe şöyle diyor: "Dönüp Resûl-u Ekrem'in *(aleyhissalâtü vesselam)* önünde savaştım. Eğer o vakit babam da rast gelseydi vururdum."[61]

Mekke'nin fethedildiği gün, Fedâle adlı biri, Resûl-u Ekrem'in *(aleyhissalâtü vesselam)* yanına, ona vurmak niyetiyle geldi. Allah Resûlü *(aleyhissalâtü vesselam)* kendisine bakıp tebessüm etti. "Nefsinle ne konuştun?" dedi ve Fedâle için bağışlanma talep

---

60 İbni Hişâm, *es-Sîratü'n-Nebeviyye* 5/260-261; et-Taberânî, *el-Mu'cemü'l-Kebîr* 10/312.

61 et-Taberânî, *el-Mu'cemü'l-Kebîr* 7/298. Ayrıca bkz. el-Vâkıdî, *Kitâbü'l-Meğâzî* 3/909-910; Ebû Nuaym, *Delâilü'n-Nübüvve* s. 195.

etti. Fedâle imana geldi ve dedi ki: "O vakit dünyada bana ondan daha sevgili bir insan olmazdı."[62]

Yedinci Hadise: (Sahih nakille) Yahudiler suikast niyetiyle Resûl-u Ekrem'in *(aleyhissalâtü vesselam)* oturduğu yere, yukarıdan büyük bir taş attıkları sırada, Allah Resûlü *(aleyhissalâtü vesselam)* Cenâb-ı Hakk'ın korumasıyla kalkmış, o suikast de neticesiz kalmış.[63]

Bu yedi misal gibi çok hadise var. Başta İmam Buhârî, İmam Müslim ve hadis âlimleri, Hazreti Âişe'den naklediyorlar: وَاللّٰهُ يَعْصِمُكَ مِنَ النَّاسِ[64] ayeti indirildikten sonra Resûl-u Ekrem *(aleyhissalâtü vesselam)* ara sıra kendisini muhafaza eden zâtlara buyurdu ki: يَا أَيُّهَا النَّاسُ، اِنْصَرِفُوا فَقَدْ عَصَمَنِي رَبِّي عَزَّ وَجَلَّ Yani, "*Nöbetçiliğe lüzum yok. Beni Rabbim koruyor.*"[65]

İşte bu risale de baştan buraya kadar gösteriyor ki, şu *kâinattaki varlık türlerinin her biri, her âlem,*

---

62 İbni Hişâm, *es-Sîratü'n-Nebeviyye* 5/80; İbni Hacer, *el-İsâbe* 5/372; İbni Kesîr, *el-Bidâye* 4/308.

63 el-Beyhakî, *Delâilü'n-Nübüvve* 3/180-181; Ebû Nuaym, *Delâilü'n-Nübüvve* s. 489-490; es-Suyûtî, *el-Hasâisu'l-Kübrâ* 1/348.

64 "Allah seni, zarar vermek isteyenlerin şerlerinden koruyacaktır." (Mâide sûresi, 5/67).

65 Tirmizî, *tefsîru sûre (5)* 4; en-Nesâî, *es-Sünenü'l-Kübrâ* 9/8; Saîd İbni Mansûr, *es-Sünen* 4/1503-1504.

Resûl-u Ekrem'i (aleyhissalâtü vesselam) tanır, onunla alâkadardır. Kâinattaki her bir varlık türünde onun mucizeleri görünüyor. Demek, o Zât-ı Ahmediye (aleyhissalâtü vesselam), Cenâb-ı Hakk'ın –"kâinatın Hâlık'ı" oluşu itibarıyla ve "bütün mahlûkların Rabbi" unvanıyla– memuru ve elçisidir. Evet, nasıl ki bir padişahın müfettişi olan büyük bir memurunu her bir daire bilir ve tanır; o hangi daireye girse onunla münasebetli olur. Çünkü o memurun, hepsinin padişahı adına bir vazifesi vardır. Mesela eğer yalnız adliye müfettişi olsa, o vakit adliye dairesiyle münasebetli olur, başka daireler onu pek tanımaz. Veya askeriye müfettişi olsa mülkiye dairesi onu bilmez. Aynen öyle de, anlaşılıyor ki, Cenâb-ı Hakk'ın saltanatının bütün dairelerinde, meleklerden tut, ta sineğe ve örümceğe kadar her bir topluluk onu tanır, bilir veya onlara bildirilir. Demek Resûl-u Ekrem, "Hâtemü'l-enbiyâ"[66] ve "Âlemlerin Rabbinin elçisi"dir. Ve onun peygamberliğinin, bütün peygamberlerin üstünde bir kuşatıcılığı vardır.

---

66 **Hâtemü'l-enbiyâ**: Peygamberlerin mührü, sonuncusu.

On Altıncı İşaret

Resûl-u Ekrem'in *(aleyhissalâtü vesselam)* gönderilmesinden önce, fakat onunla alâkalı olarak meydana gelen ve "irhâsât" denilen harikalar da onun peygamberliğine delildir. Bunlar da üç kısımdır.

Birinci Kısım

Kur'an'ın açık ve kesin hükmüyle, Tevrat, İncil, Zebur ve peygamberlere indirilen suhufun, Resûl-u Ekrem'e *(aleyhissalâtü vesselam)* dair verdiği haberlerdir.

Evet, madem o kitaplar semavîdir ve madem sahipleri peygamberdir. Elbette ve herhalde, onların dinlerinin hükmünü kaldırıp kendi dininin hükmünü koyacak, kâinatın şeklini değiştirecek ve yeryüzünün yarısını getirdiği nurla ışıklandıracak bir zâttan bahsetmeleri, zaruri ve kesindir. Küçük hadiseleri haber veren o kitapların, insanlığın en büyük hadisesi olan, Hazreti Muhammed'in (aleyhissalâtü vesselam) peygamber olarak gönderilişini haber vermemesi mümkün müdür?

İşte, madem açıkça haber verecekler; herhalde onu ya dinlerini zarar görmekten ve kitaplarını hükümsüz hale gelmekten kurtarmak için yalanlayacaklar ya da o hakikatli zât ile dinlerini hurafelerden ve tahriften kurtarmak için tasdik edeceklerdir. Halbuki dost ve düşmanın ittifakıyla, hiçbir semavî kitapta Hazreti Peygamber'i yalanlama emaresi yoktur. Öyleyse tasdik vardır. Madem mutlak bir şekilde tasdik vardır. Ve madem bu tasdiki gerektiren kesin ve esaslı bir sebep mevcuttur. Biz de şu tasdikin varlığını üç kesin delille ispat edeceğiz.

Birinci Delil: Resûl-u Ekrem *(aleyhissalâtü vesselam)*, Kur'an'ın lisanıyla o dinlerin mensuplarına der ki: "*Kitaplarınızda beni doğrulayan sözler ve vasıflarım vardır. Söylediğim şeylerde kitaplarınız beni tasdik ediyor.*"

قُلْ فَأْتُوا بِالتَّوْرٰيةِ فَاتْلُوهَٓا اِنْ كُنْتُمْ صَادِقِينَ[1]

فَقُلْ تَعَالَوْا نَدْعُ اَبْنَٓاءَنَا وَاَبْنَٓاءَكُمْ وَنِسَٓاءَنَا وَنِسَٓاءَكُمْ وَاَنْفُسَنَا وَاَنْفُسَكُمْ ثُمَّ نَبْتَهِلْ فَنَجْعَلْ لَعْنَةَ اللّٰهِ عَلَى الْكَاذِبِينَ[2]

---

1 "De ki: İşte meydan! İddianızda tutarlı iseniz Tevrat'ı getirip okuyun!" (Âl-i İmran sûresi, 3/93).

2 "Artık sana bu ilim geldikten sonra, kim seninle İsa hakkında tartışmaya girerse de ki: 'Haydi gelin oğullarımızı ve oğullarınızı, hanımlarımızı ve hanımlarınızı ve bizzat birbirimizi çağırıp, sonra da Allah'a gönülden yalvaralım da bu konuda kim yalancı ise Allah'ın lânetinin onların üzerine inmesini dileyelim!'" (Âl-i İmran sûresi, 3/61).

gibi ayetlerle onlara meydan okur. "*Tevrat'ınızı getiriniz, okuyunuz! Ve geliniz, çoluk çocuğumuzu alıp Cenâb-ı Hakk'ın dergâhına el açarak yalancılar aleyhinde lânetle beddua edelim.*" deyip sürekli başlarına vurduğu halde, hiçbir Yahudi âlim veya Hıristiyan papaz, onun bir yanlışını gösterememiştir. Eğer gösterselerdi, çok inatçı ve haset besleyen çok sayıdaki kâfir, münafık Yahudiler ve bütün küfür âlemi, bunu her tarafta ilan ederdi. Hem *Resûl-u Ekrem (aleyhissalâtü vesselam)* demiş ki: "*Ya yanlışımı bulunuz ya da sizinle mahvoluncaya kadar cihad edeceğim.*" Halbuki onlar savaşı, perişanlığı ve hicreti seçtiler.[3] Demek ki Allah Resûlü'nün yanlışını bulamadılar. Bir yanlış bulsalar, böyle yapmaktan kurtulurlardı.

İkinci Delil: Tevrat, İncil ve Zebur'un ifadeleri, Kur'an gibi mucize olmadığından ve sürekli tercüme üstüne tercüme yapıldığından, içlerine pek çok yabancı kelime karıştı. Hem tefsircilerin sözleri ve yanlış yorumları, onların ayetleriyle karıştırıldı. Bazı cahillerin ve kin güden, kötü niyetli kişilerin tahrifatı da buna ilave edildi. Bu şekilde o kitaplarda tahrifat ve keyfî değiştirmeler çoğaldı.

---

3 Bkz. Kadı Iyâz, *eş-Şifâ* 1/365.

Hatta meşhur büyük âlim Şeyh Rahmetullah el-Hindî, Kur'an'dan önce gönderilen semavî kitaplardaki binlerce tahrifi keşişlerine, Yahudi ve Hıristiyan âlimlerine ispat ederek onları susturmuş. İşte bu kadar tahrife rağmen şu zamanda dahi, meşhur Hüseyin Cisrî *(rahmetullâhi aleyh)*, o kitaplardan Resûl-u Ekrem'in peygamberliğine dair yüz delil çıkarmış, *Risale-i Hamidiye*'de yazmıştır. O risaleyi de Manastırlı merhum İsmail Hakkı tercüme etti. Kim isterse ona müracaat eder, görür.[4]

• Hem pek çok Yahudi ve Hıristiyan âlimi, "Kitaplarımızda Muhammed-i Arabî'nin *(aleyhissalâtü vesselam)* vasıfları yazılıdır." diyerek bunu kabul ve itiraf etmiştir. Gayrimüslimlerden, başta meşhur Bizans hükümdarı Hirakl, itirafta bulunmuş, demiş ki: "Evet, İsa *(aleyhisselam)*, Muhammed'den *(aleyhissalâtü vesselam)* haber veriyor."[5]

• Yine Bizans'ın Mukavkıs adlı Mısır valisi,[6] Yahudi âlimlerinin en meşhurlarından İbni Sûriyâ,[7]

---

4 Hüseyin Cisrî, *Risâle-i Hamîdiye* (Türkçe tercüme) s. 52-94.

5 Bkz. Buhârî, *bed'ü'l-vahy* 6; Müslim, *cihâd* 74.

6 Bkz. el-Vâkıdî, *Kitâbü'l-meğâzî* 3/964-967; Ebû Nuaym, *Delâilü'n-Nübüvve* s. 85-89; İbni Hacer, *el-İsâbe* 6/377.

7 Bkz. İbni Hişâm, *es-Sîratü'n-Nebeviyye* 3/103; İbni Sa'd, *et-Tabakâtü'l-Kübrâ* 1/164; el-Beyhakî, *es-Sünenü'l-Kübrâ* 8/246.

İbni Ahtab[8] ve kardeşi,[9] Kâ'b İbni Esed[10] ve Zübeyr İbni Bâtâ[11] gibi meşhur âlimler ve kanaat önderleri, gayrimüslim kaldıkları halde, "Evet, kitaplarımızda Muhammed'in *(aleyhissalâtü vesselam)* vasıfları var, ondan bahsediliyor." deyip bunu kabul ve itiraf etmişlerdir.

• Hem Yahudilerin meşhur âlimlerinden ve Hıristiyanların meşhur papazlarından, Kur'an'dan önceki semavî kitaplarda Resûl-u Ekrem'in *(aleyhissalâtü vesselam)* vasıflarını gördükten sonra inadı bırakıp imana gelenler, bu vasıfları Tevrat ve İncil'de göstermiş, diğer Yahudi ve Hıristiyan âlimlerini böylece susturmuşlar. Mesela: Meşhur Abdullah İbni Selâm,[12] Vehb İbni Münebbih,[13]

---

8 Bkz. İbni Hişâm, *es-Sîratü'n-Nebeviyye* 3/52; Ebû Nuaym, *Delâilü'n-Nübüvve* s. 77-78; İbni Kesîr, *el-Bidâye* 3/212.

9 İbni Hacer, *Fethu'l-Bârî* 7/275.

10 İbni Hişâm, *es-Sîratü'n-Nebeviyye* 4/195; et-Taberî, *Câmiu'l-Beyân* 21/151; et-Taberî, *Târîhu'l-Ümem ve'l-Mülûk* 2/99.

11 İbni Sa'd, *et-Tabakâtü'l-Kübrâ* 1/164; el-Vâkıdî, *Kitâbü'l-Meğâzî* 2/502; Ebû Nuaym, *Delâilü'n-Nübüvve* s. 85-89.

12 İbni Hişâm, *es-Sîratü'n-Nebeviyye* 3/49-51; İbni Sa'd, *et-Tabakâtü'l-Kübrâ* 2/353; İbni Asâkir, *Târîhu Dimaşk* 3/387.

13 İbni Asâkir, *Târîhu Dimaşk* 3/396; İbni Kesîr, *el-Bidâye* 2/326, 6/62.

Ebû Yâsir,[14] Şâmûl (ki bu zât, Yemen hükümdarı Tübba' zamanında yaşamıştır. Tübba' nasıl görmeden ve peygamberlikten önce Resûl-u Ekrem'e iman etmişse,[15] Şâmûl de öyledir...)[16] ve Sa'ye'nin iki oğlu Esîd ve Sa'lebe... İbnü'l-Heyyebân adlı, Allah'ı bilen bir zât, Resûl-u Ekrem'in peygamberliğinden önce Benî Nadr kabilesine misafir olmuş, قَرِيبٌ ظُهُورُ نَبِيٍّ، هٰذَا دَارُ هِجْرَتِهِ[17] demiş ve orada vefat etmişti. Sonra o kabile Resûl-u Ekrem *(aleyhissalâtü vesselam)* ile savaştığı zaman, Esîd ve Sa'lebe meydana çıkıp kabileye, وَاللهِ هُوَ الَّذِي عَهِدَ إِلَيْكُمْ فِيهِ ابْنُ الْهَيَّانِ yani, "İbnü'l-Heyyebân'ın haber verdiği zât budur. Onunla savaşmayınız." diye bağırdı. Fakat kabilenin mensupları bunu dinlemedi, belâlarını buldular.[18]

---

14 İbni Hişâm, *es-Sîratü'n-Nebeviyye* 3/52; Ebû Nuaym, *Delâilü'n-Nübüvve* s. 77-78; İbni Kesîr, *el-Bidâye* 3/212; es-Suyûtî, *el-Hasâisu'l-Kübrâ* 1/315.

15 İbni İshak, *es-Sîre* 1/29-30; İbni Sa'd, *et-Tabakâtü'l-Kübrâ* 1/158-159; İbni Asâkir, *Târîhu Dimaşk* 11/14.

16 İbni Sa'd, *et-Tabakâtü'l-Kübrâ* 1/158-159; İbni Asâkir, *Târîhu Dimaşk* 11/14; Kadı Iyâz, *eş-Şifâ* 1/363.

17 Bir peygamberin ortaya çıkması çok yakındır. Burası da onun hicret edeceği yerdir.

18 Bkz. İbni İshak, *es-Sîre* 2/64-65; İbni Hişâm, *es-Sîratü'n-Nebeviyye* 2/38-40; İbni Sa'd, *et-Tabakâtü'l-Kübrâ* 1/160-162.

• Hem Yahudi ulemâsından İbni Yâmîn,[19] Muhayrık[20] ve Ka'bu'l-Ahbar[21] gibi birçok âlim, Resûl-u Ekrem'in vasıflarını kitaplarında gördüklerinden imana gelmiş, iman etmeyen başkalarını da susturmuşlar.

• Hıristiyan âlimlerinden, daha önce bahsi geçen meşhur Rahip Bahîra, Resûl-u Ekrem *(aleyhissalâtü vesselam)* on iki yaşında amcasıyla Şam tarafına gittiği vakit, onun hatırı için Kureyşlileri davet etmiş. Bakmış ki, kafileye gölge eden bir parça bulut, hâlâ onların üzerinde... "Demek aradığım kişi orada." diye düşünmüş, sonra adam gönderip Ebû Talib'i çağırmış, demiş ki: "Sen dön, Mekke'ye git. Yahudiler çok haset eder. Muhammed'in vasıfları Tevrat'ta anlatılmıştır, hainlik yaparlar."[22]

---

19 İbni İshak, *es-Sîre* 1/29-30; İbni Sa'd, *et-Tabakâtü'l-Kübrâ* 2/353; İbni Hacer, *el-İsâbe* 6/242; İbni Hacer, *Fethu'l-Bârî* 7/275.

20 İbni Hişâm, *es-Sîratü'n-Nebeviyye* 3/51-52, 4-37-38; el-Vâkıdî, *Kitâbü'l-Meğâzî* 2/262-263; Ebû Nuaym, *Delâilü'n-Nübüvve* s. 78-79.

21 İbni İshak, *es-Sîre* 2/123; el-Vâkıdî, *Kitâbü'l-Meğâzî* 3/1083; Ebû Nuaym, *Hilyetü'l-Evliyâ* 5/386.

22 Tirmizî, *menâkıb* 3; İbni Ebî Şeybe, *el-Musannef* 7/327; el-Bezzâr, *el-Müsned* 8/97; el-Hâkim, *el-Müstedrek* 2/672.

• Hem Nastûru'l-Habeşe[23] ve Habeş hükümdarı Necâşî,[24] Resûl-u Ekrem'in vasıflarını kitaplarında gördükleri için beraber iman etmişler.

• Dagâtır isminde meşhur bir Hıristiyan âlimi, Allah Resûlü'nün *(aleyhissalâtü vesselam)* vasıflarını görmüş, iman etmiş. Bunu Bizanslıların içinde söyleyince şehit edilmiş.[25]

• Yine Hıristiyanların ileri gelenlerinden Hâris İbni Ebî Şemiri'l-Gassânî[26] ve Şam'ın büyük dinî reisleri, sultanları, yani Sahib-i İliyâ İbni Nâtûr,[27] Hirakl[28] ve Cârûd[29] gibi meşhur zâtlar, kitaplarında Resûl-u Ekrem'in vasıflarını görmüş ve iman etmişler. Yalnız Hirakl, dünya saltanatı için imanını açıktan göstermemiş.[30]

---

23 Bkz. Kadı Iyâz, *eş-Şifâ* 1/364; Aliyyülkârî, *Şerhu'ş-Şifâ* 1/744; el-Hafâcî, *Nesîmü'r-Riyâd* 4/312.

24 İbni Sa'd, *et-Tabakâtü'l-Kübrâ* 1/260-261; el-Hâkim, *el-Müstedrek* 2/338, 4/23.

25 İbni Sa'd, *et-Tabakâtü'l-Kübrâ* 1/276; Saîd İbni Mansûr, *Kitâbü's-Sünen* 2/226; İbni Hibbân, *es-Sikât* 2/7.

26 İbni Sa'd, *et-Tabakâtü'l-Kübrâ* 3/94; İbni Hacer, *el-İsâbe* 6/287; el-Hafâcî, *Nesîmü'r-Riyâd* 4/312.

27 Buhârî, *bed'ü'l-vahy* 6; İbni Mende, *el-Îmân* s. 290-291; İbni Kesîr, *el-Bidâye* 4/265.

28 Buhârî, *bed'ü'l-vahy* 6; Müslim, *cihâd* 74.

29 İbni Hişâm, *es-Sîratü'n-Nebeviyye* 5/269-270; İbni Sa'd, *et-Tabakâtü'l-Kübrâ* 6/563; İbni Abdilberr, *el-İstîâb* 1/263.

30 Buhârî, *bed'ü'l-vahy* 6; Müslim, *cihâd* 74.

• Bunlar gibi Selmânü'l-Farisî de daha önce Hıristiyan'dı. Resûl-u Ekrem'in *(aleyhissalâtü vesselam)* vasıflarını duyduktan sonra onu arıyordu.[31]

• Hem Temim adlı mühim bir âlim,[32] meşhur Habeş hükümdarı Necâşî,[33] Habeş Hıristiyanları[34] ve Necran papazları[35] ittifakla haber veriyor ki: "Biz Hazreti Muhammed'in vasıflarını kitaplarımızda gördük, onun için iman ettik."

Üçüncü Delil: İşte Tevrat, İncil ve Zebur'un Peygamberimize *(aleyhissalâtü vesselam)* dair ayetlerinin birkaç örneğini göstereceğiz.

• Zebur'da şöyle bir ayet var: اَللّٰهُمَّ ابْعَثْ لَنَا مُقِيمَ السُّنَّةِ بَعْدَ الْفَتْرَةِ[36] Ayetteki "*mukîmü's-sünne*" *(sün-*

---

31 Ahmed İbni Hanbel, *el-Müsned* 5/354, 438, 442; İbni Ebî Şeybe, *el-Musannef* 7/325; İbni Hişâm, *es-Sîratü'n-Nebeviyye* 2/44-47.

32 İbni Asâkir, *Târîhu Dimaşk* 11/73. Ayrıca bkz. Müslim, *fiten* 119; Ebû Dâvûd, *melâhim* 14; et-Taberânî, *el-Mu'cemü'l-Kebîr* 24/389.

33 el-Hâkim, *el-Müstedrek* 2/338, 4/23; İbni Sa'd, *et-Tabakâtü'l-Kübrâ* 1/260-261; et-Taberî, *Târîhu'l-Ümem ve'l-Mülûk* 2/132; İbni Kesîr, *Tefsîru'l-Kur'an* 4/361.

34 et-Taberî, *Câmiu'l-Beyân* 1/7; et-Taberî, *Târîhu'l-Ümem ve'l-Mülûk* 2/132; İbni Kesîr, *Tefsîru'l-Kur'an* 2/86.

35 Ebû Nuaym, *Delâilü'n-Nübüvve* s. 99-100; es-Suyûtî, *el-Hasâisu'l-Kübrâ* 1/138; el-Halebî, *es-Sîratü'l-Halebiyye* 1/180.

36 "Allahım! Bize fetret devrinden sonra 'Mukîmü's-Sünne'yi gönder." (Bkz. Aliyyülkârî, *Şerhu'ş-Şifâ* 1/496.

neti diriltecek zât) Resûl-u Ekrem'in bir ismidir.

• İncil'in bir ayeti şöyle: قَالَ الْمَسِيحُ إِنِّي ذَاهِبٌ إِلٰى أَبِي وَأَبِيكُمْ لِيَبْعَثَ لَكُمُ الْفَارَقْلِيطَا Yani, "*Ben gidiyorum ki, size Faraklit gelsin.*" Yani, Ahmed gelsin.[37]

• İncil'in ikinci bir ayeti:

إِنِّي أَطْلُبُ إِلٰى رَبِّي فَارَقْلِيطًا يَكُونُ مَعَكُمْ إِلَى الْأَبَدِ

"*Ben Rabbimden, hakkı bâtıldan ayıran bir peygamber istiyorum ki, ebediyete kadar beraberinizde bulunsun.*"[38] Faraklit, "hakkı ve bâtılı, doğruyu ve yanlışı kesin bir şekilde ayıran" mânâsında, Hazreti Peygamber'in o kitaplardaki ismidir.

• Tevrat'ın bir ayeti:

إِنَّ اللّٰهَ قَالَ لِإِبْرَاهِيمَ إِنَّ هَاجَرَ تَلِدُ وَيَكُونُ مِنْ وَلَدِهَا مَنْ يَدُهُ فَوْقَ الْجَمِيعِ وَيَدُ الْجَمِيعِ مَبْسُوطَةٌ إِلَيْهِ بِالْخُشُوعِ

"*İsmail'in annesi olan Hâcer, evlat sahibesi olacak. Ve evlatlarından öyle biri çıkacak ki, eli*

Ayrıca bkz. el-Hafâcî, *Nesîmü'r-Riyâd* 3/279; en-Nebhânî, *Huccetullâhi ale'l-Âlemîn* s. 115).

37 Bkz. İbni Kayyim el-Cevziyye, *Hidayetü'l-Hıyârâ* 1/55, 85, 157, 5/284; Kitab-ı Mukaddes (Türkçe tercüme), Yeni Ahit, Yuhanna, *bâb*: 16, *cümle*: 7-8.

38 Aliyyülkârî, *Şerhu'ş-Şifâ* 1/743. Ayrıca bkz. İbni Kayyim el-Cevziyye, *Hidayetü'l-Hıyârâ* s. 285-286; Kitab-ı Mukaddes (Türkçe tercüme), Yeni Ahit, Yuhanna, *bâb*: 14, *cümle*: 15-17.

herkesin üstünde olacak, herkesin eli huşû ve itaatle ona açılacak."[39]

• Tevrat'ın ikinci bir ayeti:

وَقَالَ لِمُوسٰى إِنِّي مُقِيمٌ لَهُمْ نَبِيًّا مِنْ بَنِي إِخْوَتِهِمْ مِثْلَكَ وَأُجْرِي قَوْلِي فِي فَمِهِ وَالرَّجُلُ الَّذِي لَا يَقْبَلُ قَوْلَ النَّبِيِّ الَّذِي يَتَكَلَّمُ بِاسْمِي فَأَنَا أَنْتَقِمُ مِنْهُ

"İsrailoğulları'nın kardeşleri olan İsmailoğulları'ndan senin gibi birini göndereceğim. Sözümü onun ağzına koyacağım, benim vahyimle konuşacak. Onu kabul etmeyene azap çektireceğim."[40]

• Tevrat'ın üçüncü bir ayeti:

قَالَ مُوسٰى رَبِّ إِنِّي أَجِدُ فِي التَّوْرٰيةِ أُمَّةً هُمْ خَيْرُ أُمَّةٍ أُخْرِجَتْ لِلنَّاسِ يَأْمُرُونَ بِالْمَعْرُوفِ وَيَنْهَوْنَ عَنِ الْمُنْكَرِ وَيُؤْمِنُونَ بِاللّٰهِ فَاجْعَلْهُمْ أُمَّتِي قَالَ تِلْكَ أُمَّةُ مُحَمَّدٍ[41]

---

39 Aliyyülkârî, *Şerhu'ş-Şifâ* 1/743. Benzer ifadeler için bkz. el-Mâverdî, *A'lâmü'n-Nübüvve* 1/197; Kitab-ı Mukaddes (Türkçe tercüme), Eski Ahit, Tekvin, *bâb*: 17, *cümle*: 20.

40 Bkz. Aliyyülkârî, *Şerhu'ş-Şifâ* 1/743. Ayrıca bkz. Rahmetullah el-Hindî, *İzhâru'l-Hak* 4/1116; Kitab-ı Mukaddes (Türkçe tercüme), Eski Ahit, Tesniye (Yasanın Tekrarı), *bâb*: 18, *cümle*: 17-19 (s. 241).

41 "Musa *(aleyhisselam)*: 'Ya Rabbi! Ben Tevrat'ta, insanlar için çıkarılmış, iyiliği emreden, kötülüğü yasaklayan ve Allah'a iman eden en hayırlı bir ümmet görüyorum. Onları benim ümmetim eyle!' dedi. Cenâb-ı Hak da: 'O Muhammed ümmetidir.' buyurdu." (Bkz. el-Beyhakî,

Bir Hatırlatma: *"Muhammed" ismi, o kitaplarda* اَلْمُنْحَمِنَّا[43] , مُشَفَّحْ[42] ve حِمَّطَايَا[44] *gibi Süryanice ve aynı mânâdaki İbranice isimler şeklinde geçer. Yoksa açıkça "Muhammed" ismi az vardı. O kadarını da çok haset duyan Yahudiler tahrif etmiştir.*

Zebur'un bir ayeti şöyledir:

يَا دَاوُدُ يَأْتِي بَعْدَكَ نَبِيٌّ يُسَمَّى أَحْمَدَ وَمُحَمَّدًا صَادِقًا سَيِّدًا أُمَّتُهُ مَرْحُومَةٌ[45]

• Sahabenin meşhur yedi Abdullah'ından, Kur'an'dan önce indirilen semavî kitaplarda çok araştırma yapan Abdullah İbni Amr İbni'l-Âs, meşhur Yahudi âlimlerinden ilk önce İslam'a giren Abdullah İbni Selâm ve İsrailoğulları'nın meşhur

---

Delâilü'n-Nübüvve 1/379; Aliyyülkârî, *Şerhu'ş-Şifâ* 1/746. Yakın ifadeler için bkz. et-Taberî, *Câmiu'l-Beyân* 9/65; el-Beğavî, *Meâlimü't-Tenzîl* 2/298).

42 İbni Kayyim el-Cevziyye, *Hidayetü'l-Hıyârâ* 1/79-80; Kadı Iyâz, *eş-Şifâ* 1/334; Aliyyülkârî, *Şerhu'ş-Şifâ* 1/494.

43 İbni Hişâm, *es-Sîratü'n-Nebeviyye* 2/64; Kadı Iyâz, *eş-Şifâ* 1/334; el-Kurtubî, *el-İ'lâm bimâ fî Dîni'n-Nasârâ* 1/269.

44 Kadı Iyâz, *eş-Şifâ* 1/334; Aliyyülkârî, *Şerhu'ş-Şifâ* 1/497; el-Hafâcî, *Nesîmü'r-Riyâd* 3/281; en-Nebhânî, *Huccetullâhi ale'l-Âlemîn* s. 112.

45 "Ey Dâvud! Senden sonra Ahmed, Muhammed, Sâdık ve Seyyid isminde bir peygamber gelecektir. Onun ümmeti de Allah'ın merhametine mazhardır." (Bkz. el-Beyhakî, *Delâilü'n-Nübüvve* 1/380; İbni Kesîr, *el-Bidâye* 6/62; es-Suyûtî, *el-Hasâisu'l-Kübrâ* 1/26).

büyük âlimlerinden Ka'bü'l-Ahbar, o zaman henüz çok tahrife uğramayan Tevrat'ta şu ayeti aynen göstermiş ve ilan etmişler. Ayetin bir parçası şudur ki, Hazreti Mûsâ'ya hitaptan sonra, gelecek Peygamber'e seslenerek şöyle diyor:

يَا أَيُّهَا النَّبِيُّ إِنَّا أَرْسَلْنَاكَ شَاهِدًا وَمُبَشِّرًا وَنَذِيرًا وَحِرْزًا لِلْأُمِّيِّينَ أَنْتَ عَبْدِي وَرَسُولِي سَمَّيْتُكَ الْمُتَوَكِّلَ لَيْسَ بِفَظٍّ وَلَا غَلِيظٍ وَلَا صَخَّابٍ فِي الْأَسْوَاقِ وَلَا يَدْفَعُ بِالسَّيِّئَةِ السَّيِّئَةَ وَلٰكِنْ يَعْفُو وَيَغْفِرُ وَلَنْ يَقْبِضَهُ اللّٰهُ حَتّٰى يُقِيمَ بِهِ الْمِلَّةَ الْعَوْجَاءَ بِأَنْ يَقُولُوا: لَا إِلٰهَ إِلَّا اللّٰهُ [46]

• Tevrat'ın bir ayeti daha:

مُحَمَّدٌ رَسُولُ اللّٰهِ مَوْلِدُهُ بِمَكَّةَ، وَهِجْرَتُهُ بِطَيْبَةَ، وَمُلْكُهُ بِالشَّامِ، وَأُمَّتُهُ الْحَمَّادُونَ [47]

46 "Ey Peygamber! Biz seni hakikaten bir şahit, bir müjdeci, bir korkutucu ve ümmîlere bir koruyucu olarak gönderdik. Sen elbette benim kulum ve resûlümsün. Ben sana 'Mütevekkil' ismini verdim. Bu peygamber kötü huylu, katı kalbli, çarşılarda bağırıp çağıran değildir. O kötülüğe kötülükle karşılık vermez. Fakat kötülüğü af ile mağfiret ile karşılar. Allah, eğrilmiş, sapmış olan milleti bu peygamber ile 'Lâ ilahe illallah' demeleri suretiyle doğrultmadıkça, o peygamberin ruhunu asla kabzetmeyecektir." (Bkz. Buhârî, *büyû'* 50; Dârimî, *mukaddime* 2; Ahmed İbni Hanbel, *el-Müsned* 2/174; Kitab-ı Mukaddes (Türkçe tercüme), Eski Ahit, İşâyâ, *bâb*: 42, *cümle*: 1-11).

47 "Muhammed, Allah'ın resûlüdür. Doğum yeri Mekke, hicret

İşte bu ayette "Muhammed" sözü, aynı mânâdaki Süryanice bir isim olarak gelmiştir.

• Tevrat'ın bir başka ayeti: أَنْتَ عَبْدِي وَرَسُولِي سَمَّيْتُكَ الْمُتَوَكِّلَ[48] Bu ayette, İshakoğulları'nın kardeşleri İsmailoğulları'ndan olan ve Hazreti Mûsâ'dan sonra gelecek Peygamber'e hitap ediliyor.

• Tevrat'ın bir ayeti daha: عَبْدِيَ الْمُخْتَارُ لَيْسَ بِفَظٍّ وَلَا غَلِيظٍ[49] İşte, "*Muhtar*"ın mânâsı "*Mustafa*"dır ve Resûl-u Ekrem'in *(aleyhissalâtü vesselam)* bir ismidir.

• İsa'dan sonra gelecek ve İncil'in birkaç ayetinde[50] "*Âlem Reisi*" unvanıyla müjdelenen nebi, İncil'de şöyle tarif ediliyor:

---

edeceği yer Taybe (Medine), saltanatı Şam'dadır. Onun ümmeti çok hamd eder." (Bkz. Dârimî, *mukaddime* 2; et-Taberânî, *el-Mu'cemü'l-Kebîr* 10/89; Ebû Nuaym, *Hilyetü'l-Evliyâ* 5/387).

48 "Sen benim kulum ve resûlümsün. Ben sana 'Mütevekkil' adını verdim." (Bkz. Buhârî, *büyû'* 50; Dârimî, *mukaddime* 2; Ahmed İbni Hanbel, *el-Müsned* 2/174).

49 "Benim seçkin kulum, kötü huylu ve katı kalbli değildir." (Bkz. Dârimî, *mukaddime* 2; el-Buhârî, *el-Edebü'l-Müfred* 1/95; İbni Sa'd, *et-Tabakâtü'l-Kübrâ* 1/360; Kitab-ı Mukaddes, Eski Ahit, İşâyâ, *bâb*: 42, *cümle*: 1-2).

50 İbni Kayyim el-Cevziyye, *el-Cevâbu's-Sahîh* 5/292, 304, 585; el-Halebî, *es-Sîratü'l-Halebiyye* 1/346; Kitab-ı Mukaddes (Türkçe tercüme), Yeni Ahit, Yuhanna, *bâb*: 14, *cümle*: 15-17, *bâb*: 16, *cümle*: 7-9.

مَعَهُ قَضِيبٌ مِنْ حَدِيدٍ يُقَاتِلُ بِهِ وَأُمَّتُهُ كَذٰلِكَ[51]

İşte şu ayet gösteriyor ki, kılıç kuşanmış ve cihadla vazifeli bir peygamber gelecektir. *"Kadîb-i hadîd"*, "kılıç" demektir. Fetih sûresinin sonundaki,

وَمَثَلُهُمْ فِي الْإِنْجِيلِ كَزَرْعٍ أَخْرَجَ شَطْأَهُ فَآزَرَهُ فَاسْتَغْلَظَ فَاسْتَوٰى عَلٰى سُوقِهِ يُعْجِبُ الزُّرَّاعَ لِيَغِيظَ بِهِمُ الْكُفَّارَ[52]

ayeti, ümmetinin de onun gibi kılıç kuşanmış, yani cihadla vazifeli olacağını, İncil'in bu ve başka ayetlerine işaret edip bildiriyor. Muhammed aleyhissalâtü vesselam'ın kılıç kuşanmış ve cihadla vazifeli olduğunu İncil ile beraber ilan ediyor.

• Tevrat'ın beşinci kitabının otuz üçüncü bâbında şu ayet var: *"Hak Teâlâ, Sînâ Dağı'nda yönelip Sâîr'den bize tecelli etti ve Fârân Dağları'nda göründü."*[53]

---

51 "Onun yanında kılıcı vardır, onunla savaşacak. Ümmeti de onun gibi olacak." (Bkz. Kadı Iyâz, *eş-Şifâ* 1/235. Ayrıca bkz. Kitab-ı Mukaddes, Mezmurlar, *bâb*: 2, *cümle*: 9; en-Nebhânî, *Huccetullâhi ale'l-Âlemîn* s. 114).

52 "İncil'deki meselleri ise şöyledir: Öyle bir ekin ki, filizini çıkarmış sonra da onu kuvvetlendirmiş, derken kalınlaşmış da artık gövdesi üzerinde doğrulmuş. Öyle ki, ekicilerin hoşuna gider, kâfirleri de öfkelendirir." (Fetih sûresi, 48/29).

53 Kitab-ı Mukaddes, Eski Ahit, Tesniye, *bâb*: 33, *cümle*: 2; el-Halebî, *es-Sîratü'l-Halebiyye* 1/215; en-Nebhânî, *Huccetullâhi ale'l-Âlemîn* s. 90.

İşte şu ayet, nasıl ki *Cenâb-ı Hakk'ın "Sînâ Dağı'nda yönelmesi"* ifadesiyle Hazreti Musa'nın peygamberliğini ve Şam Dağları'ndan ibaret olan "*Sâîr'den tecelli etmesi*" beyanıyla Hazreti İsa'nın peygamberliğini haber verir. Aynen öyle de, Hak Teâlâ'nın, Hicaz Dağları'ndan ibaret olduğunda ittifak edilen "Fârân Dağları'ndan görünmesi" sözüyle elbette, zorunlu olarak, Resûl-u Ekrem'in *(aleyhissalâtü vesselam)* peygamberliğini haber veriyor.

- Yine Tevrat'ta, Fetih sûresinin sonundaki ذَٰلِكَ مَثَلُهُمْ فِي التَّوْرٰيةِ[54] hükmünü tasdik ve Fârân Dağları'ndan çıkacak Peygamber'in sahabileri hakkında şu ayet var: "*Kutsîlerin bayrakları beraberlerindedir. Ve onun sağındadır.*"[55] Tevrat, onları "*kutsîler*" diye vasıflandırır. Yani, "Onun sahabileri kutsî, salih velilerdir." mânâsını ifade eder.

- Eş'ıyâ Peygamber'in kitabının kırk ikinci bâbında şu ayet vardır: "*Hak Sübhânehû, ahirzamanda, seçilmiş, seçkin kulunu gönderecek ve ona Ruhu'l-Emîn Hazreti Cibril'i yollayıp dinini ders verdirecek. Ve o da, Ruhu'l-Emîn'in dersini*

---

54 "Bu, onların Tevrat'taki sıfatlarıdır." (Fetih sûresi, 48/29).

55 İbni Kesîr, *el-Bidâye* 6/179; el-Mâverdî, *A'lâmü'n-Nübüvve* 1/199; Kitab-ı Mukaddes, Eski Ahit, Tesniye, *bâb*: 33, *cümle*: 2.

insanlara öğretecek, insanlar arasında hak ile hükmedecektir. O bir nurdur, halkı karanlıklardan çıkaracaktır. Rabbin, bana henüz olmadan bildirdiği şeyi ben de size bildiriyorum."[56]

İşte şu ayet, gayet açık bir şekilde, Ahirzaman Peygamberi Hazreti Muhammed'in *(aleyhissalâtü vesselam)* vasıflarını haber veriyor.

• Mişâil adıyla bilinen Mihâil Peygamber'in kitabının dördüncü bâbında şu ayet yer alır: *"Ahirzamanda Allah'ın merhametine mazhar bir ümmet Hakk'a ibadet etmek üzere mübarek dağı seçer. Ve orada her iklimden birçok insan toplanıp bir ve tek Rabbe ibadet eder, O'na şirk koşmazlar."*[57]

İşte şu ayet, açık bir şekilde, dünyanın en mübarek dağı olan Arafat'ın ve oraya her iklimden gelen hacıların tekbir ve ibadetlerini, "*Allah'ın merhametine mazhar bir ümmet*" diye şöhret bulmuş ümmet-i Muhammed'i tarif ediyor.

• Zebur'da yetmiş ikinci bâbda şu ayet var: *"Denizden denize malik ve nehirlerden yeryüzünün bittiği yere, en uç noktasına kadar sahip ola... Kendisine Yemen ve Cezayir hükümdarları hediyeler götüre... Padişahlar ona secde edip boyun eğeler... Ona her vakit salât ve her gün*

---

56 Kitab-ı Mukaddes, Eski Ahit, İşâyâ, *bâb*: 42, *cümle*: 1, 4, 7, 9.
57 Kitab-ı Mukaddes, Eski Ahit, Mika, *bâb*: 4, *cümle*: 1, 2, 5.

bereket duası okuna... Nurları Medine'den parlaya ve zikri, sonsuzlar sonsuzu devam ede... İsmi güneşin varlığından önce mevcuttu, güneş durdukça yayıla..."[58]

İşte şu ayet, çok açık bir şekilde Âlemin İftihar Kaynağı'nı (aleyhissalâtü vesselam) tarif eder. Acaba Hazreti Davud'dan (aleyhisselam) sonra, Hazreti Muhammed'den (aleyhissalâtü vesselam) başka; dinini doğudan batıya kadar yaymış, hükümdarları vergiye bağlamış, padişahları kendine secde ettirir gibi itaat altına almış, her gün insanlığın beşte birinin salavât ve dualarını kazanan ve nurları Medine'den parlamış olan kim gelmiştir? Kim gösterilebilir?

• Yuhanna İncili'nin on dördüncü bâb, otuzuncu ayetinin Türkçe tercümesi şöyledir: "*Artık sizinle çok söyleşmem. Zira bu Âlemin Reisi geliyor. Ve bende onun nesnesi asla yoktur.*"[59] İşte "*âlemin reisi*" tabiri, "fahr-i âlem" (âlemin iftihar kaynağı) demektir. Bu ise Resûl-u Ekrem'in *(aleyhissalâtü vesselam)* en meşhur unvanıdır.

• Yine Yuhanna İncili'nin on altıncı bâb, yedinci ayeti şudur: "*Ama ben size hakkı söylüyorum. Benim gitmem, size faydalıdır. Zira ben*

---

58 Kitab-ı Mukaddes, Eski Ahit, Mezmurlar, *bâb*: 72, *cümle*: 1-19; en-Nebhânî, *Huccetullâhi ale'l-Âlemîn* s. 92.

59 Kitab-ı Mukaddes, Yeni Ahit, Yuhanna, *bâb*: 14, *cümle*: 30.

gitmedikçe Tesellici size gelmez."[60] İşte bakınız: Âlemin reisi ve insanlara hakiki teselli veren, Hazreti Muhammed'den *(aleyhissalâtü vesselam)* başka kim olabilir? Evet o, âlemin iftihar kaynağı ve fâni insanları ebedî yok oluştan kurtarıp teselli verendir.

• Yuhanna İncili'nin on altıncı bâb, sekizinci ayeti: "*O gelince dünyayı günaha, iyiliğe dair ve hüküm verme hususunda susturacaktır.*"[61] İşte dünyadaki kötülükleri iyiliğe ve huzura çeviren, dünyayı günahlardan, şirkten kurtaran, dünya siyasetini ve hâkimiyetini değiştiren, Hazreti Muhammed'den *(aleyhissalâtü vesselam)* başka kim gelmiştir?

• Yuhanna İncili on altıncı bâb, on birinci ayet: "*Zira bu Âlemin Reisi'nin gelmesinin hükmü verilmiştir.*"[62] İşte "Âlemin Reisi"[63 HAŞİYE] elbette İn-

---

60 Bkz. İbni Kayyim el-Cevziyye, *Hidayetü'l-Hıyârâ* 1/55, 85, 157, 5/284; Kitab-ı Mukaddes (Türkçe tercüme), Yeni Ahit, Yuhanna, *bâb*: 16, *cümle*: 7-8.

61 Kitab-ı Mukaddes, Yeni Ahit, Yuhanna, *bâb*: 16, *cümle*: 8; Aliyyülkârî, *Şerhu'ş-Şifâ* 1/743; en-Nebhânî, *Huccetullâhi ale'l-Âlemîn* s. 99.

62 Kitab-ı Mukaddes, Yeni Ahit, Yuhanna, *bâb*: 16, *cümle*: 11.

63 HAŞİYE Evet, o zât öyle bir reis ve sultandır ki, bin üç yüz elli senede ve çoğu asrın her birinde, en az üç yüz elli milyon tebaası ve raiyeti var; tam bir teslimiyetle emirlerine itaat eder, her gün ona selam vermekle bağlılıklarını yenilerler.

sanlığın Efendisi[64] olan Ahmed-i Muhammed'dir *(aleyhissalâtü vesselam)*.

• Yine Yuhanna İncili, on altıncı bâb, on üçüncü ayet: "*Ama o Hak Ruhu geldiği zaman, hepinize hakikat yolunu gösterecektir. Zira kendisinden söylemiyor. Tamamen işittiğini söyleyerek size, gelecek şeylerden haber verecek.*"[65] İşte bu ayet açıktır. Acaba bütün insanları birden hakikate davet eden, her haberi vahiy olan, Cebrail'den işittiğini söyleyen, kıyameti ve ahireti etraflıca haber veren; Hazreti Muhammed'den *(aleyhissalâtü vesselam)* başka kimdir ve kim olabilir?

• Hem önceki peygamberlerin kitaplarında, Resûl-u Ekrem'in *(aleyhissalâtü vesselam)* Muhammed, Ahmed, Muhtar mânâsında Süryanice ve İbranice isimleri var. İşte Hazreti Şuayb'ın suhufunda ismi "Muhammed" mânâsında مُشَفَّحْ[66]'tır. Tevrat'ta, yine "Muhammed" mânâsında اَلْمُنْحَمِنَّا[67] ve "Mescid-i Haram'ın Peygamberi" mânâsında

---

64 Bkz. Buhârî, *enbiyâ* 3; Müslim, *îmân* 327.

65 Kitab-ı Mukaddes, Yeni Ahit, Yuhanna, *bâb*: 16, *cümle*: 13; Aliyyülkârî, *Şerhu'ş-Şifâ* 1/743.

66 İbni Kayyim el-Cevziyye, *Hidayetü'l-Hıyârâ* 1/79-80; Kadı Iyâz, *eş-Şifâ* 1/334; Aliyyülkârî, *Şerhu'ş-Şifâ* 1/494.

67 İbni Hişâm, *es-Sîratü'n-Nebeviyye* 2/64; el-Kurtubî, *el-İ'lâm bimâ fî Dîni'n-Nasârâ* 1/269; Kadı Iyâz, *eş-Şifâ* 1/334.

حِمَّطَايَا[68], Zebur'da el-Muhtar[69] diye isimlendirilmiştir. Tevrat'ta اَلْخَاتِمُ الْحَاتِمُ[70], Tevrat'ta ve Zebur'da مُقِيمُ السُّنَّةِ[71], Hazreti İbrahim'in suhufu ile Tevrat'ta مَاذْ مَاذْ[72]'dür. Yine Tevrat'ta أَحْيَدُ[73] ismi geçer.

Resûl-u Ekrem *(aleyhissalâtü vesselam)*, اِسْمِي فِي الْقُرْاٰنِ مُحَمَّدٌ وَفِي الْإِنْجِيلِ أَحْمَدُ وَفِي التَّوْرٰيةِ أَحْيَدُ[74] buyurmuştur. Hem İncil'de, Hazreti Peygamber'in isimlerinden biri صَاحِبُ الْقَضِيبِ وَالْهِرَاوَةِ yani, "*kılıç ve asâ sahibi*" şeklinde geçer.[75] Evet, kılıç kuşanmış peygamberler içinde en büyüğü, kendisine ümmetiyle beraber cihad vazifesi verilen, Resûl-u Ekrem'dir *(aleyhissalâtü*

---

68 Kadı Iyâz, *eş-Şifâ* 1/334; Aliyyülkârî, *Şerhu'ş-Şifâ* 1/497; el-Hafâcî, *Nesîmü'r-Riyâd* 3/281; en-Nebhânî, *Huccetullâhi ale'l-Âlemîn* s. 112.

69 Dârimî, *mukaddime* 2; el-Buhârî, *el-Edebü'l-Müfred* 1/95; Kadı Iyâz, *eş-Şifâ* 1/234.

70 Kadı Iyâz, *eş-Şifâ* 1/234.

71 Kadı Iyâz, *eş-Şifâ* 1/234; en-Nebhânî, *Huccetullâhi ale'l-Âlemîn* s. 115.

72 Kadı Iyâz, *eş-Şifâ* 1/234; en-Nebhânî, *Huccetullâhi ale'l-Âlemîn* s. 112-113.

73 İbni Asâkir, *Târîhu Dimaşk* 17/371; Kadı Iyâz, *eş-Şifâ* 1/234; ez-Zehebî, *Mîzânü'l-İtidâl* 1/336.

74 "Kur'an'da ismim Muhammed, İncil'de Ahmed, Tevrat'ta da Ahyed'dir." İbni Asâkir, *Târîhu Dimaşk* 17/371; İbni Adiyy, *el-Kâmil* 1/337; ez-Zehebî, *Mîzânü'l-İtidâl* 1/336.

75 Bkz. Kadı Iyâz, *eş-Şifâ* 1/234; en-Nebhânî, *Huccetullâhi ale'l-Âlemîn* s. 114. Ayrıca bkz. el-Beyhakî, *Delâilü'n-Nübüvve* 1/378; İbni Kesîr, *el-Bidâye* 2/78.

vesselam). Yine İncil'de, "*Taç Sahibi*"dir.[76] Evet, "taç sahibi" unvanı, Allah Resûlü'ne *(aleyhissalâtü vesselam)* mahsustur. Taç, "amâme," yani sarık demektir. Eski zamanlarda, milletler içinde, çoğunluk itibarı ile sarık ve agel[77] saran, Arap kavmidir.[78] İncil'deki صَاحِبُ التَّاجِ ifadesi, kesin olarak Resûl-u Ekrem'e *(aleyhissalâtü vesselam)* işaret eder.

• Yine İncil'de اَلْبَارْقْلِيطْ veyahut اَلْفَارْقْلِيطْ ifadesi geçer ki, İncil tefsirlerinde buna "hak ve bâtılı birbirinden ayıran hakperest" mânâsı verilmiştir. Sonra gelecek, insanları hakka sevk edecek zâtın ismidir.[79]

• İncil'in bir yerinde İsa *(aleyhisselam)* şöyle der: "*Ben gideceğim ki dünyanın reisi gelsin.*"[80] Acaba Hazreti İsa'dan *(aleyhisselam)* sonra dünyanın reisi olacak, hak ile bâtılı ayıracak ve Hazreti İsa'nın

---

76 Kadı Iyâz, *eş-Şifâ* 1/234. Ayrıca bkz. el-Beyhakî, *Delâilü'n-Nübüvve* 1/378; İbni Kesîr, *el-Bidâye* 2/327.

77 Arapların giydiği, omuzları da örten erkek başörtüsünün üstüne bağlanan çember bağ.

78 Bkz. Kadı Iyâz, *eş-Şifâ* 1/235; Aliyyülkârî, *Şerhu'ş-Şifâ* 1/496, 498; el-Hafâcî, *Nesîmü'r-Riyâd* 3/276.

79 Kitab-ı Mukaddes, Yeni Ahit, Yuhanna, *bâb*: 14, *cümle*: 15-17; Kadı Iyâz, *eş-Şifâ* 1/234, 235; el-Halebî, *es-Sîratü'l-Halebiyye* 1/346.

80 Bkz. İbni Kayyim el-Cevziyye, *Hidayetü'l-Hıyârâ* 1/55, 85, 157, 5/284; Kitab-ı Mukaddes (Türkçe tercüme), Yeni Ahit, Yuhanna, *bâb*: 16, *cümle*: 7-8.

(aleyhisselam) makamında insanlara doğru yolu gösterecek, Resûl-u Ekrem'den *(aleyhissalâtü vesselam)* başka kim gelmiştir? Demek, Hazreti İsa *(aleyhisselam)* ümmetine daima müjdeliyor ve haber veriyor ki, "*Bir zât gelecek, bana ihtiyaç kalmayacak. Ben onun bir habercisi ve müjdecisiyim.*"

Şu ayet-i kerîme de bu hakikati bildiriyor:

وَإِذْ قَالَ عِيسَى ابْنُ مَرْيَمَ يَا بَنِي إِسْرَائِيلَ إِنِّي رَسُولُ اللّٰهِ إِلَيْكُمْ مُصَدِّقًا لِمَا بَيْنَ يَدَيَّ مِنَ التَّوْرٰيةِ وَمُبَشِّرًا بِرَسُولٍ يَأْتِي مِنْ بَعْدِي اسْمُهُ أَحْمَدُ[81]

Evet, İncil'de Hazreti İsa *(aleyhisselam)*, ümmetine çok defa müjde veriyor. İnsanlığın en mühim reisinin geleceğini bildiriyor ve o zâtı da bazı isimleriyle anıyor.[82] HAŞİYE O isimler elbette Sürya-

---

81 "Vakti geldi, Meryem'in oğlu İsa da: 'Ey İsrailoğulları! Ben size Allah'ın elçisiyim. Benden önceki Tevrat'ı tasdik etmek, benden sonra gelip ismi "Ahmed" olacak bir resûlü müjdelemek üzere gönderildim.' dedi." (Saf sûresi, 61/6).

82 HAŞİYE Meşhur seyyah Evliya Çelebi, Hazreti Şem'ûn-u Safâ'nın türbesinde, ceylan derisine yazılı İncil-i Şerîf'te bu ayeti okumuştur. Resûl-u Ekrem *(aleyhissalâtü vesselam)* hakkında nazil olan cümle: ايتون Bir oğlan, ازربيون yani İbrahim neslinden ola.. پروفتون peygamber ola.. لوغسلين yalancı olmaya.. بنت onun افزولات doğum yeri Mekke ola.. كه كالوشير salihlikle gelmiş ola.. تونومنين mübarek adı *مواميت Ahmed, Muhammed ola.. ايسفدوس ona uyanlar

nice ve İbranicedir, hakikati araştırıp delilleriyle bilen zâtlar onları görmüştür. O isimler, "*Ahmed, Muhammed, hakkı ve bâtılı birbirinden ayıran*" mânâsındadır.[83] Demek ki İsa *(aleyhisselam)*, çok defa Ahmed'i *(aleyhissalâtü vesselam)* müjdeliyor.

Soru: Eğer dersen ki, "Neden her peygamberden çok Hazreti İsa *(aleyhisselam)* müjde veriyor, başka peygamberler ise yalnız haber veriyorlar, müjde suretinde sözleri azdır?"

Cevap: Çünkü Ahmed *(aleyhissalâtü vesselam)*, İsa aleyhisselam'ı Yahudilerin dehşetli yalanlamasından, dehşetli iftiralarından ve onun dinini dehşetli tahrifattan kurtarmakla beraber; İsa *Aleyhisselam*'ı tanımayan İsrailoğulları'nın zor şeriatına karşılık, kolay, kapsayıcı ve hükümleri bakımından Hazreti İsa'nın dininin noksanını tamamlayacak yüce bir dine sahiptir. İşte bunun için Hazreti İsa çok defa "*Âlemin Reisi geliyor*" diye müjde veriyor.[84]

تاكرديس bu cihanın sahibi olalar, بيست بيث o da cihanın efendisi ola...

* Bu "Mevâmît" kelimesi "Memed"den ve "Memed" de "Muhammed"den tahrif edilmiştir.

83 Kadı Iyâz, *eş-Şifâ* 1/234-235; en-Nebhânî, *Huccetullâhi ale'l-Âlemîn* s. 112-115; el-Halebî, *es-Sîratü'l-Halebiyye* 1/346, 352.

84 Bkz. İbni Kayyim el-Cevziyye, *Hidayetü'l-Hıyârâ* 1/55, 85, 157, 5/284; Kitab-ı Mukaddes (Türkçe tercüme), Yeni Ahit, Yuhanna, *bâb*: 16, *cümle*: 7-8.

Evet, Tevrat, İncil ve Zebur'da ve başka peygamberlerin suhufunda en son gelecek bir peygamber hakkında çok mühim bahisler ve pek çok ayet var ki, bir kısım örneklerini gösterdik. Resûl-u Ekrem o kitaplarda birçok isimle anılmıştır. *Acaba bütün bu peygamberlerin kitaplarında, bu kadar önem vererek, ayetlerde tekrar tekrar bahsettikleri Ahirzaman Peygamberi, Hazreti Muhammed'den (aleyhissalâtü vesselam) başka kim olabilir?*

İkinci Kısım

"İrhâsât" denilen peygamberlik delillerinden maksat şudur: Resûl-u Ekrem'in gönderilmesinden önce, peygambersiz geçen devirde kâhinler ve o zamanın bir derece evliya olan, Allah'ı bilen bir kısım insanları, Resûl-u Ekrem'in *(aleyhissalâtü vesselam)* geleceğini haber vermiş ve bu haberlerini de neşretmişler, şiirleriyle gelecek asırlara bırakmışlar. Bunlar çoktur; biz, siyer ve tarih kitaplarının aktarıp kabul ettiği meşhur ve yaygın olan bir kısmını söyleyeceğiz.

• *Mesela*: Tübba' isminde bir Yemen padişahı, Resûl-u Ekrem'in *(aleyhissalâtü vesselam)* vasıflarını eski kitaplarda görmüş, iman etmiş. Bunu şöyle bir şiiriyle duyurmuş:

شَهِدْتُ عَلٰى أَحْمَدَ أَنَّهُ رَسُولٌ مِنَ اللّٰهِ بَارِي النَّسَمِ

فَلَوْ مُدَّ عُمْرِي إِلٰى عُمْرِهِ لَكُنْتُ وَزِيرًا لَهُ وَابْنَ عَمٍّ

"Ben, Ahmed'in (aleyhissalâtü vesselam) peygamberliğini tasdik ediyorum. Onun zamanına yetişseydim, ona vezir ve amcaoğlu olurdum."[85] (Yani, Ali gibi olurdum.)

• *İkincisi*: Arap kavminin en şöhretli ve mühim hatibi, Allah'ın birliğine inanan, kalbi hakikate açık bir zât olan meşhur Kuss İbni Sâide'dir. İşte bu zât da Resûl-u Ekrem'in gelişinden önce onun peygamberliğini şu şiirle ilan ediyor:

أَرْسَلَ فِينَا أَحْمَدَا خَيْرَ نَبِيٍّ قَدْ بُعِثْ

صَلّٰى عَلَيْهِ اللّٰهُ مَا حَجَّ لَهُ رَكْبٌ وَحَثّْ[86]

• *Üçüncüsü*: Allah Resûlü'nün *(aleyhissalâtü vesselam)* soyundan olan Kâ'b İbni Lüey, onun *(aleyhissalâtü vesselam)* peygamberliğini, ilhamla şöyle ilan etmiş:

---

85 el-Kurtubî, *el-Câmi' li Ahkâmi'l-Kur'an* 16/145; İbni Kesîr, *el-Bidâye* 2/166; İbni Kesîr, *Tefsîru'l-Kur'an* 4/145.

86 "Gönderilen peygamberlerin en hayırlısı olarak bize Ahmed'i *(sallallâhu aleyhi ve sellem)* gönderdi. Kafileler onu ziyaret için yollara dökülüp mesafeler kat ettikçe Allah ona salât eylesin." (Bkz. el-Beyhakî, *Delâilü'n-Nübüvve* 2/111; İbni Kesîr, *el-Bidâye* 2/236; es-Suyûtî, *el-Hasâisu'l-Kübrâ* 1/182).

عَلٰى غَفْلَةٍ يَأْتِي النَّبِيُّ مُحَمَّدٌ فَيُخْبِرُ أَخْبَارًا صَدُوقًا خَبِيرُهَا

"Birdenbire Muhammedü'n-Nebî gelecek, doğru haberleri verecek."[87]

• *Dördüncüsü*: Yemen padişahlarından Seyf İbni Zîyezen, önceki semavî kitaplarda Resûl-u Ekrem'in *(aleyhissalâtü vesselam)* vasıflarını görmüş, iman etmiş ve ona şiddetli bir iştiyak duymuştu. Allah Resûlü'nün *(aleyhissalâtü vesselam)* dedesi Abdülmuttalib, Kureyş kafilesi ile Yemen'e gittiği zaman Seyf İbni Zîyezen onları çağırmış, demiş ki:

إِذَا وُلِدَ بِتِهَامَةَ وَلَدٌ بَيْنَ كَتِفَيْهِ شَامَةٌ كَانَتْ لَهُ الْإِمَامَةُ وَإِنَّكَ يَا عَبْدَ الْمُطَّلِبِ لَجَدُّهُ

Yani, *"Hicaz'da bir çocuk dünyaya gelecek. Onun iki omuzu arasında mühür gibi bir nişan vardır. İşte o çocuk bütün insanlara imam olacak."* Sonra gizlice Abdülmuttalib'i çağırmış. *"O çocuğun ceddi de sensin."* diye kerametli bir şekilde, Resûl-u Ekrem'in dünyaya geleceğini önceden haber vermiş.[88]

---

87 Ebû Nuaym, *Delâilü'n-Nübüvve* s. 90; el-Esbehânî, *Delâilü'n-Nübüvve* 1/156; İbni Kesîr, *el-Bidâye* 2/244.

88 Bkz. el-Beyhakî, *Delâilü'n-Nübüvve* 2/12; Ebû Nuaym, *Delâilü'n-Nübüvve* s. 97-98; el-Mâverdî, *A'lâmü'n-Nübüvve* 1/235.

• *Beşincisi*: Haticetü'l-Kübrâ'nın amcaoğullarından Varaka İbni Nevfel'dir. Vahyin başlangıcında Resûl-u Ekrem *(aleyhissalâtü vesselam)* telâş etmiş. Haticetü'l-Kübrâ, bu hadiseyi meşhur Varaka İbni Nevfel'e söylemiş. Varaka demiş ki: "Onu bana gönder." Resûl-u Ekrem *(aleyhissalâtü vesselam)* Varaka'nın yanına gitmiş, ilk vahiy geldiği andaki vaziyeti anlatmış. Varaka şöyle demiş:

أَبْشِرْ فَأَنَا أَشْهَدُ أَنَّكَ الَّذِي بَشَّرَ بِهِ ابْنُ مَرْيَمَ وَأَنَّكَ عَلٰى نَامُوسِ عِيسٰى وَأَنَّكَ نَبِيٌّ مُرْسَلٌ

"Telâş etme, o hal vahiydir. Sana müjde! Beklenen peygamber sensin. İsa seni müjdelemişti."[89]

• *Altıncısı*: Askelânü'l-Himyerî adlı, Allah'ı bilen bir zât, Resûl-u Ekrem'in peygamberliğinden önce Kureyşlileri gördüğü vakit, "İçinizde peygamberlik dava eden var mı?" diye sorardı, "Yok" derlerdi. Allah Resûlü'ne vahiy geldikten sonra yine sormuş. "Evet," demişler, "biri peygamberlik dava ediyor." O da demiş ki: "*İşte, âlem onu bekliyor.*"[90]

---

89 Bkz. İbni İshak, *es-Sîre* 2/113; İbni Kesîr, *el-Bidâye* 3/10; İbni Hacer, *el-İsâbe* 6/608; el-Halebî, *es-Sîratü'l-Halebiyye* 1/396, 445.

90 İbni Asâkir, *Târîhu Dimaşk* 35/250; İbni Hacer, *el-İsâbe* 5/126; es-Suyûtî, *el-Hasâisu'l-Kübrâ* 1/169; *es-Sîratü'l-Halebiyye* 1/446.

• *Yedincisi*: Hıristiyanların nam salmış âlimlerinden İbnü'l-Alâ, Resûl-u Ekrem'in geleceğini, peygamberliğinden ve onu görmeden önce haber vermiş. Sonra gelip Hazreti Peygamber'i *(aleyhissalâtü vesselam)* görmüş, demiş ki:

وَالَّذِي بَعَثَكَ بِالْحَقِّ لَقَدْ وَجَدْتُ صِفَتَكَ فِي الإِنْجِيلِ وَبَشَّرَ بِكَ ابْنُ الْبَتُولِ

"Ben senin sıfatını İncil'de gördüm, iman ettim. Meryem oğlu İsa, İncil'de senin geleceğini müjdeliyor."[91]

• *Sekizincisi*: Daha önce bahsi geçen Habeş padişahı Necâşî şöyle demiş:

لَيْتَ لِي خِدْمَتَهُ بَدَلاً عَنْ هٰذِهِ السَّلْطَنَةِ

"Keşke şu saltanata bedel, Muhammed-i Arabî'nin (aleyhissalâtü vesselam) hizmetkârı olsaydım! O hizmetkârlık, sultanlığın çok üstündedir."[92]

Şimdi, Rabbanî ilham ile gaipten haber veren ve Allah Resûlü'nün geleceğini bilen bu zâtlardan

---

91 İbni Seyyidi'n-Nâs, *Uyûnü'l-Eser* 1/146. Ayrıca bkz. İbni Asâkir, *Târîhu Dimaşk* 3/430; es-Suyûtî, *el-Hasâisu'l-Kübrâ* 1/24.

92 Bkz. Ebû Dâvûd, *cenâiz* 58; Ahmed İbni Hanbel, *el-Müsned* 1/461; İbni Ebî Şeybe, *el-Musannef* 7/350; Abd İbni Humeyd, *el-Müsned* 1/193.

sonra, gaipten ruhlar ve cinler vasıtasıyla haber veren kâhinler de pek açık bir şekilde, Resûl-u Ekrem'in *(aleyhissalâtü vesselam)* geleceğini ve peygamber olduğunu bildirmişler. Bunlar çoktur; biz meşhur, manevî tevatür hükmüne geçmiş, pek çok tarih ve siyer kitabında nakledilmiş birkaçını söyleyeceğiz. Uzun kıssalarını ve sözlerini siyer kitaplarına havale edip onlardan yalnız kısaca bahsedeceğiz.

Birincisi: Şıkk isminde meşhur bir kâhindir ki, bir gözü, bir eli, bir ayağı varmış; âdeta yarım insan... Manevî tevatür derecesinde kesin bir şekilde tarihlere geçmiştir ki, işte o kâhin, Resûl-u Ekrem'in *(aleyhissalâtü vesselam)* peygamber olduğunu haber verip tekrar tekrar söylemiş.[93]

İkincisi: Meşhur Şam kâhini Satîh'tir. Kemiksiz, âdeta âzâsız bir vücuda sahip, yüzü göğsü içinde, bir hilkat garibesi ve çok da yaşamış bir kâhindir. Gaipten verdiği doğru haberler, o zaman insanlar arasında şöhret bulmuş. Hatta Kisrâ (İran Padişahı), gördüğü tuhaf bir rüyayı ve Resûl-u Ekrem *(aleyhissalâtü vesselam)* dünyayı şereflendirdiği zaman sarayın on dört sütununun yıkılmasının sırrını Satîh'e sormak için Mûbezan denilen âlim bir

---

93 İbni Hişâm, *es-Sîratü'n-Nebeviyye* 124-129; 158, 190-192; et-Taberî, *Târîhu'l-Ümem ve'l-Mülûk* 1/431; Ebû Nuaym, *Delâilü'n-Nübüvve* s. 125-128.

elçisini göndermiş. Satîh, Kisrâ'ya şu mealde bir haber yollamış: "*Sizde on dört padişah hüküm sürecek, sonra saltanatınız mahvolacak. Biri gelecek, bir din ortaya koyacak. İşte o, sizin dininizi ve devletinizi ortadan kaldıracak.*" İşte Satîh, açıkça, Ahirzaman Peygamberi'nin geleceğini haber vermiş.[94]

Yine Sevad İbni Kâribi'd-Devsî,[95] Hunâfir,[96] Ef'â Necrân,[97] Cizl İbni Cizli'l-Kindî,[98] İbni Halasate'd-Devsî[99] ve Fâtıma Binti Numan-ı Neccâriye[100] gibi meşhur kâhinler, siyer ve tarih kitaplarında etraflıca anlatıldığı üzere, Ahirzaman Peygamberi'nin geleceğini, o peygamberin de Hazreti Muhammed *(aleyhissalâtü vesselam)* olduğunu haber vermişlerdir.

Hem Hazreti Osman'ın akrabalarından Sü'dâ

---

94 et-Taberî, *Târîhu'l-Ümem ve'l-Mülûk* 1/459-460; el-Beyhakî, *Delâilü'n-Nübüvve* 1/126-130; İbni Asâkir, *Târîhu Dimaşk* 37/361-363.

95 Buhârî, *menâkıbü'l-ensâr* 35; İbni Hişâm, *es-Sîratü'n-Nebeviyye* 2/34-36; et-Taberânî, *el-Mu'cemü'l-Kebîr* 7/92-95; el-Hâkim, *el-Müstedrek* 3/704-705.

96 İbni Abdilberr, *el-İstîâb* 2/460; es-Suyûtî, *el-Hasâisu'l-Kübrâ* 2/52-53; İbni Hacer, *el-İsâbe* 2/362-363, 3/349.

97 Kadı Iyâz, *eş-Şifâ* 1/365.

98 Kadı Iyâz, *eş-Şifâ* 1/365.

99 İbni Asâkir, *Târîhu Dimaşk* 3/451-452; es-Suyûtî, *el-Hasâisu'l-Kübrâ* 1/185-186.

100 İbni Sa'd, *et-Tabakâtü'l-Kübrâ* 1/167; et-Taberânî, *el-Mu'cemü'l-Evsat* 1/234; Ebû Nuaym, *Delâilü'n-Nübüvve* s. 107.

Binti Küreyz, kehânetle, Resûl-u Ekrem'in *(aleyhissalâtü vesselam)* peygamberliğini gaipten haber almış. İslamiyet'in başlangıcında Hazreti Osman Zinnûreyn'e demiş ki: "Sen git, iman et." Osman o ilk günlerde gelmiş, iman etmiş. İşte Sü'dâ o hadiseyi şöyle bir şiirle anlatıyor:

هَدَى اللهُ عُثْمَانَ الصَّفِيَّ بِقَوْلِهِ ۞ فَأَرْشَدَهُ وَاللهُ يَهْدِي إِلَى الْحَقِّ[101]

Yine kâhinler gibi, "hâtif" denilen, kendisi görünmeyen fakat sesi işitilen cinnîler, Resûl-u Ekrem'in *(aleyhissalâtü vesselam)* geleceğini tekrar tekrar haber vermiştir. Mesela:

Kendisi görünmeyip sesi işitilen bir cinnî, Zübâb İbnü'l-Hâris'e şöyle bağırmış, onun ve bir başkasının İslam'a girmesine vesile olmuş:

يَا ذُبَابُ يَا ذُبَابُ ۞ اِسْمَعِ الْعَجَبَ الْعُجَابَ،

بُعِثَ مُحَمَّدٌ بِالْكِتَابِ ۞ يَدْعُو بِمَكَّةَ فَلَا يُجَابُ[102]

---

101 "Allah *(celle celâlüh)* onun sözü vasıtasıyla iffetli Osman'ı hidayete erdirdi ve ona doğru yolu gösterdi." (Bkz. İbni Hacer, *el-İsâbe* 7/698. Ayrıca bkz. İbni Asâkir, *Târîhu Dimaşk* 39/25; İbni Kesîr, *el-Bidâye* 7/200).

102 "Ey Zübâb, Ey Zübâb! Şu acayip, harikulâde haberi dinle. Hazreti Muhammed, Mekke'de davete başladı, fakat onun davetine uyulmuyor." (Bkz. el-Beyhakî, *Delâilü'n-Nübüvve* 2/259; İbnü'l-Esîr, *Üsdü'l-Ğâbe* 2/13; İbni Hacer, *el-İsâbe* 2/402).

Yine böyle bir cinnî, İbni Mürre el-Gatafânî'ye şöyle bağırmış, bazılarını imana getirmiş:

جَاءَ حَقٌّ فَسَطَعَ، وَدُمِّرَ بَاطِلٌ فَانْقَمَعَ[103]

Bu hâtiflerin müjdeleri ve haber vermeleri pek meşhurdur ve çokça görülmüştür.

Hem nasıl kâhinler, hâtifler haber vermişlerse, aynı şekilde, putlar ve putlara kesilen kurbanlar da Resûl-u Ekrem'in *(aleyhissalâtü vesselam)* peygamberliğini bildirmiştir. Mesela:

Meşhur kıssalardandır ki, Mâzin kabilesinin putu bağırıp هٰذَا نَبِيٌّ مُرْسَلٌ جَاءَ بِحَقٍّ مُنْزَلٍ[104] diyerek Resûl-u Ekrem'in *(aleyhissalâtü vesselam)* peygamber olduğunu haber vermiş.

Abbas İbni Mirdâs'ın İslamiyet'i kabul sebebi olan meşhur vaka ise şudur: Dımâr adında bir putu varmış, o put bir gün şöyle ses vermiş:

أَوْدٰى ضِمَارُ وَكَانَ يُعْبَدُ مَرَّةً قَبْلَ الْكِتَابِ إِلَى النَّبِيِّ مُحَمَّدٍ[105]

---

103 "Hak gelip her tarafa yayıldı. Bâtıl da helâk olup gitti." (Bkz. el-Beyhakî, *Delâilü'n-Nübüvve* 2/259; Aliyyülkârî, *Şerhu'ş-Şifâ* 1/748; el-Hafâcî, *Nesîmü'r-Riyâd* 4/323).

104 "Bu, (Allah tarafından) gönderilmiş bir nebîdir ki indirilmiş bir hakikatle (Kur'an-ı Kerîm'le) geldi." (Bkz. Ebû Nuaym, *Delâilü'n-Nübüvve* s. 115; el-Beyhakî, *Delâilü'n-Nübüvve* 2/256. Ayrıca bkz. et-Taberânî, *el-Mu'cemü'l-Kebîr* 20/338).

105 İbni Hişâm, *es-Sîratü'n-Nebeviyye* 5/92; Ebû Nuaym, *Delâilü'n-Nübüvve* s. 118; İbni Kesîr, *el-Bidâye* 4/312;

"Muhammed gelmeden önce bana ibadet ediliyordu. Şimdi Muhammed'in beyanı geldi, artık bu sapkınlık var olamaz."

Hazreti Ömer, İslamiyet'ten önce, puta kesilen bir kurbandan şöyle işitmiş:

يَا اٰلَ ذَرِيحْ أَمْرٌ نَجِيحْ رَجُلٌ فَصِيحْ يَقُولُ لَا إِلٰهَ إِلَّا اللّٰهُ[106]

İşte bunlar gibi çok örnek var... Delillere dayanan kitaplar bunları kabul edip bildirmiştir.

Nasıl ki kâhinler, Allah'ı bilen zâtlar, hâtifler, hatta putlar ve kurbanlar Resûl-u Ekrem'in *(aleyhissalâtü vesselam)* peygamberliğini haber vermiş, her bir hadise bir kısım insanların imanına vesile olmuş. Aynen öyle de, bazı taşların üstünde, kabirlerde ve mezar taşlarında, eski yazı ile مُحَمَّدٌ مُصْلِحٌ أَمِينٌ[107] gibi ifadeler bulunmuş, onları gören bir kısım insanlar imana gelmiştir.[108] Evet, eski yazı ile bazı taşlarda

es-Süheylî, *er-Ravdu'l-Ünf* 4/194.

106 "Ey Zerîh kabilesi! İnsanları kurtaracak bir hadise: 'Lâ ilâhe illallah' diyen, güzel, düzgün ve akıcı konuşan bir adam var." (Bkz. Buhârî, *menâkıbü'l-ensâr* 35; Ebû Ya'lâ, *el-Müsned* 1/266; İbni Hişâm, *es-Sîratü'n-Nebeviyye* 2/35; İbni Sa'd, *et-Tabakâtü'l-Kübrâ* 1/158).

107 Muhammed, barış ve emniyeti sağlayan bir ıslahatçıdır.

108 el-Buhârî, *et-Târîhu'l-Kebîr* 1/29; el-Beyhakî, *Delâilü'n-Nübüvve* 2/61; İbni Asâkir, *Târîhu Dimaşk* 34/102; İbni Hacer, *el-İsâbe* 1/72.

bulunan مُحَمَّدٌ مُصْلِحٌ أَمِينٌ ifadesi, Resûl-u Ekrem'e *(aleyhissalâtü vesselam)* işarettir. Çünkü ondan önce, gönderilmesine pek yakın, yalnız yedi Muhammed ismi vardı, başka yoktu. O yedi kişinin de hiçbir şekilde "Muslih (ıslah eden), Emîn (güvenilir)" tabirlerine liyakati bulunmuyordu.[109]

Üçüncü Kısım

İrhâsâttan, Resûl-u Ekrem'in *(aleyhissalâtü vesselam)* dünyayı şereflendirmesi sırasında meydana gelen harikalar ve hadiselerdir. Bu hadiseler, Allah Resûlü'nün dünyaya gelişiyle alâkalı bir şekilde gerçekleşmiştir. Hem Resûl-u Ekrem'in peygamber olarak gönderilmesinden önce meydana gelen bazı hadiseler var ki, doğrudan doğruya onun birer mucizesidir. Bunlar çoktur. Meşhur olmuş, hadis imamlarınca kabul edilmiş ve sahihlikleri kesinleşmiş birkaçını örnek olarak göstereceğiz.

• *Birincisi:* Resûl-u Ekrem'in *(aleyhissalâtü vesselam)* doğduğu gece, hem annesinin hem onun yanında bulunan, Osman İbni Âs ile Abdurrahmân İbni Avf'ın annelerinin gördüğü büyük bir nurdur ki, üçü de şöyle demiş: "*Doğumu anında öyle bir*

---

109 İbni Sa'd, *et-Tabakâtü'l-Kübrâ* 1/169; el-Halebî, *es-Sîratü'l-Halebiyye* 1/131-134.

nur gördük ki, o nur bizim için doğuyu ve batıyı aydınlattı."[110]

• *İkincisi:* O gece Kâbe'deki putların çoğu baş aşağı düşmüştür.[111]

• *Üçüncüsü:* Meşhur Kisrâ'nın Eyvân'ının (meşhur sarayı) o gece sallanıp çatlaması ve on dört sütununun düşmesidir.[112]

• *Dördüncüsü:* Mukaddes sayılan Sava Gölü'nün sularının o gece çekilmesi[113] ve İstahrâbâd'da bin senedir daima yakılan ve sönmeyen, Mecusilerin mabud kabul ettikleri ateşin o gece sönmesidir.[114]

İşte şu dört hadise, dünyaya yeni gelen o zâtın, ateşperestliği kaldıracağına, Fars saltanatının sarayını yerle bir edeceğine ve Allah'ın izin vermediği şeylerin kutsanmasını yasaklayacağına işarettir.

---

[110] Ebû Nuaym, *Delâilü'n-Nübüvve* s. 135-137. Ayrıca bkz. Ahmed İbni Hanbel, *el-Müsned* 4/127; et-Taberânî, *el-Mu'cemü'l-Kebîr* 18/252; İbni İshak, *es-Sîre* 1/22, 28; İbni Hişâm, *es-Sîratü'n-Nebeviyye* 1/293.

[111] el-Beyhakî, *Delâilü'n-Nübüvve* 1/19; es-Suyûtî, *el-Hasâisu'l-Kübrâ* 1/81; el-Halebî, *es-Sîratü'l-Halebiyye* 1/76.

[112] el-Beyhakî, *Delâilü'n-Nübüvve* 1/19, 126, 127; Ebû Nuaym, *Delâilü'n-Nübüvve* s. 139; et-Taberî, *Târîhu'l-Ümem ve'l-Mülûk* 1/459.

[113] *A.g.e.*

[114] *A.g.e.*

• *Beşincisi:* Gerçi Resûl-u Ekrem'in doğduğu gece değil, fakat ona pek yakın olması yönüyle, bazı hadiseler de Allah Resûlü'nün *(aleyhissalâtü vesselam)* peygamberliğinden önce meydana gelen mucizelerindendir. Bunlardan biri Fil sûresinde kesin ve açık bir şekilde anlatılan Fil Vakası'dır. Habeş hükümdarı Ebrehe, Kâbe'yi yıkmak için "Mahmud" namında cüsseli bir fili öne sürüp gelmiş. Mekke'ye yaklaştığı vakit fil yürümemiş. Çare bulamayıp dönmüşler. Ebâbil kuşları onları mağlup ve perişan etmiş, kaçmışlar. Bu hayret verici kıssa, tarih kitaplarında etraflıca anlatılmıştır, meşhurdur.

İşte şu hadise, Resûl-u Ekrem'in *(aleyhissalâtü vesselam)* peygamberliğinin delillerindendir. Çünkü Allah Resûlü'nün dünyaya gelişine pek yakın bir zamanda, kıblesi, doğduğu yer ve sevgili vatanı olan Kâbe-i Mükerreme, gaybî ve harika bir şekilde, Ebrehe'nin tahribinden kurtulmuştur.[115]

• *Altıncısı:* Resûl-u Ekrem *(aleyhissalâtü vesselam)*, küçüklüğünde sütannesi Halime-i Sa'diye'nin yanındayken, Halime ve kocası, güneşten rahatsız olmaması için çok defa üstünde bir bulut parçasının

---

115 Bkz. İbni İshak, *es-Sîre* 36-41; İbni Hişâm, *es-Sîratü'n-Nebeviyye* 1/168-173; İbni Sa'd, *et-Tabakâtü'l-Kübrâ* 1/91-92.

ona gölge ettiğine şahit olmuş ve bunu başkalarına söylemişler. Şu hadise sahihliğiyle meşhurdur.[116]

Hem Allah Resûlü on iki yaşındayken Şam tarafına gittiği vakit, Rahip Bahira bir parça bulutun ona gölge ettiğini görmüş ve göstermiş.[117]

Yine peygamberlik vazifesinden önce, Resûl-u Ekrem *(aleyhissalâtü vesselam)*, bir defa Haticetü'l-Kübrâ'nın Meysere ismindeki hizmetkârıyla ticaretten dönerken, Haticetü'l-Kübrâ Allah Resûlü'nün *(aleyhissalâtü vesselam)* başında iki meleğin bulut şeklinde gölge ettiğini görmüş ve bunu hizmetkârı Meysere'ye söylemiş. Meysere, Haticetü'l-Kübrâ'ya şöyle demiş: "Ben bunu yolculuğumuz boyunca görüyordum."[118]

- *Yedincisi:* Sahih nakille sabittir ki, Resûl-u Ekrem *(aleyhissalâtü vesselam)*, peygamberlikle vazifelendirilmeden önce bir ağacın altında oturmuştu. O yer kuruydu, birden yeşillendi. Ağacın dalları, Allah Resûlü'nün başının üzerine eğilip kıvrılarak gölge yaptı.[119]

---

116 İbni Sa'd, *et-Tabakâtü'l-Kübrâ* 1/112.

117 Tirmizî, *menâkıb* 3; İbni Ebî Şeybe, *el-Musannef* 7/327; İbni Hişâm, *es-Sîratü'n-Nebeviyye* 1/319-322.

118 İbni Hişâm, *es-Sîratü'n-Nebeviyye* 2/6-7; İbni Sa'd, *et-Tabakâtü'l-Kübrâ* 1/130-131; 156-157.

119 Kadı Iyâz, *eş-Şifâ* 1/368; el-Halebî, *es-Sîratü'l-Halebiyye* 1/218.

• *Sekizincisi:* Resûl-u Ekrem *(aleyhissalâtü vesselam)* yaşça ufakken Ebû Talib'in evinde kalıyordu. Ebû Talip ve çoluk çocuğu, onunla beraber yerlerse karınları doyardı. Allah Resûlü yemekte bulunmazsa doymuyorlardı. Şu hadise hem meşhur hem kesindir.[120]

Hem Resûl-u Ekrem'in *(aleyhissalâtü vesselam)* küçüklüğünde ona bakan ve hizmet eden Ümmü Eymen demiş ki: "*Allah Resûlü (aleyhissalâtü vesselam) hiçbir vakit açlıktan ve susuzluktan şikâyet etmedi, ne küçüklüğünde ne de büyüyünce...*"[121]

• *Dokuzuncusu:* Sütannesi Halime-i Sa'diye'nin malının ve keçilerinin sütünün, kabilesinin aksine, çok ve bereketli olmasıdır. Bu hadise de hem meşhur hem kesindir.[122]

Hem sinek onu rahatsız etmez, mübarek vücuduna ve elbisesine konmazdı.[123] Hatta evladından

---

120 İbni Sa'd, *et-Tabakâtü'l-Kübrâ* 1/119-120, 168; Ebû Nuaym, *Delâilü'n-Nübüvve* s. 166; İbni Asâkir, *Târîhu Dimaşk* 3/86.

121 İbni Sa'd, *et-Tabakâtü'l-Kübrâ* 1/168; Ebû Nuaym, *Delâilü'n-Nübüvve* s. 167; es-Suyûtî, *el-Hasâisu'l-Kübrâ* 1/141.

122 İbni Hibbân, *es-Sahîh* 14/244-246; et-Taberânî, *el-Mu'cemü'l-Kebîr* 24/214; İbni Hişâm, *es-Sîratü'n-Nebeviyye* 1/299-301.

123 Kadı Iyâz, *eş-Şifâ* 1/368; el-Halebî, *es-Sîratü'l-Halebiyye* 2/624, 3/381.

Seyyid Abdülkadir Geylânî *(kuddise sirruh)* dahi ceddinden bu hali miras almıştı; sinek ona da konmazdı.[124]

• *Onuncusu:* Resûl-u Ekrem *(aleyhissalâtü vesselam)* dünyaya geldikten sonra, bilhassa doğduğu gece, kayan yıldızların çoğalmasıdır ki,[125] şu hadise, On Beşinci Söz'de kesin delilleriyle ispat ettiğimiz üzere, şeytanların ve cinlerin, gaybî haberleri almasının kesilmesine işarettir.

İşte madem Resûl-u Ekrem *(aleyhissalâtü vesselam)* vahiy ile dünyaya geldi. Elbette kâhinlerin, gaipten haber verenlerin ve cinlerin yarım yamalak ve yalanlarla karışık haberlerine set çekmek lâzımdı ki, vahye bir şüphe düşürmesinler ve verdikleri haberler vahye benzemesin. Evet, Resûl-u Ekrem'in peygamber olarak gönderilmesinden önce kâhinlik çoktu. Kur'an, indirilince buna son verdi.[126] Hatta çok sayıdaki kâhin imana geldi. Çünkü cinlerden olan habercilerini bir daha bulamadılar. Demek, Kur'an onu bitirmişti. İşte eski

---

124 el-Hafâcî, *Nesîmü'r-riyâd* 4/335; en-Nebhânî, *Câmiu Kerâmâti'l-Evliyâ* 2/203.

125 et-Taberânî, *el-Mu'cemü'l-Kebîr* 25/186; et-Taberî, *Târîhu'l-Ümem ve'l-Mülûk* 1/454; Ebû Nuaym, *Delâilü'n-Nübüvve* s. 135.

126 Cin sûresi, 72/1, 8, 9; Buhârî, *ezân* 105, *tefsîru sûre (72)* 1; Müslim, *salât* 149.

zaman kâhinleri gibi şimdi de medyumlar suretinde yine bir çeşit kâhinlik, Avrupa'da ispritizmacıların içinde baş göstermiş. Her neyse...

Kısacası: Resûl-u Ekrem'in *(aleyhissalâtü vesselam)* peygamberliğinden önce onu tasdik ettiren ve eden pek çok hadise ve zât ortaya çıkmıştır.

Evet, dünyaya mânen reis olacak,[127 HAŞİYE] *onun manevî şeklini değiştirecek, onu ahirete tarla yapacak,*[128] *varlıkların kıymetini ilan edecek, cinlere ve insanlara ebedî saadete giden yolu gösterecek, fâni cin ve insanları ebediyen yok olmaktan kurtaracak, dünyanın yaratılış hikmetini, anlaşılması zor tılsımını ve muammasını çözecek, kâinatın Hâlık'ının maksatlarını bilecek ve bildirecek ve o Yaratıcıyı tanıyıp herkese tanıtacak bir zât, elbette daha gelmeden her şey, her varlık cinsi ve topluluğu onun gelişine sevinecek, gelmesini bekleyecek, onu güzelce karşılayacak ve alkışlaya-*

---

127 HAŞİYE Evet Sultan-ı Levlâke Levlâk, öyle bir reistir ki, saltanatı bin üç yüz elli senedir devam ediyor. Birinci asırdan sonra her bir asırda en az üç yüz elli milyon tebaası ve raiyeti vardır. Yeryüzünün yarısını bayrağı altına almıştır ve tebaası tam bir teslimiyetle ona her gün salât ü selam ile bağlılığını yenileyerek emirlerine itaat eder.

128 "Dünya, ahiretin tarlasıdır." mânâsındaki hadis için bkz. el-Gazâlî, *İhyâu Ulûmi'd-Dîn* 4/19; es-Sehâvî, *el-Makâsıdü'l-Hasene* s. 497; Aliyyülkârî, *el-Esrâru'l-Merfûa* s. 205.

caktır ve bunlar Hâlık'ı tarafından bildirilirse o zât da bildirecektir. Zira önceki işaretlerde ve misallerde gördük ki, her bir varlık türü onu güzelce karşılar gibi mucizelerini gösteriyor, mucizelerin diliyle peygamberliğini tasdik ediyor.

On Yedinci İşaret

Resûl-u Ekrem'in (aleyhissalâtü vesselam) Kur'an'dan sonra en büyük mucizesi kendi zâtıdır. Yani onda bir araya gelmiş yüce ahlâk vasıflarıdır ki, her birinde en yüksek mertebede olduğunda dost ve düşman ittifak ediyor. Hatta cesaret kahramanı Hazreti Ali, tekrar tekrar şöyle diyordu: "Savaş dehşetlendiği vakit, biz Resûl-u Ekrem'in (aleyhissalâtü vesselam) arkasına sığınıp korunuyorduk."[1] *ve bunun gibi... Allah Resûlü, bütün övülmüş, güzel ahlâk vasıflarında en yüksek ve yetişilemeyecek bir dereceye sahipti.* Şu büyük mucizeyi Mağrib'in büyük âlimi Kadı Iyâz'ın *Şifâ-yı Şerif*'ine havale ediyoruz. Evet, gerçekten o zât, onun övülmüş, güzel ahlâkının mucizeliğini pek güzel beyan ve ispat etmiştir.

Resûl-u Ekrem'in (aleyhissalâtü vesselam) pek büyük, dost ve düşman tarafından tasdik edilmiş bir

---

1 Ahmed İbni Hanbel, *el-Müsned* 1/86; İbni Ebî Şeybe, *el-Musannef* 7/354; et-Taberânî, *el-Mu'cemü'l-Evsat* 3/371.

mucizesi de yüce şeriatı, getirdiği yüce dindir ki, benzeri ne gelmiş ne de gelecektir. Şu büyük mucizenin bir derece izahını, yazdığımız bütün Otuz Üç Söz, Otuz Üç Mektup, Otuz Bir Lem'a ve On Üç Şuâ'ya havale ediyoruz...

Yine Resûl-u Ekrem'in *(aleyhissalâtü vesselam)* tevatür derecesinde ve kesin, büyük bir mucizesi, "*ayın ikiye bölünmesi*"dir.[2] Evet, şu hadise, birçok rivayetle, yanlışlığına ihtimal bulunmayacak şekilde, İbni Mes'ud,[3] İbni Abbas,[4] İbni Ömer,[5] İmam Ali,[6] Enes,[7] Huzeyfe[8] gibi sahabenin pek çok büyük isminden[9] farklı kanallarla haber verilmekle

---

2 Bkz. el-Gazâlî, *Fedâihu'l-Bâtıniyye* 1/139-141; el-Âmidî, *Ğâyetü'l-merâm* 1/356-357; el-Îcî, *Kitâbü'l-Mevâkıf* 3/405; et-Teftâzânî, *Şerhu'l-Makâsıd* 5/17.

3 Buhârî, *menâkıb* 27, *menâkıbü'l-ensâr* 36, *tefsîru sûre (54)* 1; Müslim, *münâfikîn* 43-45.

4 Buhârî, *menâkıbü'l-ensâr* 36, *tefsîru sûre (54)* 1; Müslim, *münâfikîn* 48.

5 Müslim, *münâfikîn* 45; Tirmizî, *fiten* 20, *tefsîru sûre (54)* 4; İbni Hibbân, *es-Sahîh* 14/421.

6 Kadı Iyâz, *eş-Şifâ* 1/213.

7 Buhârî, *menâkıb* 27, *menâkıbü'l-ensâr* 36, *tefsîru sûre (54)* 1; Müslim, *münâfikîn* 46, 47.

8 Abdurrezzak, *el-Musannef* 3/193, 194; İbni Ebî Şeybe, *el-Musannef* 7/139; el-Hâkim, *el-Müstedrek* 4/651.

9 Ayrıca Hazreti Cübeyr rivayeti için bkz. Tirmizî, *tefsîru sûre (54)* 5; Ahmed İbni Hanbel, *el-Müsned* 4/81; İbni Hibbân, *es-Sahîh* 14/422; el-Bezzâr, *el-Müsned* 8/357, 358.

beraber; Kur'an açık ve kesin hükmüyle, اِقْتَرَبَتِ السَّاعَةُ وَانْشَقَّ الْقَمَرُ[10] ayetiyle o büyük mucizeyi âleme ilan etmiştir. O zamanın inatçı Kureyş müşrikleri, şu ayetin verdiği haberi inkâr etmemiş, ancak "sihirdir" demişler.[11] Demek, ayın yarıldığı kâfirlerce de kesindir. Şu çok büyük mucizeyi, ayın yarılmasına dair yazdığımız, Otuz Birinci Söz'ün ilave kısmı olan Şakk-ı Kamer Risalesi'ne havale ediyoruz.

Hem Resûl-u Ekrem (aleyhissalâtü vesselam), nasıl ki yeryüzünün sakinlerine ayın yarılması mucizesini göstermiş, aynen öyle, göğün sakinlerine de en büyük mucizelerinden olan Mirac'ı göstermiştir.

İşte Mirac denilen şu büyük mucizeyi, Otuz Birinci Söz olan Mirac Risalesi'ne havale ediyoruz. Çünkü o risale, bu büyük mucizenin ne kadar nuranî, yüce ve doğru olduğunu kesin delillerle, hatta dinsizlere bile ispatlamıştır. Yalnız Mirac mucizesinin başlangıcı olan Beytü'l-Makdis[12] seyahati ve sabahleyin Kureyş kavminin Allah Resûlü'nden Beytü'l-Makdis'in tarifini istemesi üzerine meydana gelen bir mucizeden bahsedeceğiz. Şöyle ki:

---

10 "Kıyamet saati yaklaştı, ay bölündü." (Kamer sûresi, 54/1).

11 Kamer sûresi, 54/2; Tirmizî, *tefsîru sûre (54)* 1, 2, 5; Ahmed İbni Hanbel, *el-Müsned* 3/165, 4/81; el-Bezzâr, *el-Müsned* 8/357, 358.

12 Mescid-i Aksa.

O gecenin sabahında Resûl-u Ekrem, Mirac'ı Kureyşlilere haber verdi. Kureyşliler kendisini yalanladı. Dediler ki: "Eğer Beytü'l-Makdis'e gittiysen, oranın kapılarını, duvarlarını ve durumunu bize tarif et." Resûl-u Ekrem *(aleyhissalâtü vesselam)* buyuruyor ki:

فَكَرِبْتُ كُرْبَةً مَا كَرِبْتُ مِثْلَهُ قَطُّ قَالَ فَرَفَعَهُ اللهُ لِي أَنْظُرُ إِلَيْهِ فَنَعَتُّهُ وَأَنَا أَنْظُرُ إِلَيْهِ

"Onların yalanlamasından ve sorularından çok sıkıldım. Hatta öyle bir sıkıntı hiç çekmemiştim. Birden Cenâb-ı Hak, Beytü'l-Makdis'i bana gösterdi. Ben de ona bakıyor, her şeyi birer birer tarif ediyordum." İşte o vakit Kureyşliler gördüler ki, Allah Resûlü, Beytü'l-Makdis'ten doğru ve tam haber veriyor.[13]

Hem Resûl-u Ekrem *(aleyhissalâtü vesselam)* Kureyşlilere demiş ki: "Yolda giderken sizin bir kafilenizi gördüm. Yarın filan vakitte gelecek." Sonra o vakitte kafileyi beklemişler. Kafile bir saat gecikmiş. Resûl-u Ekrem'in *(aleyhissalâtü vesselam)* haberinin doğru çıkması için –tahkik ehlinin tasdikiyle– güneş bir saat durmuş.[14] Yani yeryüzü, Allah

---

13 Buhârî, *menâkıbü'l-ensâr* 41, *tefsîru sûre (17)* 3; Müslim, *îmân* 276, 278.

14 el-Beyhakî, *Delâilü'n-Nübüvve* 2/404; Kadı Iyâz, *eş-Şifâ*

Resûlü'nün sözünü doğru çıkarmak için vazifesine, seyahatine bir saat ara vermiş ve bunu güneşin durması şeklinde göstermiştir.

İşte Resûl-u Ekrem'in *(aleyhissalâtü vesselam)* bir tek sözünü doğrulamak için koca dünya vazifesini terk eder, koca güneş ona şahit olur. Böyle bir zâtı tasdik etmeyenin ve onun emrini yerine getirmeyenin ne derece bahtsız; onu tasdik edip emrine [15]سَمِعْنَا وَأَطَعْنَا diyenlerin ne kadar bahtiyar olduğunu anla, [16]اَلْحَمْدُ لِلّٰهِ عَلَى الْإِيمَانِ وَالْإِسْلَامِ de.

1/284, 285; en-Nevevî, *Şerhu Sahîh-i Müslim* 12/52.

15 "İşittik ve itaat ettik..." (Bakara sûresi, 2/285).

16 Lütfettiği iman ve İslam nimetinden dolayı hamdolsun Allah'a.

On Sekizinci İşaret

Resûl-u Ekrem'in (aleyhissalâtü vesselam) *en büyük, ebedî, yüzlerce peygamberlik delilini içeren ve kırk yönden mucizeliği ispat edilmiş bir mucizesi de Kur'an-ı Hakîm'dir.*[1] İşte şu en büyük mucizeye dair Yirmi Beşinci Söz, yaklaşık yüz elli sayfada, onun kırk mucizelik yönünü özetle beyan ve ispat etmiştir. Öyleyse mucizeler kaynağı olan şu büyük mucizeyi o Söz'e havale ederek yalnız iki-üç nükteyi bildireceğiz.

Birinci Nükte

Eğer denilse: "Kur'an'ın mucizeliği belâgatindedir. Her insan tabakasının, o mucizeden hisse almaya hakkı var. Halbuki Kur'an'ın belâgatindeki mucizeliği bin muhakkik âlimden bile ancak biri anlayabilir."

---

1 Kadı Iyâz, *eş-Şifâ* 1/369; el-Cessâs, *Ahkâmü'l-Kur'an* 1/33-34; ez-Zürkânî, *Menâhilü'l-İrfân* 1/55, 206, 2/92.

Cevap: Kur'an-ı Hakîm'in her tabakaya karşı bir çeşit mucizeliği vardır ve bunu bir tarzda hissettirir.

• Mesela, dili kusursuz, güzel ve akıcı bir şekilde kullanan belâgat ve fesâhat sahiplerine karşı, belâgatindeki harikulâde mucizeliği gösterir.

• Şair ve hatiplerin tabakasına karşı garip, güzel, yüksek, eşsiz üslûbunun mucizeliğini bildirir. O üslûp herkesin hoşuna gittiği halde, kimse onu taklit edemiyor. Zaman o üslûbu ihtiyarlatmıyor, Kur'an daima genç ve tazedir. Öyle kusursuz bir nesir ve nesir tarzında bir nazımdır ki, hem yüce hem tatlıdır.

• Kâhinlere ve gaipten haber verenlere, gayba dair harikulâde haberlerindeki mucizeliğini gösterir.

• Tarihçilerin ve olup biten hadiseleri inceleyen âlimlerin tabakasına karşı Kur'an, verdiği haberlerle eski kavimlerin başından geçen hadiselere, onların hallerine, geleceğe, berzah ve ahiret âlemlerinde olacaklara dair mucizeliğini gösterir.

• Toplumların yaşayışını inceleyen âlimlere ve siyasetçilere, kutsî düsturlarındaki mucizeliği bildirir. Evet, Kur'an'dan çıkan yüce dinin hükümleri, o mucizelik sırrını gösterir.

• Hem Cenâb-ı Hakk'ı tanıma, bilme ve varlığın hakikati ile meşgul olan tabakaya karşı, kutsî ilahî hakikatlerindeki mucizeliği gösterir veya o mucizeliğin varlığını hissettirir.

• Tarikat ehline ve evliyaya karşı Kur'an, bir deniz gibi daima dalgalanmakta olan ayetlerinin esrarındaki mucizeliği ifade eder ve bunun gibi kırk tabakadan her birine bir pencere açar, mucizeliğini gösterir.

• Hatta Kur'an, yalnız duyduğunu idrak eden ve mânâları bir derece anlayan avam tabakaya okunduğunda, dinleyen, onun başka kitaplara benzemediğini tasdik eder. Ve ona kulak veren, avam tabakadan adam der ki: "Ya bu Kur'an bütün dinlediğimiz kitapların aşağısındadır; bunu ise hiçbir düşman dahi diyemez ve bu ihtimal yüz derece akıl dışıdır, imkânsızdır. Öyleyse Kur'an, işitilen bütün kitapların üstündedir. Demek ki mucizedir."

İşte böyle sıradan bir adamın anladığı mucizeliği, ona yardım için bir derece izah edeceğiz. Şöyle ki:

Kur'an-ı Mucizü'l-Beyan, indirildiği zaman bütün âleme meydan okudu ve insanlarda iki şiddetli his uyandırdı:

Birincisi: Dostlarında taklit hissi, yani sevgili Kur'an'ın üslûbuna benzeme ve onun gibi konuşma arzusu.

İkincisi: Düşmanlarda bir tenkit ve sözle

mücadele hissi, yani Kur'an'ın üslûbuna karşılık vererek onun mucizelik davasını çürütme isteği.

İşte bu iki şiddetli hisle milyonlarca Arapça kitap yazılmıştır, meydandadır. Şimdi, bütün bu kitapların en belagatlileri, en güzel, akıcı ve düzgün üslûba sahip olanları Kur'an'la beraber okunduğunda, kim dinlese kesinlikle diyecektir ki, Kur'an bunların hiçbirine benzemiyor. Demek Kur'an, bu kitapların derecesinde değildir. Öyleyse, ya hepsinin altındadır; bu ise yüz derece imkânsız olmakla beraber, hiç kimse, hatta şeytan bile bunu diyemez.[2 HAŞİYE] Şu halde Kur'an-ı Mucizü'l-Beyan, yazılan bütün kitapların üstünde bir dereceye sahiptir.

Hatta Kur'an-ı Hakîm, mânâyı da anlamayan cahil, avam tabakaya karşı dahi, onları usandırmamak suretiyle, mucizeliğini gösterir. Evet, sıradan, cahil bir adam der ki: "En güzel, en meşhur bir beyti iki-üç defa işitsem bana usanç veriyor. Kur'an ise hiç usandırmıyor, gittikçe dinlemesi daha çok hoşuma gidiyor. Öyleyse bu, insan sözü değildir."

Hem Kur'an-ı Hakîm hafızlığa çalışan çocuklara karşı da mucizeliğini gösterir. O büyük Kur'an, pek çok yerinde şaşırmaya ve karıştırmaya sebep

---

2 HAŞİYE Yirmi Altıncı Mektup'un mühim Birinci Bahis'i, şu cümlenin haşiyesi ve izahıdır.

olacak şekilde birbirine benzeyen ayetler ve cümleler bulunmasına rağmen, o nazik, zayıf, basit ve bir sayfa kitabı hafızasında tutamayan çocukların küçük kafalarına tam bir kolaylıkla yerleşerek mucizeliğini onlara da gösterir.

Hatta az bir sözden ve gürültüden rahatsız olan hastalara ve ölüm anındaki insanlara, Kur'an'ın zemzemesi (nağmeleri) ve sedâsı zemzem suyu gibi hoş ve tatlı gelir, bir nevi mucizeliğini onlara da hissettirir.

Kısacası: Kur'an-ı Hakîm kırk farklı tabakaya ve ayrı ayrı insanlara, kırk yönden mucizeliğini gösterir veya mucizeliğinin varlığını hissettirir, kimseyi mahrum bırakmaz. Hatta yalnız gördüğüne inanan,[3 HAŞİYE] duyduğunu anlamayan, kalb gözü kapalı, ilim sahibi olmayan insanlara karşı da Kur'an'ın bir çeşit mucizelik alâmeti vardır. Şöyle ki:

---

3 HAŞİYE Yalnız gördüğüne inanan, duyduğunu anlamayan ve kalb gözü kapalı olanlara karşı mucizelik yönü, burada gayet kısa, özet halinde ve noksan anlatılmıştır. Fakat bu mucizelik yönü Yirmi Dokuzuncu ve Otuzuncu Mektup'larda [HAŞİYECİK] gayet parlak, nuranî ve apaçık şekilde gösterilmiştir, hatta körler de görebilir. O mucizelik yönünü gösterecek bir Kur'an yazdırdık; inşallah basılacak, herkes o güzel mucizelik yönünü görecektir.

HAŞİYECİK Otuzuncu Mektup, pek parlak düşünülmüş ve öyle niyet edilmişti. Fakat yerini başkasına, *İşârâtü'l-İ'câz*'a verdi, kendisi meydana çıkmadı.

Hafız Osman hattıyla basılan Kur'an-ı Mucizü'l-Beyan'ın kelimeleri birbirine bakıyor.

Mesela Kehf sûresinde, وَثَامِنُهُمْ كَلْبُهُمْ[4] ifadesinin altındaki yapraklar delinse, az bir kaymayla, Fâtır sûresindeki قِطْمِيرٍ[5] kelimesi görünecek ve o köpeğin ismi anlaşılacak. Veya Yâsin sûresinde iki مُحْضَرُونَ[6] kelimesi üst üste gelir ve Sâffât'taki مُحْضَرِينَ[7] ve مُحْضَرُونَ[8] kelimeleri hem birbirine hem onlara bakar; biri delinse ötekiler az bir kaymayla görünür.

Mesela Sebe sûresinin sonundaki ve Fâtır sûresinin başındaki iki مَثْنَى[9] kelimesi birbirine bakar. Kur'an'ın tamamındaki üç مَثْنَى[10] kelimesinden ikisinin birbirine bakması tesadüf olamaz ve bunların örneği pek çoktur. Hatta bir kelime, beş-altı yerde, yaprakların arkasında az bir kaymayla birbirine bakıyor. Karşılıklı iki sayfada birbirine bakan ayetlerin kırmızıyla yazıldığı bir Kur'an'ı ben gördüm ve o vakit, "Bu da bir çeşit

---

4 "... (Ashab-ı Kehf'in) sekizincileri köpekleridir ..." (Kehf sûresi, 18/22).

5 "Kıtmîr" (Fâtır sûresi, 35/13). Ashab-ı Kehf'in köpeğinin adıdır.

6 "Bir araya getirilenler." (Yâsîn sûresi, 36/32, 75).

7 Sâffât sûresi, 37/57.

8 Sâffât sûresi, 37/127, 158.

9 "İkişer." (Sebe sûresi, 34/46; Fâtır sûresi, 35/1).

10 Nisâ sûresi, 4/3; Sebe sûresi, 34/46; Fâtır sûresi, 35/1.

mucizenin emaresidir." dedim. Daha sonra baktım ki, Kur'an'da farklı yaprakların arkasında mânidar bir surette birbirine bakan pek çok ifade var.

İşte Kur'an'ın tertibi Resûl-u Ekrem'in yol göstermesiyle, neşredilen ve basılan Kur'an'lar da ilahî ilhamla olduğundan, Kur'an-ı Hakîm'in nakşında ve hattında bir çeşit mucizelik işareti vardır. Çünkü o vaziyet ne tesadüfün işi ne de insan aklının eseridir. Fakat bazı kaymalar var ki, o da basımın noksanıdır; tam muntazam basılsaydı, kelimeler tam üst üste gelecekti.

Hem Kur'an'ın Medine'de indirilen orta uzunluktaki ve uzun sûrelerinin her bir sayfasında "*Allah*" lafzı eşsiz bir şekilde tekrar edilmiştir. Çoğunlukla ya beş, altı, yedi, sekiz, dokuz veyahut on bir adet tekrarla beraber, bir yaprağın iki yüzünde ve karşı karşıya gelen sayfalarda sayıca güzel ve mânidar bir münasebet gösterir.[11] HAŞİYE-1 HAŞİYE-2 HAŞİYE-3 HAŞİYE-4

---

11 HAŞİYE-1 Kur'an'ın göz alıcı ve kafiyeli ifadeleri, akıcı, düzgün, sanatlı üslûbu ve nazarı kendine çevirecek belâgatinin meziyetleri çok olmakla beraber, daima Allah'ı zikredenlere ve O'na yakaranlara yüksek ciddiyeti, ilahî huzuru, birbiriyle uyumlu ve zıt sözlerin bir arada bulunduğu hissini veriyor, bunu bozmuyor. Halbuki akıcı ve düzgün söyleyiş, söz sanatları, nazım ve kafiye gibi meziyetler, ciddiyeti bozar, zarafet hissettirir, huzuru ve bakışı dağıtır. Hatta münâcâtın en hoşu, en ciddisi, en yüce nazımlısı ve Mısır'ın kıtlık ve yoksulluğunun ortadan kalkmasının

---

sebebi olan İmam Şâfiî'nin meşhur bir münâcâtını çok defa okuyordum. Gördüm ki, nazımlı, kafiyeli olduğu için münâcâtın yüksek ciddiyetini koruyamıyor. Sekiz dokuz senedir virdimdir. Hakiki ciddiyeti, ondaki kafiye ve nazımla birleştiremedim. Anladım ki, Kur'an'ın has, fıtrî, seçkin ve üstün olan kafiyelerinde, nazmında ve meziyetlerinde bir tür mucizelik var ki, hakiki ciddiyeti ve tam huzuru korur, bozmaz. İşte daima Allah'a yakaran ve O'nu zikredenler, bu tür mucizeliği akıllarıyla anlamasa da kalblerinde hisseder.

HAŞİYE-2 Kur'an-ı Mucizü'l-Beyan'ın manevî bir mucizelik sırrı şudur ki, Kur'an, ism-i âzama mazhar olan Resûl-u Ekrem'in *(aleyhissalâtü vesselam)* imanının pek büyük ve parlak derecesini ifade ediyor. Hem mukaddes bir harita gibi, ahiret ve rubûbiyet âlemlerinin yüksek hakikatlerini bildiren, gayet büyük, geniş ve yüce olan hak dinin yüce mertebesini fıtrî bir tarzda beyan ediyor, ders veriyor.

Hem kâinatın Hâlık'ının, bütün varlıkların Rabbi olması yönüyle, sonsuz izzet ve haşmetiyle hitabını bildiriyor. Elbette, Furkan'ın bu suretteki ifadelerine ve Kur'an'ın bu tarzdaki beyanına karşı قُلْ لَئِنِ اجْتَمَعَتِ الْاِنْسُ وَالْجِنُّ عَلٰى اَنْ يَأْتُوا بِمِثْلِ هٰذَا الْقُرْاٰنِ لَا يَأْتُونَ بِمِثْلِهِ[1*] sırrıyla bütün insanların akılları birleşse, bir tek akıl olsa dahi ona meydan okuyamaz. اَيْنَ الثَّرٰى مِنَ الثُّرَيَّا[2*] Çünkü şu üç esas noktasından, Kur'an'ın üslûbunun taklidi kesinlikle mümkün değildir ve benzeri olamaz!..

[1*] "De ki: Yemin ederim! Eğer insanlar ve cinler, bu Kur'an'ın benzerini yapmak için bir araya toplansalar, (hatta birbirlerine destek olup güçlerini birleştirseler bile) yine de onun gibi bir Kitap meydana getiremezler." (İsrâ sûresi, 17/88).

2* Süreyyâ yıldızı nerede, yeryüzü nerede! (Aralarında ne kadar fark var!) Bkz. el-Kannûcî, *Ebcedü'l-Ulûm* 3/244; ez-Zürkânî, *Menâhilü'l-İrfân* 2/109, 310.

HAŞİYE-3 Ayetler, Kur'an-ı Hakîm'in her sayfasının sonunda bitiyor. Güzel bir kafiye ile sona eriyor. Bunun sırrı şudur: En uzun ayet olan borç alıp vermeyle alâkalı ayet* sayfalar için, İhlâs ve Kevser sûreleri de satırlar için bir ölçü birimi kabul edildiğinden, Kur'an-ı Hakîm'in bu güzel meziyeti ve mucizelik alâmeti görülüyor.

* Bakara sûresi, 2/282.

HAŞİYE-4 Bu makamın şu bahsinde, acele yüzünden, gayet mühim, haşmetli, büyük ve *Risale-i Nur*'un başarısı noktasında gayet göz alıcı, sevimli ve teşvik edici olan kerametin, pek az ve küçük vaziyetleriyle, kısacık örnekleriyle ve küçücük emareleriyle yetinilmiştir. Halbuki o büyük hakikat ve sevimli keramet, "tevafuk" adıyla, beş-altı çeşidiyle *Risale-i Nur*'un kerametinin bir silsilesini, Kur'an'ın göze görünen mucizeliğinin bir türünün parıltılarını ve gayba ait işaretlerin bir kaynağını meydana getiriyor. Sonradan, Kur'an'da "Allah" lafzının tevafukundan çıkan bir mucizelik parıltısını gösteren yaldız ile bir Kur'an yazdırıldı. Hem Kur'an harflerinin tevafuklarından çıkan ince münasebetleri ve gayba dair işaretleri bildiren *Rumuzât-ı Semâniye* (Sekiz İşaret) adlı sekiz küçük risale telif edildi. Hem *Risale-i Nur*'u tevafuk sırrıyla tasdik ve takdir eden, onun güzelliğini bildiren Keramet-i Gavsiye, üç Keramet-i Aleviye ve İşârât-ı Kur'aniye adlı beş adet risale yazıldı. Demek, On Dokuzuncu Mektup'un telifinde o büyük hakikat özet şeklinde hissedilmiş. Fakat maalesef, müellif yalnız bir tırnağını görüp göstermiş, daha ötesine bakmayarak koşup gitmiş.

İkinci Nükte

Hazreti Mûsâ'nın *(aleyhisselam)* zamanında sihir revaçta olduğundan, mühim mucizelerinin ona benzer bir şekilde gelmesi ve Hazreti İsa'nın *(aleyhisselam)* zamanında tıp revaçta olduğundan, mucizelerinin çoğunun o cinsten görülmesi gibi, Resûl-u Ekrem'in *(aleyhissalâtü vesselam)* zamanında da Arap yarımadasında en çok kıymet verilen dört şey vardı:

- *Birincisi:* Belâgat ve dilin güzel, akıcı bir şekilde kullanılması.
- *İkincisi:* Şiir ve hitabet.
- *Üçüncüsü:* Kâhinlik ve gaipten haber vermek.
- *Dördüncüsü:* Geçmiş hadiseleri ve kâinatla ilgili vakaları bilmek.

İşte Kur'an-ı Mucizü'l-Beyan geldiği zaman, bu dört şeyde mâlumat sahibi olanlara meydan okudu.

Başta, belâgatçilere birden diz çöktürdü, hayretle Kur'an'ı dinlediler.

İkinci olarak, şairler ve hatiplerde, düzgün nutuk okuyan ve güzel şiir söyleyenlerde öyle bir hayret uyandırdı ki, onlara parmaklarını ısırttı. Altın ile yazılan en güzel şiirlerini ve Kâbe'nin duvarlarına iftihar etmek için astıkları meşhur Muallakât-ı Seb'a'larını indirtti,[12] kıymetten düşürdü.

---

12 İbni Kesîr, *el-Bidâye* 2/219, 3/57; Kâtip Çelebi, *Keşfü'z-Zunûn* 2/1740; el-Kannûcî, *Ebcedü'l-Ulûm* 1/308.

Sonra gaipten haber veren kâhinleri ve sihirbazları susturdu. Gayba dair haberlerini onlara unutturdu. Cinnîlerini kovdurdu. Kâhinliğe son verdi.

Hem geçmiş ümmetlerin başından geçenlere ve tarihteki hadiselere vâkıf olanları hurafelerden ve yalandan kurtarıp o hadiselerin gerçek yüzünü ve âlemdeki nurlu vakaları onlara ders verdi.

İşte bu dört zümre, Kur'an'ın karşısında tam bir hayret ve hürmetle diz çökerek ona talebe oldu. Hiçbiri asla bir tek sûreyle bile boy ölçüşmeye, sözle mücadele etmeye kalkışamadı...

Soru: "Kimsenin Kur'an'a karşı sözle mücadele edemediğini ve bunun mümkün olmadığını nereden biliyoruz?"

Cevap: Eğer bu mümkün olsaydı, herhalde teşebbüs edilecekti. Çünkü kâfirlerin Kur'an'a sözle karşılık vermeye şiddetle ihtiyaçları vardı. Zira dinleri, malları, canları, çoluk çocukları tehlikeye düşüyordu; sözle mücadele edebilseler kurtulurlardı. Eğer bu mümkün olsaydı, herhalde yaparlardı. Eğer sözle mücadele edilebilse, buna taraftar olan kâfirler, münafıklar çok, hem de pek çok olduğundan, herhalde sözle mücadeleye sarılarak iddialarını herkese yayarlardı –İslamiyet'in aleyhinde her şeyi yaydıkları gibi. Eğer yaysalar ve sözle mücadele olsaydı, herhalde tarihlere, kitaplara şaşaalı bir şekilde geçerdi.

İşte bütün tarihler, kitaplar meydanda... Hiçbirinde Müseylime-i Kezzâb'ın birkaç sözünden başka bir şey yoktur. Halbuki Kur'an-ı Hakîm, yirmi üç sene devamlı, damarlara dokunacak ve inadı tahrik edecek şekilde onlara meydan okudu. Dedi ki:

"Muhammedü'l-Emin gibi ümmî bir zâtın elinden, şu Kur'an'ın benzerini yapınız ve gösteriniz.

Haydi, bunu yapamıyorsunuz; o zât ümmî olmasın, gayet âlim ve söz ustası olsun.

Haydi, bunu da getiremiyorsunuz; bir tek zât olmasın. Bütün âlimleriniz, belagat sahipleriniz toplansın, birbirine yardım etsin. Hatta güvendiğiniz sözde ilahlarınız size yardımcı olsun.

Haydi, böyle de yapamayacaksınız. Eskiden yazılmış beliğ eserlerden de istifade edip, hatta ileride yazılacakları da yardıma çağırıp Kur'an'ın benzerini gösteriniz, yapınız.

Haydi, bunu da yapamıyorsunuz. Kur'an'ın tamamının olmasın, yalnız on sûresinin benzerini getiriniz.

Haydi, on sûresine hakiki, doğru bir nazire getiremiyorsunuz; o halde hikâyelerden, asılsız kıssalardan bir araya getiriniz, Kur'an'ın yalnız nazmının ve belâgatinin olsun benzerini gösteriniz.

Haydi, bunu da yapamıyorsunuz; bir tek sûresinin benzerini getiriniz.

Haydi, sûre uzun değil kısa bir sûre olsun, eşini getiriniz.

Yoksa dininiz, canınız, malınız, çoluk çocuğunuz dünyada da, ahirette de tehlikeye düşecektir!"[13]

İşte sekiz maddede susturmak suretiyle, Kur'an-ı Hakîm yirmi üç sene değil, belki bin üç yüz senedir bütün insanlara ve cinlere böyle meydan okumuş ve okuyor. Halbuki o zaman, o kâfirler canlarını, mallarını ve çoluk çocuklarını tehlikeye atıp en dehşetli yol olan savaşmayı seçerek en kolay ve en kısa yol olan sözle mücadeleden vazgeçtiler. Demek o yolda gitmek mümkün değildi...

İşte hiçbir akıl sahibi, bilhassa o zaman Arap yarımadasındaki insanlar, hele Kureyşliler gibi zeki adamlar, bir edipleri bir tek sûresinin benzerini getirdiği takdirde Kur'an'ın hücumundan kurtulmalarını sağlayacakken, kısa ve kolay yolu terk edip canlarını, mallarını, çoluk çocuklarını tehlikeye atarak en zor yolda giderler miydi?

Kısacası: Meşhur Câhız'ın dediği gibi, "*Sözle mücadele mümkün değildi, kılıçla savaşmaya mecbur kaldılar.*"[14]

---

13 Bakara sûresi, 2/23; Yûnus sûresi, 10/38; Hûd sûresi, 11/13; İsrâ sûresi, 17/88; Kasas sûresi, 28/49.

14 Bkz. es-Suyûtî, *el-İtkân* 2/313-314; Hüseyin Cisrî, *Risâle-i Hamîdiye* (Türkçe tercüme) s. 42.

Soru: Bazı muhakkik âlimler demiş ki: "Kur'an'ın bir sûresine değil, bir tek ayetine, hatta bir tek cümlesine, bir tek kelimesine bile sözle karşılık verilemez ve verilmemiştir." Bu sözler mübalâğa gibi görünüyor ve akıl bunu kabul etmiyor. Çünkü beşerin sözlerinde Kur'an ayetlerine benzeyen çok cümle var. Bu sözün hikmeti, sırrı nedir?

Cevap: Kur'an'ın mucizeliği hususunda iki mezhep var:

Çoğunluğun kabul ve tercih ettiği mezhebe göre, Kur'an'daki belâgat incelikleri ve mânâ meziyetleri, insan kudretinin üstündedir.

İkinci derecede tercih edilen mezhebe göre ise Kur'an'ın bir sûresine sözle karşılık vermeye insanın gücü yeter, fakat Cenâb-ı Hak, Resûl-u Ekrem'in *(aleyhissalâtü vesselam)* bir mucizesi olarak bunu yasaklamıştır. Nasıl ki bir adam ayağa kalkabilir, fakat mucize eseri olarak bir peygamber dese ki, "Kalkamayacaksın" ve o da kalkamazsa bu, mucize olur. İşte şu ikinci mezhebe "Sarfe Mezhebi" denir. Yani, Cenâb-ı Hak cinleri ve insanları, Kur'an'ın bir sûresine bile karşılık vermekten men etmiştir. Eğer men etmeseydi, cinler ve insanlar bir sûresine karşılık verirdi. Bu mezhebe göre, "Kur'an'ın bir kelimesine karşı dahi sözle mücadele edilemez" diyen âlimlerin sözleri hakikattir.

Çünkü madem Cenâb-ı Hak, Kur'an'ın mucizeliğinin gereği olarak onları men etmiş, Kur'an'a karşılık vermek için ağızlarını açamazlar. Ağızlarını açsalar da Allah'ın izni olmazsa ağızlarından o kelimeyi çıkaramazlar.

Daha çok kabul gören ve çoğunluğun tercih ettiği ilk mezhebe göre de o âlimlerin görüşlerinin şöyle ince bir yönü vardır:

Kur'an-ı Hakîm'in ayetleri, kelimeleri birbirine bakar. Bazen bir kelime on yere bakar; onda, on belâgat nüktesi, on münasebet bulunur. Mesela İşârâtü'l-İ'câz adlı tefsirde, Fatiha'nın bazı ayetleri ile الٓمٓ ۞ ذٰلِكَ الْكِتَابُ لَا رَيْبَ فِيهِ[15] ayetlerinin içinde, şu nüktelerden bazı örnekleri göstermiştik.

Nasıl ki nakışlı bir sarayda çeşit çeşit, farklı nakışların düğümü hükmünde bir taşı, bütün nakışlara bakacak bir yere yerleştirmek, bütün o duvarı nakışlarıyla bilmeye bağlıdır. Hem nasıl ki, insanın yüzündeki gözbebeğini yerine yerleştirmek, bütün vücudun münasebetlerini, hayret verici vazifelerini ve gözün o vazifelere karşı vaziyetini bilmekle olur. Aynen öyle de, hakikat ehlinin çok ileri giden bir kısmı, Kur'an'ın kelimelerinde pek çok münasebeti ve

15 "Elif, Lâm, Mîm. İşte (eşsiz, mucize) Kitap: Onun (Allah tarafından indirildiği ve baştan sona hakikatler mecmuası olduğu) hakkında hiçbir şüphe yoktur." (Bakara sûresi, 2/1, 2).

diğer ayetlere, cümlelere bakan tarafları, alâkaları göstermiştir. Bilhassa harflerden mânâ çıkarıp tefsir eden âlimler daha ileri gidip Kur'an'ın bir harfinde bir sayfa kadar sırrı, ehline göstererek ispat etmiştir.

Hem madem Kur'an, her şeyin Yaratıcısının kelâmıdır; her bir kelimesi kalb ve çekirdek hükmüne geçebilir. Etrafında sırlardan meydana gelmiş manevî bir vücuda kalb ve manevî bir ağaca çekirdek olabilir...

İşte insanın sözlerinde, Kur'an'ın kelimeleri gibi kelimeler, hatta cümleler, ayetler bulunabilir. *Fakat onlar Kur'an'da çok münasebet gözetilerek yerleştirilmiştir, her şeyi kuşatan bir ilim lâzımdır ki, onları öyle yerli yerine yerleştirsin...*

Üçüncü Nükte

Kur'an-ı Mucizü'l-Beyan'ın mahiyetinin çok özlü bir özeti olarak, bir vakit Cenâb-ı Hak hakiki bir tefekkürü kalbime Arapça ihsan etmişti. Şimdi o tefekkürü aynen, Arapça olarak yazacağız, sonra mânâsını söyleyeceğiz:

سُبْحَانَ مَنْ شَهِدَ عَلٰى وَحْدَانِيَّتِهٖ وَصَرَّحَ بِأَوْصَافِ جَمَالِهٖ وَجَلَالِهٖ
وَكَمَالِهِ الْقُرْاٰنُ الْحَكِيمُ الْمُنَوَّرُ جِهَاتُهُ السِّتُّ اَلْحَاوِي لِسِرِّ إِجْمَاعِ
كُلِّ كُتُبِ الْأَنْبِيَاءِ وَالْأَوْلِيَاءِ وَالْمُوَحِّدِينَ الْمُخْتَلِفِينَ فِي الْأَعْصَارِ

وَالْمَشَارِبِ وَالْمَسَالِكِ الْمُتَّفِقِينَ بِقُلُوبِهِمْ وَعُقُولِهِمْ عَلٰى تَصْدِيقِ
أَسَاسَاتِ الْقُرْاٰنِ وَكُلِّيَّاتِ أَحْكَامِهِ عَلٰى وَجْهِ الْإِجْمَالِ وَهُوَ مَحْضُ
الْوَحْيِ بِإِجْمَاعِ الْمُنْزِلِ وَالْمُنْزَلِ وَالْمُنْزَلِ عَلَيْهِ وَعَيْنُ الْهِدَايَةِ
بِالْبَدَاهَةِ وَمَعْدِنُ أَنْوَارِ الْإِيمَانِ بِالضَّرُورَةِ وَمَجْمَعُ الْحَقَائِقِ بِالْيَقِينِ
وَمُوصِلٌ إِلَى السَّعَادَةِ بِالْعِيَانِ وَذُو الْأَثْمَارِ الْكَامِلِينَ بِالْمُشَاهَدَةِ
وَمَقْبُولُ الْمَلَكِ وَالْإِنْسِ وَالْجَانِّ بِالْحَدْسِ الصَّادِقِ مِنْ تَفَارِيقِ
الْأَمَارَاتِ وَالْمُؤَيَّدُ بِالدَّلَائِلِ الْعَقْلِيَّةِ بِاتِّفَاقِ الْعُقَلَاءِ الْكَامِلِينَ
وَالْمُصَدَّقُ مِنْ جِهَةِ الْفِطْرَةِ السَّلِيمَةِ بِشَهَادَةِ اطْمِئْنَانِ الْوِجْدَانِ
وَالْمُعْجِزَةُ الْأَبَدِيَّةُ الْبَاقِي وَجْهُ إِعْجَازِهِ عَلٰى مَرِّ الزَّمَانِ بِالْمُشَاهَدَةِ
وَالْمُنْبَسِطُ دَائِرَةُ إِرْشَادِهِ مِنَ الْمَلَإِ الْأَعْلٰى إِلٰى مَكْتَبِ الصِّبْيَانِ
يَسْتَفِيدُ مِنْ عَيْنِ دَرْسِ الْمَلٰئِكَةُ مَعَ الصَّبِيِّينَ وَكَذَا هُوَ ذُو الْبَصَرِ
الْمُطْلَقِ يَرَى الْأَشْيَاءَ بِكَمَالِ الْوُضُوحِ وَالظُّهُورِ وَيُحِيطُ بِهَا وَيُقَلِّبُ
الْعَالَمَ فِي يَدِهِ وَيُعَرِّفُهُ لَنَا كَمَا يُقَلِّبُ صَانِعُ السَّاعَةِ السَّاعَةَ فِي كَفِّهِ
وَيُعَرِّفُ لِلنَّاسِ فَهٰذَا الْقُرْاٰنُ الْعَظِيمُ الشَّانِ هُوَ الَّذِي يَقُولُ مُكَرَّرًا
﴿اَللّٰهُ لَا إِلٰهَ إِلَّا هُوَ﴾[16] ﴿فَاعْلَمْ أَنَّهُ لَا إِلٰهَ إِلَّا اللّٰهُ﴾[17]

16 "Allah o ilahtır ki Kendisinden başka ilah yoktur." (Bakara sûresi, 2/255; Âl-i İmran sûresi, 3/2; Nisâ sûresi, 4/87; Tevbe sûresi, 9/129; Tâhâ sûresi, 20/8; Neml sûresi, 27/26; Kasas sûresi, 28/70; Teğâbün sûresi, 64/13).

17 "O halde şu gerçeği hiç unutma ki: Allah'tan başka ilah yoktur." (Muhammed sûresi, 47/19).

İşte bu Arapça tefekkürün tercümesi ve meali şudur:

Kur'an-ı Mucizü'l-Beyan'ın altı yönü de parlak ve nurludur. Vehimler ve şüpheler içine giremez. Çünkü arkası Arş'a dayanıyor, o tarafında vahiy nuru var. Önünde ve hedefinde iki cihan saadeti bulunur. Ebede, ahirete el uzatmış; cennet ve saadet nuru var. Üstünde mucizelik mührü parlıyor. Altında ispat ve delil direkleri bulunur. İçi hâlis hidayettir, sağı أَفَلَا يَعْقِلُونَ[18] *sorusuyla akılları konuşturup "Doğru söyledin!" dedirtiyor. Solunda kalblere ruhanî zevkler verip vicdanları şahit göstererek "bârekâllah" dedirten Kur'an-ı Mucizü'l-Beyan'a vehim ve şüphelerin hırsızları hangi köşeden, hangi taraftan girebilir!..*[19]

Evet, Kur'an-ı Mucizü'l-Beyan asırları, meşrepleri, yolları farklı farklı olan peygamberlere, evliyaya ve tek bir Yaratıcıya inananlara ait kitapların tamamının sırrını içerir. Yani bütün o kalb ehli ve akıl sahipleri, Kur'an-ı Hakîm'in özet

---

18 "Hâlâ akıllanmazlar mı?" (Yâsîn sûresi, 36/68). Ayrıca أَفَلَا تَعْقِلُونَ şeklinde muhatap sigasıyla çok yerlerde geçmektedir. Bkz. Bakara sûresi, 2/44, 76; Âl-i İmran sûresi, 3/65; En'âm sûresi, 6/32; A'râf sûresi; 7/169; Yûnus sûresi, 10/16...

19 Bkz. Bakara sûresi, 2/2; Yûnus sûresi, 10/37; Secde sûresi, 32/2; Fussilet sûresi, 41/42.

halindeki hükümlerini ve esaslarını tasdik eder bir şekilde, o esasları kitaplarında bildirip kabul etmişler. Demek onlar, Kur'an semavî ağacının kökleri hükmündedir. Hem Kur'an-ı Hakîm, vahye dayanıyor ve vahiydir. Çünkü onu indiren Zât-ı Zülcelâl, Resûl-u Ekrem'in (aleyhissalâtü vesselam) mucizeleri ile Kur'an'ın vahiy olduğunu gösterir, ispat eder. Kur'an'ın üstündeki mucizelik mührü de Arş'tan geldiğini gösterir. Ve kendisine Allah tarafından Kur'an indirilmiş olan Resûl-u Ekrem'in (aleyhissalâtü vesselam) vahyin başlangıcındaki telâşı,[20] vahiy indirilirken kendinden geçercesine[21] vaziyeti ve Kur'an'a karşı herkesten çok hürmeti ve ihlâsı gösteriyor ki, Kur'an vahiydir; ezelden geliyor, ona misafir oluyor...

Hem Kur'an –açıkça– hidayetin kaynağı ve ta kendisidir. Çünkü onun zıttı –apaçık görüldüğü üzere– küfür sapkınlığıdır. Hem –zorunlu olarak– Kur'an, iman nurlarının madenidir. Elbette iman nurlarının zıttı karanlıktır. Birçok Söz'de bunu kesin olarak ispat etmiştik.

Hem Kur'an –şüphesiz– hakikatlerin toplandığı kitaptır. İçine hayal ve hurafeler giremez. Meydana getirdiği hakikatli İslamiyet âlemi, gösterdiği esaslı

---

20 Bkz. Kıyâmet sûresi, 75/16; Tâhâ sûresi, 20/114.

21 Buhârî, *bed'ü'l-vahy* 2, *bed'ü'l-halk* 6; Müslim, *fezâil* 86-88.

şeriat ve yüce kemâl vasıflarının şahitliğiyle, gayb âlemine dair bahislerinde dahi, görünen âlem hakkındaki bahisleri gibi hakikatin ta kendisi olduğunu ve içinde gerçeğe zıt bir şey bulunmadığını ispat eder...

Hem Kur'an –ayan beyan, şüphesiz– iki cihan saadetine ulaştırır, insanı ona sevk eder. Kimin şüphesi varsa Kur'an'ı bir defa okusun ve dinlesin, ne diyor...

Hem Kur'an'ın meyveleri mükemmeldir ve canlıdır. Öyleyse Kur'an ağacının kökü hakikattedir, canlıdır. Çünkü meyvenin hayatı, ağacın hayatına işaret eder. İşte bak, her asırda asfiya ve evliya gibi ne kadar mükemmel, kâmil, canlı ve nurlu meyveler vermiş...

Hem sayısız, farklı farklı emarelerden doğan bir seziş ve kanaatle Kur'an, hem insanların, hem cinlerin, hem de meleklerin makbulü ve yönelip beğendikleri bir kitaptır ki, okunduğu vakit aşkla pervane gibi etrafına toplanıyorlar...

Hem Kur'an vahiy olmakla beraber, aklî delillerle desteklenmiş ve kuvvetlendirilmiştir. Evet, kâmil akıl sahiplerinin ittifakı buna şahittir. Başta kelâm ilminin büyük âlimleri ve İbni Sina, İbni Rüşd gibi felsefe dâhileri –ittifakla– Kur'an esaslarını usûlleriyle, delilleriyle ispat etmiştir.

Hem Kur'an'ın doğruluğu, temiz, sağlam fıtratlarla tasdik edilmiştir. Eğer bir arıza veya hastalık olmazsa her temiz fıtrat onu tasdik eder. Çünkü vicdanın tam tatmini, emniyeti ve kalb huzuru, onun nurlarıyla olur. Demek, selim fıtrat, vicdanın tam tatmininin ve emniyetinin şahitliğiyle Kur'an'ı tasdik ediyor. Evet, fıtrat, hal diliyle Kur'an'a der ki: "Kemâlim sensiz olamaz." Şu hakikati pek çok yerde ispat etmişiz.

Hem Kur'an, açıkça görüldüğü üzere, ebedî ve daimî bir mucizedir. Mucizeliğini her vakit gösterir. Başka mucizeler gibi sönmez, vakti geçmez; ebedîdir.

Hem Kur'an'ın irşad dairesinde öyle bir genişlik vardır ki, bir tek dersinde Hazreti Cebrail (aleyhisselam), *yeni yetişen bir çocukla omuz omuzadır, o dersi dinler, hisselerini alırlar. İbni Sina gibi en dâhi filozof, okuma yazma bilen en sıradan insanla diz dize aynı dersi okur, dersini alır. Hatta bazen olur ki, o sıradan adam, imanının kuvveti ve saflığı ile o dersten, İbni Sina'dan daha çok istifade eder.*

Ve Kur'an'ın içinde öyle bir göz var ki, bütün kâinatı görür, kuşatır ve bir kitabın sayfaları gibi önünde tutar, tabakalarını ve âlemlerini beyan eder. Bir saatin sanatkârı saatini nasıl çevirir, açar, gösterir, tarif ederse; Kur'an da elinde kâinatı tutmuş, öyle yapıyor. İşte böyle bir Kur'an-ı Azîmüşşân'dır ki, فَاعْلَمْ أَنَّهُ لَا إِلٰهَ إِلَّا اللّٰهُ[22] *der, Allah'ın bir ve tek oluşunu ilan eder.*

اَللّٰهُمَّ اجْعَلِ الْقُرْاٰنَ لَنَا فِي الدُّنْيَا قَرِينًا وَفِي الْقَبْرِ مُونِسًا وَفِي الْقِيَامَةِ شَفِيعًا وَعَلَى الصِّرَاطِ نُورًا وَمِنَ النَّارِ سِتْرًا وَحِجَابًا وَفِي الْجَنَّةِ رَفِيقًا وَإِلَى الْخَيْرَاتِ كُلِّهَا دَلِيلًا وَإِمَامًا.

اَللّٰهُمَّ نَوِّرْ قُلُوبَنَا وَقُبُورَنَا بِنُورِ الْإِيمَانِ وَالْقُرْاٰنِ وَنَوِّرْ بُرْهَانَ الْقُرْاٰنِ بِحَقِّ وَبِحُرْمَةِ مَنْ أُنْزِلَ عَلَيْهِ الْقُرْاٰنُ، عَلَيْهِ وَعَلٰى اٰلِهِ الصَّلَاةُ وَالسَّلَامُ مِنَ الرَّحْمٰنِ الْحَنَّانِ، اٰمِينَ[23]

---

22 "O halde şu gerçeği hiç unutma ki: Allah'tan başka ilah yoktur." (Muhammed sûresi, 47/19).

23 "Allahım! Kur'an'ı bizim için dünyada yoldaş, kabirde dost, kıyamette şefaatçi, sırat köprüsünde nur, cehennem ateşine karşı örtü ve perde, cennette arkadaş ve bütün hayırlı işlere götüren rehber ve önder eyle.
Allahım! Kalblerimizi ve kabirlerimizi iman ve Kur'an nuruyla nurlandır. Kendisine Kur'an indirilen zât hürmeti ve hakkı için, Kur'an'ın doğruluğunu ve hakkaniyetini ayan beyan herkese göster. Ona ve âline Rahman ve Hannân Allah'tan salât ve selam olsun, âmin..."

On Dokuzuncu Nükteli İşaret

Önceki işaretlerde, Resûl-u Ekrem'in *(aleyhissalâtü vesselam),* Cenâb-ı Hakk'ın resûlü olduğu kesin ve şüphesiz bir şekilde ispat edildi. İşte, peygamberliği binlerce kesin delille sabit olan Hazreti Muhammed *(aleyhissalâtü vesselam)*, Allah'ın bir ve tek oluşunun ve ebedî saadetin en parlak ve kesin bir delilidir. Biz bu İşaret'te, o ışık veren, parlak ve dosdoğru konuşan delili çok özlü bir şekilde, kısaca tarif edeceğiz. Çünkü madem o, delildir ve neticesi Allah'ı bilmek ve tanımaktır; elbette o delili tanımak ve delil olma yönünü bilmek lâzımdır. Öyleyse biz de gayet kısa bir özetle Allah Resûlü'nün delil oluşunu ve bunun sahihliğini göstereceğiz. Şöyle ki:

Resûl-u Ekrem *(aleyhissalâtü vesselam)*, şu kâinattaki varlıklar gibi, kâinatın Hâlık'ının varlığına ve birliğine kendi şahsıyla delil olduğu gibi, o kendi delâletini, bütün varlıkların delâletiyle beraber, lisanıyla ilan etmiştir. Madem delildir, o delilin ispatına, doğruluğuna ve hakkaniyetine on beş esasta işaret edeceğiz:

Birinci Esas: Hem zâtıyla, hem lisanıyla, hem haliyle, hem sözleriyle kâinatın Sâni'ini gösteren şu delil, kâinatın hakikatince tasdik edilmiştir ve doğrudur. Çünkü bütün varlıkların, Cenâb-ı Hakk'ın bir ve tek oluşuna işaretleri, elbette bunu söyleyen zâtı tasdik hükmündedir. *Demek, onun davası bütün kâinatça doğrulanır.*

Hem bildirdiği mutlak kemâl olan Cenâb-ı Hakk'ın vahdaniyeti (bir ve tek oluşu) ve mutlak hayır olan ebedî saadet, âlemdeki bütün hakikatlerin güzelliğine, kemâline lâyık ve uygun olduğundan; o, davasında elbette doğru sözlüdür. *Demek Resûl-u Ekrem (aleyhissalâtü vesselam), Allah'ın bir ve tek oluşunun, ebedî saadetin doğru sözlü ve tasdik edilmiş bir delilidir.*

İkinci Esas: Hem o doğru sözlü ve tasdik edilmiş zât, madem bütün peygamberlerin üstünde binlerce mucizeye, hükmü ortadan kalkmayan bir dine, bütün cinleri ve insanları kuşatan bir davete sahip olduğundan, elbette bütün peygamberlerin reisidir. Öyleyse bütün peygamberlerin mucizelerinin sırrını ve ittifaklarını içine alan bir mahiyete sahiptir. *Demek, bütün peygamberlerin ittifaklarının kuvveti ve* *mucizelerinin şahitliği, onun doğruluğuna ve hakkaniyetine bir dayanak noktası meydana getirir.*

Hem o, terbiyesi, irşadı ve dininin nuruyla mükemmelliğe ulaşan bütün evliya ve asfiyanın sultanı ve üstadıdır. Öyleyse mahiyeti onların kerametlerinin sırrını, ittifakla tasdiklerini ve tahkiklerinin kuvvetini içerir. Çünkü onlar, üstadlarının açtığı ve kapıyı açık bıraktığı yolda gitmiş, hakikati bulmuşlar. *Öyleyse onların bütün kerametleri, tahkikleri ve ittifakları, o mukaddes üstadlarının doğruluğu ve hakkaniyeti için bir dayanak noktası sağlar.*

Hem o vahdaniyet delilinin, önceki işaretlerde görüldüğü gibi, o kadar kesin, şüphesiz ve açık mucizeleri, harika irhâsâtı ve peygamberliğine şüphesiz işaretler var ve bunlar o zâtı öyle tasdik ediyor ki, kâinat toplansa onların tasdikini iptal edemez.

Üçüncü Esas: Hem o açık mucizelerin sahibi olan, Allah'ın bir ve tek oluşunun ilancısı ve ebedî saadetin müjdecisi, kendi mübarek şahsında öyle yüce bir ahlâka, peygamberlik vazifesinde öyle kıymetli vasıflara ve tebliğ ettiği şeriat ve dininde öyle yüksek hasletlere sahiptir ki, en şiddetli düşman dahi onu tasdik ediyor, inkâra kuvvet bulamıyor. Madem zâtında, vazifesinde ve dininde en yüksek ve güzel ahlâk vasıfları, en yüce ve mükemmel karakter hususiyetleri, en kıymetli ve makbul hasletler bulunuyor. *Elbette o zât, varlıklardaki kemâlâtın ve yüce ahlâkın misali, temsilcisi, timsali ve üstadıdır. Öyleyse zâtındaki, vazifesindeki ve dinindeki şu kemâlât, hakkaniyetine ve doğruluğuna o kadar kuvvetli bir dayanak noktasıdır ki, hiçbir şekilde sarsılmaz.*

Dördüncü Esas: Hem kemâlât madeni olan ve yüce ahlâk vasıflarını öğreten, Allah'ın bir ve tek oluşunun ve ebedî saadetin o ilancısı, bunları kendi kendine söylemiyor, bunlar ona söyletiliyor.[1] Evet, kâinatın Hâlık'ı tarafından söyletiliyor. O, Üstad-ı Ezelî'sinden ders alır, sonra ders verir. Çünkü daha önceki işaretlerde kısmen anlatılan binlerce peygamberlik deliliyle kâinatın Hâlık'ı, bütün mucizeleri onun elinde yaratarak göstermiştir ki:

Allah Resûlü, O'nun hesabına konuşuyor, O'nun kelâmını tebliğ ediyor. Kendisine gelen Kur'an ise içinde-dışında kırk mucizelik yönüyle gösterir ki, o, Cenâb-ı Hakk'ın tercümanıdır.

Hem zâtında bütün ihlâsıyla, takvasıyla, ciddiyetiyle, güvenilir oluşuyla ve diğer bütün hal ve tavırlarıyla gösterir ki, o kendi adına, kendi fikriyle değil, Hâlık'ı adına konuşuyor.

---

1 Bkz. En'âm sûresi, 6/50; A'râf sûresi, 7/203; Yûnus sûresi, 10/15; Kehf sûresi, 18/110; Necm sûresi, 53/3-4...

Hem Allah Resûlü'nü dinleyen hakikat ehli bütün zâtlar, keşif ve tahkikle tasdik etmiş ve ilmelyakîn[2] *iman etmişler ki, o kendi kendine konuşmuyor; kâinatın Hâlık'ı onu konuşturuyor, onunla ders veriyor, ona ders verdiriyor. Öyleyse Allah Resûlü'nün doğruluğu ve hakkaniyeti, bu çok kuvvetli dört esasın ittifakına dayanır.*

Beşinci Esas: Hem o ezelî kelâmın tercümanı; ruhları görüyor, meleklerle sohbet ediyor, cinlere ve insanlara da doğru yolu gösteriyor. Değil insanlar ve cinler âleminin, belki ruhlar ve melekler âleminin üstünde ders alıyor, ötesiyle münasebeti var, oraları biliyor. Daha önce bildirdiğimiz mucizeleri ve tevatürle kesin olan hayatı, bu hakikati ispat etmiştir. Öyleyse kâhinlerin ve gaipten haber veren başkalarının haberleri gibi onun haberlerine değil cinler, ruhlar, melekler, belki Cibril'den başka Allah'a en yakın melekler bile karışamıyor. Hatta çoğu vakit, arkadaşı olan Hazreti Cebrail'i dahi bazı hallerde geri bırakıyor.[3]

Altıncı Esas: Hem meleklerin, cinlerin ve insanlığın efendisi olan o zât, şu kâinat ağacının en nurlu ve mükemmel meyvesi.. Allah'ın rahmetinin

---

2 **İlmelyakîn**: İlim yoluyla elde edilen kesin bilgi.

3 Kadı Iyâz, *eş-Şifâ* 1/204; el-Kurtubî, *el-Câmi' li Ahkâmi'l-Kur'an* 17/98; İbni Hacer, *Fethu'l-Bârî* 13/484.

timsali ve muhabbetinin misali.. Hakk'ın en nurlu delili.. hakikatin en parlak kandili..[4] kâinat tılsımının anahtarı.. yaratılış muammasının keşfedicisi.. âlemin hikmetinin şerh edicisi.. ilahî saltanatın ilancısı.. ve Rabbanî sanat güzelliklerini tarif edendir. Ve kabiliyetlerinin kuşatıcılığı yönüyle o zât, varlıklardaki kemâlâtın en mükemmel örneğidir. Öyleyse o zâtın bu vasıfları ve manevî şahsiyeti şuna işaret eder, belki açıkça gösterir ki:

O, kâinatın asıl gayesidir. Yani, "Şu kâinatın Hâlık'ı o zâta bakmış, kâinatı yaratmıştır. Eğer onu var etmeseydi, kâinatı da yaratmazdı." denilebilir.[5] Evet, cinlere ve insanlara getirdiği Kur'an hakikatleri, iman nurları, zâtında görünen yüce ahlâk vasıfları ve faziletler, şu hakikate kesin bir şahittir.

Yedinci Esas: Hakkın delili ve hakikatin ışığı olan o zât, öyle bir din ve şeriat ortaya koymuştur ki, iki cihan saadetini sağlayacak düsturları içerir. Ve bununla beraber, kâinatın hakikatlerini, vazifelerini ve kâinat Hâlık'ının isim ve sıfatlarını tam bir doğrulukla bildirmiştir. İşte İslamiyet ve şeriat, öyle kuşatıcı ve mükemmeldir ve kâinatı kendisiyle

---

4 Bkz. Ahzâb sûresi, 33/45-46.

5 Bkz. et-Taberânî, *el-Mu'cemü'l-Evsat* 6/314; et-Taberânî, *el-Mu'cemü's-Sağîr* 2/182; el-Hâkim, *el-Müstedrek*, 2/672.

beraber öyle bir şekilde tarif eder ki, mahiyetine dikkat eden elbette şunu anlar: O din, bu güzel kâinatı yapan Zât'ın, kâinatı kendisiyle beraber tarif edecek bir beyannamesi ve kılavuzudur.

Nasıl ki bir sarayın ustası, o saraya uygun bir kılavuz hazırlar, kendini vasıflarıyla göstermek için bir tarife kaleme alır. *Aynen öyle de, Resûl-u Ekrem'in (aleyhissalâtü vesselam) getirdiği dinde ve şeriatta öyle bir kuşatıcılık, yücelik ve hakkaniyet görünüyor ki, onun kâinatı yaratan ve idare eden Zât'ın kaleminden çıktığı açıktır. Ve o kâinatı güzelce düzene koyan kim ise, şu dini güzelce tanzim eden yine O'dur. Evet, o kusursuz düzen, elbette bu en güzel nizamı ister.*

Sekizinci Esas: İşte şu zikredilen sıfatlarla vasıflanmış ve her yönden sarsılmaz, kuvvetli dayanak noktalarına sahip Hazreti Muhammed *(aleyhissalâtü vesselam)*, görünen âleme yönelerek gayb âlemi adına, cinlerin ve insanların başları üzerine dinini ilan ederek istikbalde, gelecek asırların arkasında duran kavimlere ve milletlere hitap eder, öyle bir seslenir ki; nidâsını bütün cinlere ve insanlara, her yere, her asra işittirir. Evet, işitiyoruz...

Dokuzuncu Esas: Hem öyle yüksek, kuvvetli bir şekilde hitap eder ki, bütün asırlar onu dinliyor. Evet, yankılanan sesini her bir asır işitiyor.

Onuncu Esas: Hem o zâtın hal ve tavırlarından anlaşılıyor ki; görüyor, öyle haber veriyor. Çünkü en tehlikeli vakitlerde, tam bir metanetle, tereddütsüz ve telâşsız konuşuyor. Bazen tek başına dünyaya meydan okuyor.[6]

On Birinci Esas: Hem herkesi bütün kuvvetiyle, öyle güçlü bir şekilde davasına davet edip çağırır ki, yeryüzünün yarısına ve insanlığın beşte birine "Lebbeyk"[7] dedirtti, سَمِعْنَا وَأَطَعْنَا[8] ayetini söyletti.

On İkinci Esas: Hem herkesi öyle bir ciddiyetle davet ve öyle esaslı bir şekilde terbiye eder ki, düsturlarını asırların simasına ve yeryüzünün her tarafındaki taşlara nakşediyor, asırların yüzünde daimî kılıyor.

On Üçüncü Esas: Hem tebliğ ettiği hükümlerin sağlamlığını öyle bir inançla ve güvenerek söylüyor ve herkesi davet ediyor ki, dünya toplansa onu bir hükmünden geri çevirip pişman edemez. Bütün hayatı ve yüce siyeri buna şahittir.

On Dördüncü Esas: Hem dinini öyle şüphesiz bir iman ve güvenle tebliğ eder, öyle davette bulunur ki, kimseye minnet etmez, hiçbir zorluk karşısında telâşlanmaz. Getirdiği hükümleri

---

6 Bkz. Buhârî, *hibe* 33, *cihâd* 24, 46, 50, 82, 116, 117, 165, *edeb* 39, 116; Müslim, *fezâil* 48-49.

7 Buyur, emret.

8 "İşittik ve itaat ettik..." (Bakara sûresi, 2/285).

tereddütsüz, tam bir samimiyetle ve hâlis bir şekilde, herkesten önce kendisi yerine getirip kabul ederek bildirir. Buna şahit ise herkesçe, dost ve düşmanca mâlum olan meşhur zühdü,[9] istiğnası ve dünyanın fâni süslerine tenezzül etmemesidir.

On Beşinci Esas: Hem getirdiği dine herkesten çok itaati, Hâlık'ına herkesten fazla kulluğu ve Allah'ın yasak kıldığı şeylere karşı herkesten kuvvetli takvası kesinlikle gösterir ki, o, Ezel ve Ebed Sultanı'nın tebliğcisi, elçisi ve hakkıyla ibadete lâyık olan Cenâb-ı Hakk'ın en hâlis kuludur, Ezelî Kelâm'ın tercümanıdır.

Bu on beş esasın neticesi şudur: Zikredilen vasıflarla *donanmış o zât, bütün kuvvetiyle bütün hayatında tekrar tekrar ve devamlı* فَاعْلَمْ أَنَّهُ لَا إِلٰهَ إِلَّا اللّٰهُ[10] *der, Allah'ın bir ve tek olduğunu ilan eder.*

اَللّٰهُمَّ صَلِّ وَسَلِّمْ عَلَيْهِ وَعَلٰى اٰلِهِ عَدَدَ حَسَنَاتِ أُمَّتِهِ[11]

سُبْحَانَكَ لَا عِلْمَ لَنَا إِلَّا مَا عَلَّمْتَنَا إِنَّكَ أَنْتَ الْعَلِيمُ الْحَكِيمُ[12]

---

9 Dünyaya rağbet etmemek, nefsin arzularından el çekmek.

10 "O halde şu gerçeği hiç unutma ki: Allah'tan başka ilah yoktur." (Muhammed sûresi, 47/19).

11 "Allahım! Ona ve onun ehl-i beytine ümmetinin iyilikleri adedince salât ve selam eyle."

12 "Sübhansın yâ Rab! Senin bize bildirdiğinden başka ne bilebiliriz ki? Her şeyi hakkıyla bilen, her şeyi hikmetle yapan sensin." (Bakara sûresi, 2/32).

Cenâb-ı Hakk'ın bir ikramı ve Rabbanî inayetin bir eseri

[13]وَأَمَّا بِنِعْمَةِ رَبِّكَ فَحَدِّثْ ayetinin mânâsına uygun davranmak ve onu doğrulamak arzusuyla şöyle deriz:

Bu risalenin telifinde Cenâb-ı Hakk'ın inayetinin ve rahmetinin bir eserini söyleyeceğim ki, bu risaleyi okuyanlar ona önem vererek baksınlar.

İşte şu risaleyi yazma niyeti, hiç kalbimde yoktu. Çünkü Resûl-u Ekrem'in *(aleyhissalâtü vesselam)* peygamberliğine dair Otuz Birinci ve On Dokuzuncu Söz'ler yazılmıştı. Birdenbire kalbime beni bu risaleyi yazmaya mecbur bırakan bir his geldi.

Hem hafızam, musibetler neticesinde sönmüştü. Hem meşrebimde, yazdığım eserlerde nakil suretiyle, "kâle-kıyle" (dedi-denildi) şeklinde gitmemiştim. Hem yanımda hadis ve siyer kitapları yok. Bununla beraber, "Tevekkeltü alâllah"[14] diyerek başladım. Öyle bir muvaffakiyet oldu ki, hafızam bana Eski Said'in hafızasından daha çok yardım etti. Her iki üç saatte, süratle otuz kırk sayfa yazıldı. Bir saatte on beş sayfa yazılıyordu. Çoğu hadis, *Buhârî*, *Müslim*, *Beyhakî*, *Tirmizî*, *Şifâ-yı Şerif*,

---

13 "Ve Rabbinin nimetini anlat da anlat." (Duhâ sûresi, 93/11).

14 Allah'a tevekkül ettim.

Ebû Nuaym, *Taberî* gibi kitaplardan naklediliyordu. Halbuki bu nakilde hata yapsam –hadis olduğu için– günah olacağından kalbim titriyordu. Fakat anlaşıldı ki, Allah'ın yardımı ve şu risaleye ihtiyaç var. İnşallah sahih bir surette yazılmıştır. Şayet bazı hadislerin ifadelerinde veya rivayet edenlerin isminde bir yanlış bulunursa, kardeşlerimden tashih etmelerini ve bu hatalara müsamaha ile bakmalarını rica ediyorum.

Said Nursî

Evet, Üstadımız söylüyordu, biz müsveddeyi yazıyorduk. Yanında hiç kitap yoktu, hiç müracaat etmiyordu; birdenbire, gayet süratli söylüyordu, biz de yazıyorduk. İki üç saatte otuz-kırk, hatta daha fazla sayfa yazıyorduk. Bizim de kanaatimiz geldi ki, bu muvaffakiyet, Resûl-u Ekrem'in mucizelerinin bir kerametidir.

Daimî hizmetkârı *Abdullah Çavuş*
Hizmetkârı ve müsvedde kâtibi *Süleyman Sâmi*
Müsvedde kâtibi ve ahiret kardeşi *Hafız Hâlid*
Müsvedde kâtibi ve temize çeken *Hafız Tevfik*

Mucizât-ı Ahmediye'nin Birinci Zeyli[1]

On Dokuzuncu Söz, Resûl-u Ekrem'in *(aleyhis-salâtü vesselam)* peygamberliğine, zeyli ise ayın yarılması mucizesine dair olduğundan, makam münasebetiyle buraya alınmıştır.

بِسْمِ اللهِ الرَّحْمٰنِ الرَّحِيمِ

On dört "reşha"yı içeren On Dördüncü Lem'a'nın

BİRİNCİ REŞHASI[2]

Rabbimizi bize tarif eden üç büyük, küllî öğretici var:

Biri, şu kâinat kitabıdır ki, onun şahitliğini ilk on üç Lem'a'dan ve Arapça Nur Risalesi'nin[3] On Üçüncü Ders'inden bir parça işittik.

---

1 **Zeyl**: İlave

2 **Reşha**: Damla, sızıntı.

3 Nurun İlk Kapısı (*Mesnevî-i Nuriye*).

Biri, şu büyük kitabın en büyük ayeti olan Son Peygamber'dir *(aleyhissalâtü vesselam)*.

Biri de, Kur'an-ı Azîmüşşan'dır.

Şimdi, konuşan bir delil olan Son Peygamber'i *(aleyhissalâtü vesselam)* tanımalı, dinlemeliyiz. Evet, onun manevî şahsiyetine bak:

Yeryüzü bir mescit, Mekke bir mihrap, Medine bir minber, açık bir tevhid delili olan Peygamberimiz *(aleyhissalâtü vesselam)* bütün müminlere imam, insanlığa hatip, bütün peygamberlere reis, evliyaya efendi, peygamber ve velilerin meydana getirdiği bir zikir halkasının başı…

O, öyle nuranî bir ağaçtır ki, bütün peygamberler canlı, dipdiri kökleri, veli zâtlar taze meyveleridir. Mucizeleriyle bütün peygamberler ve kerametleriyle bütün veliler, onun her bir davasını tasdik edip imzalar. Zira o, لَا إِلٰهَ إِلَّا اللّٰهُ[4] der ve bunu dava eder. Onun sağında ve solunda, yani geçmiş ve gelecek taraflarında saf tutan o nuranî, zikreden zâtlar aynı kelimeyi tekrar ederek hep beraber, mânen "*Sadakte ve bilhakkı natakte*" ("Doğru söyledin ve hakkı konuştun.") derler. Hangi vehmin haddine ki, böyle sayısız imzayla doğrulanan bir davaya şüphe karıştırsın!

---

4 "Allah'tan başka ilah yoktur." (Sâffât sûresi, 37/35; Muhammed sûresi, 47/19).

İKİNCİ REŞHA

O nuranî tevhid delili, nasıl ki, iki tarafındaki o zâtların ittifakı ve yanlışlığına ihtimal bulunmayacak derecede kesin haberleriyle doğrulanıyor. Aynen öyle de, Tevrat ve İncil gibi semavî kitapların[5] yüzlerce işareti, doğumundan önce ve doğumu anında meydana gelen harika hadiselerin binlerce emaresi, sesi işitilip kendisi görünmeyen varlıkların, gelecekten haber veren cinlerin meşhur müjdeleri, kâhinlerin birbirini destekleyen tevatür derecesindeki şahitlikleri, ayın iki parçaya bölünmesi gibi peygamberliğine delil olan binlerce mucizesi ve getirdiği dinin hakkaniyeti de onu doğrular ve tasdik eder. Bununla beraber, zâtında gayet mükemmel, övülmeye lâyık ahlâkı.. vazifesinde sonsuz güzellikteki yüksek vasıfları.. kusursuz olan güvenilirliği.. iman kuvvetini, tereddütsüz inancını ve Allah'a son derece itimadını gösteren fevkalâde takvası, fevkalâde kulluğu, fevkalâde ciddiyeti ve metaneti; onun, davasında ne kadar doğru sözlü olduğunu güneş gibi aşikâr gösteriyor.

---

5 Haşiye: Hüseyin-i Cisrî *Risale-i Hamîdiye*'sinde o semavî kitaplardan yüz işaret çıkarmıştır.* Tahriften sonra bile bu kadar varsa, elbette öncesinde bundan daha çok işaret olduğu anlaşılır.

* Hüseyin Cisrî, *Risâle-i Hamîdiye* (Türkçe tercüme) s. 52-94.

ÜÇÜNCÜ REŞHA

İstersen gel, Saadet Asrı'na, Arap yarımadasına gidelim. Hayalen de olsa, onu vazife başında görüp ziyaret edelim. İşte bak:

Ahlâkının mükemmelliği ve yüzünün, görünüşünün güzelliğiyle seçkin bir zât görüyoruz. Elinde mucizeli bir kitap, dilinde hakikatleri bildiren bir hitap, bütün insanlara, hatta cinlere, meleklere ve bütün varlıklara ezelî bir hutbeyi okuyor. Âlemin yaratılışındaki sır olan hayret verici bir muammayı çözüp açıklayarak ve kâinatın hikmeti olan muğlâk tılsımı keşfederek, "Necisin? Nereden geliyorsun? Nereye gidiyorsun?" gibi, bütün varlıklara sorulan, akılları hayrette bırakıp meşgul eden üç zor, müthiş ve mühim soruya ikna edici, makbul cevaplar veriyor.

DÖRDÜNCÜ REŞHA

Bak, o zât öyle bir hakikat ışığı yayar ki, eğer onun nuranî irşad dairesinin dışından baksan, elbette kâinatı büyük bir matem yurdu hükmünde ve her şeyi birbirine yabancı, hatta düşman, cansız varlıkları dehşetli cenazeler şeklinde, bütün canlıları da yokluk ve ayrılık tokadıyla ağlayan yetimler gibi görürsün.

Şimdi bak, onun nuruyla o matem yurdu, şevk ve cezbe içinde bir zikir meclisine döndü. O birbirine yabancı ve düşman görünen varlıklar, dost ve kardeş oldu. O cansız, hareketsiz, ölü varlıklar, sevimli birer memur, itaatkâr birer hizmetçi halini aldı. Ağlayıp şikâyet eden o kimsesiz yetimler ise tesbihle Allah'ı zikreden veya vazife paydosuna şükreden birer varlık şekline girdi.

BEŞİNCİ REŞHA

Hem o nur ile, kâinatta olup bitenler, bütün hareketler, çeşitlilik ve değişimler mânâsızlıktan, gayesizlikten ve tesadüf oyuncağı olmaktan kurtulur. Bunlar Cenâb-ı Hakk'ın birer mektubu, yaratılış kanunlarının birer sayfası, ilahî isimlerin birer aynası seviyesine, âlem de Samed Yaratıcının hikmetli bir kitabı mertebesine yükselir.

Hem insanı bütün hayvanların aşağısına düşüren sonsuz zayıflığı, aczi, fakrı ve ihtiyaçları, onu bütün canlılardan daha bedbaht eden, ona gam, elem ve hüzün veren aklı o nurla aydınlandığı vakit; insan bütün canlıların, bütün varlıkların üstünde bir dereceye çıkar. O nurlanmış aczi, fakrı, aklı ve duası ile nazenin bir sultan ve yakarışı ile yeryüzünün nazlı bir halifesi olur.

Demek, o nur olmazsa kâinatın, insanın, hatta

her şeyin kıymeti hiçe iner. Evet, elbette böyle benzersiz bir sanatla yaratılmış olan kâinatta böyle bir zât lâzımdır. Yoksa kâinat ve felekler olmamalıdır.

ALTINCI REŞHA

İşte o zât, ebedî bir saadetin habercisi, müjdecisi; sonsuz bir rahmetin kâşifi, ilancısı; Cenâb-ı Hakk'ın rubûbiyetindeki güzellikleri bildiren, onların seyircisi ve ilahî isimlerin hazinelerinin keşfedicisi, rehberi olduğundan; kulluğu yönüyle baksan, onun bir muhabbet ve rahmet timsali, insanlığın en şereflisi ve yaratılış ağacının en nuranî meyvesi hükmündeki mahiyetini görürsün. Peygamberliği yönüyle baksan, o zâtın hak bir delil, bir hakikat ışığı, hidayet güneşi ve saadet vesilesi olduğunu anlarsın.

İşte, bak! Onun nuru nasıl şimşek gibi, doğudan batıya her tarafı tuttu. Yeryüzünün yarısı ve insanlığın beşte biri onun hidayet hediyesini kabul edip canından aziz bildi. Bizim nefsimize ve şeytanımıza ne oluyor ki, böyle bir zâtın bütün davalarının esası لَا إِلٰهَ إِلَّا اللّٰهُ[6] hakikatini bütün mertebeleriyle beraber kabul etmesin!

6 "Allah'tan başka ilah yoktur." (Sâffât sûresi, 37/35; Muhammed sûresi, 47/19).

YEDİNCİ REŞHA

İşte bak, o zât *(aleyhissalâtü vesselam)* şu geniş yarımadada, âdetlerine körü körüne bağlı ve inatçı çeşitli kavimlerin kötü ahlâkını, çirkin ve vahşi âdetlerini ne çabuk, bir defada söküp attı, onları güzel ahlâk ile donatıp bütün âleme rehber ve medenî milletlere üstad eyledi. Bak, bu görünüşte ve zorla elde edilmiş bir hâkimiyet değildir. O zât, akılları, ruhları, kalbleri, nefisleri fethedip kendine bağlamış; kalblerin sevgilisi, akılların rehberi, nefislerin terbiyecisi ve ruhların sultanı olmuştur.

SEKİZİNCİ REŞHA

Bilirsin ki, sigara gibi küçük bir âdeti bile, küçük bir toplumda büyük bir hükümdar ancak büyük bir gayretle temelli ortadan kaldırabilir. Halbuki bak:

Bu zât, inatçı, tutucu ve büyük toplumlardan pek çok köklü âdeti, görünüşte küçük bir kuvvetle, az bir gayretle, kısa bir zamanda kaldırıp yerine öyle yüksek bir ahlâk koymuştur ki, âdeta onların dem ve damarlarına karışmış gibi kalıcı olarak yerleştirmiştir. Bunun gibi daha birçok harika icraat yapmıştır.

İşte, şu Saadet Asrı'nı görmeyenlerin gözüne Arap yarımadasını sokuyoruz. Haydi, yüzlerce filozofu alsın, oraya gidip yüz sene çalışsınlar! Acaba o zâtın, o zamana kıyasla yaptığı bir senelik icraatın yüzde birini yapabilirler mi?

DOKUZUNCU REŞHA

Hem bilirsin ki, basit bir adam, küçük fakat mahcup edici bir yalanı az bir haysiyetle, küçük bir toplulukta, küçük ve tartışmalı bir meselede, düşmanlarının yanında, utanmadan, korkusuzca, hilesini hissettirmeyecek derecede endişe ve telâş göstermeden söyleyemez. Şimdi bu zâta bak:

Onun pek büyük bir vazifede, pek büyük bir vazifeli olarak, pek büyük bir haysiyetle, çok emniyete muhtaç bir halde, pek büyük bir cemaatte, pek büyük bir düşmanlık karşısında, pek büyük meselelerde, pek büyük bir davada serbestçe, korkusuzca, tereddütsüz, telâşsız, utanmaksızın, samimi bir şekilde, büyük bir ciddiyetle, hasımlarının damarlarına dokunduracak gür bir sesle, yüce bir üslûpla söylediği sözlerde hiç yalan bulunabilir mi? O sözlere hile karışması mümkün müdür? Asla!

إِنْ هُوَ إِلَّا وَحْيٌ يُوحٰى[7] Evet, hak aldatmaz, hakikati gören aldanmaz. Onun hak olan mesleği hileye ihtiyaç duymaz, tenezzül etmez. Hayalin ne haddine ki,

---

7 "O, kendisine indirilen bir vahiyden başka bir şey değildir." (Necm sûresi, 53/4).

hakikati görenlerin gözüne hakikat gibi görünsün, onları aldatsın!

ONUNCU REŞHA

İşte bak! O zât ne kadar merak uyandıran, cazibeli, lüzumlu ve müthiş hakikatleri gösterir, meseleleri ispat eder. Bilirsin ki, insanı en çok tahrik eden şey meraktır. Hatta sana, "Ömrünün ve malının yarısını verirsen, aydan ve Jüpiter gezegeninden biri gelip oralarda ne var, ne yok söyleyecek. Senin istikbalini ve başına gelecekleri doğru olarak haber verecek." dense, merakın varsa ömrünün ve malının yarısını verirsin.

Halbuki şu zât öyle bir Sultan'dan haber getiriyor ki, O'nun memleketinde ay, bir sinek gibi, bir pervanenin etrafında döner. O pervane dünyadır, bir lambanın etrafında uçar. O lamba ise güneştir, o Sultan'ın binlerce menzilinden bir misafirhanesinde, binlerce lambadan biridir.

Hem o zât, akıllara durgunluk veren öyle bir âlemden doğru şekilde bahsediyor ve öyle bir değişimi haber veriyor ki, binlerce yerküre bomba olup patlasa o kadar hayret uyandırmaz. Bak, onun dilinde إِذَا الشَّمْسُ كُوِّرَتْ[8] إِذَا السَّمَاءُ انْفَطَرَتْ[9]

---

[8] "Güneş dürülüp ışığı söndüğü zaman." (Tekvir sûresi, 81/1).

[9] "Gök yarıldığı zaman." (İnfitâr sûresi, 82/1).

اَلْقَارِعَةُ[10] gibi sûreleri işit...

Hem öyle bir istikbalden doğru haberler veriyor ki, şu dünyanın geleceği ona nispeten bir damla serap hükmündedir. Ve öyle bir saadeti müjdeliyor ki, dünyanın bütün saadetleri ona kıyasla ebedî bir güneşin yanındaki bir anlık parıltı gibidir.

ON BİRİNCİ REŞHA

Böyle hayret uyandırıcı ve muamma dolu olan şu kâinatın görünen perdesi altında, elbette ve elbette öyle harikulâdelikler bizi bekliyor. Onları haber verecek, böyle harika ve fevkalâde, mucizeler gösteren bir zât lâzımdır. Hem bu zâtın halinden, sözlerinden anlaşılıyor ki, o görmüş, görüyor ve gördüğünü söylüyor. Bizi nimetleriyle donatan şu "Göklerin ve Yerin İlahı" bizden ne istiyor, O'nun rızası nasıl elde edilir; pek sağlam bir şekilde ders veriyor.

Bunlar gibi daha pek çok merak uyandıran, lüzumlu hakikati ders veren bu zât karşısında her şeyi bırakıp ona koşmak, onu dinlemek gerekirken, çoğu insana ne olmuş ki, sağır, kör ve divane hale gelmişler; hakkı görmüyor, bu hakikati işitmiyor, anlamıyorlar...

10 "...kapıları döven ve dehşetiyle kalblere çarpan o kıyamet felaketi..." (Kâria sûresi, 101/1).

ON İKİNCİ REŞHA

Şu varlıkların tek bir Yaratıcının eseri olması, nasıl şüphe götürmez bir hakikatse, işte şu zât da o derecede hak ve doğru sözlü bir delil, aynı şekilde haşrin ve ebedî saadetin kesin, parlak bir şahididir. Hatta doğru yolu göstermesiyle ebedî saadetin meydana gelme sebebi ve ona ulaşma vesilesi olduğu gibi, duası ve niyazıyla da o saadetin varlık sebebi ve yaratılış vesilesidir.

Haşir meselesinde geçen şu sırrı, makam münasebetiyle burada tekrar ediyoruz.

• İşte bak, o zât, dairesi öyle geniş ve büyük bir namazda dua ediyor ki, âdeta bu yarımada, hatta bütün yeryüzü onun namazına uyar, onunla niyaz eder.

• Bak! Hem o geniş dairedeki namazı öyle büyük bir cemaatle kılıyor, Cenâb-ı Hakk'a öyle yalvarıyor ki, âdeta Hazreti Âdem'den asrımıza kadar gelmiş ve kıyamete kadar gelecek bütün nuranî, kâmil insanlar ona uyup duasına "âmin" diyor.

• Hem bak, o zât herkesin muhtaç olduğu öyle bir maksat için dua ediyor ki, sadece yeryüzündekiler değil, belki gök ehli, hatta bütün varlıklar duasına ortak olup, "Evet, ey Rabbimiz! Onun istediklerini ver, duasını kabul et! Biz de istiyoruz." diyorlar.

• Hem fakrının şuurunda olarak, öyle hüzünle,

aşkla, iştiyakla, öyle tevazu ile yalvarıyor ki, bütün kâinatı ağlatıp duasına ortak ediyor.

• Öyle bir gaye için dua ediyor ki, insanı ve âlemi, hatta bütün varlıkları aşağıların en aşağısı olan dereceye düşmekten, kıymetsizlikten, faydasızlıktan kurtarıyor; en yüksek mertebe olan bekâya, kıymete, yüce vazifeye yükseltiyor.

• Hem öyle yüksek, öyle yakaran bir sesle istiyor ve öyle tatlı, merhamet dileyen bir niyaz ile yalvarıyor ki, âdeta sesini bütün varlıklara, göklere, Arş'a işittirip onları kendinden geçirircesine duasına "Âmin Allahım, âmin!" dedirtiyor.

• Bak, ebedî saadeti ve bekâyı, her şeyi işiten, sonsuz kerem sahibi öyle bir Kadîr'den ve her şeyi gören, sonsuz merhamet sahibi öyle bir Alîm'den istiyor ki, o Zât, açıkça, en küçük canlının en gizli ihtiyacını, duasını görür, işitir, kabul buyurur ve ona merhamet eder. Yapılan dua, hal diliyle de olsa ona istediğini verir. Bunu öyle hikmetle, her şeyi görerek, merhametle yapar ki, o terbiye ve idarenin Semî, Basîr, Kerim ve Rahîm bir Zât'a has olduğuna şüphe bırakmaz.

ON ÜÇÜNCÜ REŞHA

İnsanların en faziletlilerini arkasına alarak şu yeryüzünde Arş-ı Âzam'a doğru el kaldırıp dua eden, insanlığın şeref kaynağı, zaman ve mekânda benzeri olmayan, gerçekten "Fahr-i Kâinat" unvanına lâyık o zât *(aleyhissalâtü vesselam)* acaba ne istiyor, bak, dinle:

Ebedî saadet istiyor, bekâ istiyor, Allah'a kavuşmayı ve cenneti istiyor. Hem de varlıkların aynasında hükümlerini ve güzelliklerini gösteren, Cenâb-ı Hakk'ın bütün kutsî isimleriyle istiyor. Eğer rahmet, inayet, hikmet ve adalet gibi, bu istediklerinin varlığını gerektiren sayısız sebep ve delil olmasaydı, yalnız şu zâtın tek duası bile, Cenâb-ı Hakk'ın kudretine baharımızın yaratılışı kadar hafif gelen cennetin var edilmesi için yeterli olurdu. Evet, nasıl ki onun peygamberliği şu imtihan meydanının açılmasına sebep oldu, kulluğu da öteki âlemin açılmasına vesiledir.

Acaba hiç mümkün müdür ki, akıl sahiplerine ve varlığın hakikatini delilleriyle bilen zâtlara لَيْسَ فِي الْإِمْكَانِ أَبْدَعُ مِمَّا كَانَ[11] dedirten, âlemin şu görünen, üstün intizamı, şu rahmet içindeki kusursuz sanat ve rubûbiyetin benzersiz güzelliği; öyle bir çirkinliği, merhametsizliği, intizamsızlığı kabul et-

11 "Şu varlık âleminde, mevcut olandan daha mükemmeli, daha üstününün olması mümkün değildir." (Bkz. el-Gazâlî, *İhyâu Ulûmi'd-Dîn* 4/258; İbni Arabî, *el-Fütûhâtü'l-Mekkiyye* 1/53, 4/154, 6/392, 7/82, 8/221).

sin; en ufak, en önemsiz istekleri, sesleri itina ile işitip ihtiyaçları karşılasın da, en mühim, lüzumlu arzuları basit görüp işitmesin, anlamasın, karşılıksız bıraksın! Hâşâ ve kellâ! Yüz bin defa hâşâ! Böyle bir güzellik, öyle bir çirkinliği kabul edip çirkin hale gelemez.

Ey hayalî arkadaşım! Şimdilik yeter, geri dönmeliyiz. Zira şu zamanda, şu yarımadada yüz sene de kalsak, o zâtın hayret verici icraatının ve vazifelerinin yüzde birini bile tamamen kavrayıp seyrine doyamayız.

Şimdi gel, bugüne doğru dönerken geçmiş her asra birer birer bakacağız. İşte bak, nasıl her asır, o hidayet güneşinden aldığı feyizle çiçek açmış; Ebû Hanife, İmam Şâfiî, Bayezid-i Bistâmî, Şah-ı Geylânî, Şah-ı Nakşibend, İmam Gazâlî ve İmam Rabbânî gibi milyonlarca nurlu meyve vermiş. Gördüklerimizin etraflıca tarifini başka vakte bırakıp şimdi o mucizeler sahibi ve hidayete götüren zâta -bir kısım kesin mucizelerine işaret eden- bir salâvat getirmeliyiz.

عَلٰى مَنْ أُنْزِلَ عَلَيْهِ الْفُرْقَانُ الْحَكِيمُ مِنَ الرَّحْمٰنِ الرَّحِيمِ مِنَ الْعَرْشِ الْعَظِيمِ سَيِّدِنَا مُحَمَّدٍ أَلْفُ أَلْفِ صَلَاةٍ وَأَلْفُ أَلْفِ سَلَامٍ بِعَدَدِ حَسَنَاتِ أُمَّتِهِ

عَلٰى مَنْ بَشَّرَ بِرِسَالَتِهِ التَّوْرَاةُ وَالْإِنْجِيلُ وَالزَّبُورُ، وَبَشَّرَ بِنُبُوَّتِهِ الْإِرْهَاصَاتُ وَهَوَاتِفُ الْجِنِّ وَأَوْلِيَاءُ الْإِنْسِ وَكَوَاهِنُ الْبَشَرِ، وَانْشَقَّ بِإِشَارَتِهِ الْقَمَرُ سَيِّدِنَا وَمَوْلَانَا مُحَمَّدٍ أَلْفُ أَلْفِ صَلَاةٍ وَأَلْفُ أَلْفِ سَلَامٍ بِعَدَدِ أَنْفَاسِ أُمَّتِهِ

عَلٰى مَنْ جَاءَتْ لِدَعْوَتِهِ الشَّجَرُ، وَنَزَلَ سُرْعَةً بِدُعَائِهِ الْمَطَرُ، وَأَظَلَّتْهُ الْغَمَامَةُ مِنَ الْحَرِّ، وَشَبِعَ مِنْ صَاعٍ مِنْ طَعَامِهِ مِاٰتٌ مِنَ الْبَشَرِ، وَنَبَعَ الْمَاءُ مِنْ بَيْنِ أَصَابِعِهِ ثَلَاثَ مَرَّاتٍ كَالْكَوْثَرِ وَسَبَّحَ فِي كَفَّيْهِ الْحَصَاةُ وَالْمَدَرُ، وَأَنْطَقَ اللّٰهُ لَهُ الضَّبَّ وَالظَّبْيَ وَالذِّئْبَ وَالْجِذْعَ وَالذِّرَاعَ وَالْجَمَلَ وَالْجَبَلَ وَالْحَجَرَ وَالشَّجَرَ، صَاحِبِ الْمِعْرَاجِ وَمَا زَاغَ الْبَصَرُ، سَيِّدِنَا وَمَوْلَانَا وَشَفِيعِنَا مُحَمَّدٍ أَلْفُ أَلْفِ صَلَاةٍ وَأَلْفُ أَلْفِ سَلَامٍ بِعَدَدِ كُلِّ الْحُرُوفِ الْمُتَشَكِّلَةِ فِي الْكَلِمَاتِ الْمُتَمَثِّلَةِ بِإِذْنِ الرَّحْمٰنِ فِي مَرَايَا تَمَوُّجَاتِ الْهَوَاءِ عِنْدَ قِرَاءَةِ كُلِّ كَلِمَةٍ مِنَ الْقُرْاٰنِ مِنْ كُلِّ قَارِئٍ مِنْ أَوَّلِ النُّزُولِ إِلٰى اٰخِرِ الزَّمَانِ وَاغْفِرْ لَنَا وَارْحَمْنَا يَا إِلٰهَنَا بِكُلِّ صَلَاةٍ مِنْهَا، اٰمِينَ اٰمِينَ اٰمِينَ[12]

---

12 "Ey varlığıyla varlığımızı aydınlatan, gözlerimize nurlar serpip bizi nefsin karanlıklarından kurtaran Rahmeti Sonsuz Rabbimiz! Arş-ı Azîm'den Kur'an-ı Hakîm'i üzerine indirdiğin nuranî zâta, yani Peygamber Efendimiz Hazreti Muhammed'e *(sallallâhu aleyhi ve sellem)* ümmetinin

Şuâât-ı Mârifetü'n-Nebî adındaki Türkçe bir risalede; On Dokuzuncu Mektup'ta ve bu Söz'de kısaca işaret ettiğimiz Resûl-u Ekrem'in *(aleyhissalâtü vesselam)* peygamberlik delillerini beyan etmiştim. Hem o

---

iyilikleri adedince, milyonlarca salât ve milyonlarca selam olsun!
Peygamberliğini Tevrat, İncil ve Zebur'un müjdelediği, irhâsatın (doğumundan hemen önce ve doğumu anında meydana gelen harikulâde hallerin), cinlerin hâtiflerinin, insanlık âleminden Allah dostlarının ve kâhinlerin haber verdiği, bir işaretiyle ayın parçalandığı Efendimiz Hazreti Muhammed'e *(sallallâhu aleyhi ve sellem)* ümmetinin nefesleri adedince, milyonlarca salât ve selam olsun!
Davetine ağaçların koşup geldiği; duasıyla yağmurun hemen iniverdiği; sıcaktan korumak için bulutların kendisine gölge yaptığı; bir ölçek yiyeceğiyle yüzlerce insanın doyduğu; parmaklarının arasından üç defa Kevser gibi suların çağladığı; avuçlarının içindeyken çakıl taşlarının ve toprağın Allah'ı tesbih ettiği; onun hürmetine Allah'ın kertenkeleyi, ceylanı, kurdu, ağaç kütüğünü, keçinin zehirli bacağını, deveyi, dağı, taşı ve ağacı konuşturduğu, Mirac'ın ve "Resûl'ün gözü başka yana kaymadı (ki, gördüğünü yanlış görmüş olsun), görebileceğinin ötesine yönelmedi (ki, bir serap görmüş olsun)."* ayetinin mazharı olan Efendimiz ve Şefaatçimiz Hazreti Muhammed'e *(sallallâhu aleyhi ve sellem)*, indirilmesinden bu yana Kur'an'ı okuyan her bir kimsenin okuduğu her bir kelimenin hava dalgalarının aynalarında Rahman'ın izniyle surete bürünen bütün kelimeleri ve bütün harfleri adedince, milyonlarca salât ve selam olsun.
Bütün bu salâvatların her biri hürmetine bizi bağışla, ey ilahımız, bize merhamet et, âmin, âmin, âmin…"

* Necm sûresi, 53/17.

risalede Kur'an-ı Hakîm'in mucizelik yönleri de özet şeklinde anlatılmıştı. Yine *Lemeât* adında Türkçe bir risalede ve Yirmi Beşinci Söz'de Kur'an'ın kırk yönden mucize olduğunu kısaca gösterip o yönlere işaret etmiştim. O kırk yönden, yalnız Kur'an'ın nazmındaki belâgati, *İşârâtü'l-İ'câz* adındaki Arapça bir tefsirde, kırk sayfada yazmıştım. İhtiyacın varsa şu üç kitaba müracaat edebilirsin.

ON DÖRDÜNCÜ REŞHA

Mucizeler kaynağı ve en büyük mucize olan Kur'an-ı Hakîm, Resûl-u Ekrem'in *(aleyhissalâtü vesselam)* peygamberliği ile Cenâb-ı Hakk'ın birliğini ve tekliğini o derece kesin ispat ediyor ki, başka delile ihtiyaç bırakmıyor. Biz de onun tarifine ve tenkit konusu yapılmış bir iki parlak mucizelik yönüne işaret edeceğiz.

İşte, Rabbimizi bize tarif eden Kur'an-ı Hakîm,

- Şu büyük kâinat kitabının ezelî bir tercümesi...
- Cenâb-ı Hakk'ın isimlerinin şu yeryüzü ve gök sayfalarında saklı hazinelerinin kâşifi...
- Hadiselerin görünen yüzü altında gizli hakikatlerin anahtarı...
- Şu görünen âlemin perdesi arkasındaki gayb âleminden gelen Rahmanî lütufların ve ezelî hitabın hazinesi...

- İslam âleminin manevî güneşi, temeli, dayanağı, ahiret âlemlerinin haritası…
- Cenâb-ı Hakk'ın Zât'ının, sıfatlarının ve icraatının şerh edicisi, açık bir tefsiri, konuşan bir delili, parlak bir tercümanı…
- Şu insanlık âleminin terbiyecisi, hakiki hikmet kaynağı, rehberi ve hidayet vesilesi…
- Hem bir hikmet ve şeriat kitabı…
- Hem bir dua ve kulluk kitabı…
- Hem bir emir ve davet kitabı…
- Hem de bir zikir ve marifet (Allah'ı tanıma) kitabıdır.

İşte Kur'an, bunun gibi, bütün manevî ihtiyaçlara hitap eden bir kitap, çeşitli yol ve meşreplerden evliya ve sıddıkların, asfiya ve muhakkiklerin her birinin meşrebine lâyık birer risale ortaya koyan mukaddes bir kütüphanedir.

***Kur'an'ın kusur zannedilen tekrarlarındaki mucizelik parıltısına bak*:**

Kur'an hem bir zikir hem bir dua hem de bir davet kitabı olduğundan, içindeki tekrarlar güzeldir, hatta gerekli ve daha beliğdir. Bunu kusur zannedenlerin düşündüğü gibi değil... Zira zikrin hususiyeti, tekrar ile nurlandırmasıdır. Duanın hususiyeti, tekrar ede ede istekteki ısrarı ortaya koymaktır. Emir ve davetin gereği ise tekrar ile pekiştirmektir.

Hem herkes, her vakit Kur'an'ın tamamını okumaya güç yetiremez, fakat çoğu kez bir sûre okuyabilir. Onun için, Kur'an'daki en mühim maksatlar birçok uzun sûrede beyan edilerek her bir sûre küçük birer Kur'an hükmüne geçmiştir. Demek ki, hiç kimseyi mahrum etmemek için tevhid, haşir ve Hazreti Mûsa'nın kıssası gibi bazı meseleler tekrarlanmıştır.

Hem bedenin ihtiyaçları gibi, manevî ihtiyaçlar da çeşitlidir. Bazısına insan her nefeste muhtaçtır; cisme hava, ruha Hû gibi... Bazısına her saat ihtiyaç duyar; بِسْمِ اللّٰهِ[13] gibi... Demek, ayetlerin tekrarı, ihtiyaçların yinelenmesinden ileri gelmiştir ve bu ihtiyaca işaretle insanı uyandırıp teşvik etmek, onun manevî arzularını ve iştahını harekete geçirmek içindir.

Hem Kur'an, tesis edicidir; iyiyi ve kötüyü ayıran apaçık bir dinin (Din-i Mübin'in) esası ve şu İslam âleminin temelidir. Toplum hayatını düzenler, çeşitli tabakalardaki insanların tekrar edilen sorularına cevap verir. Tesis edene, koyduğu esasları sabit kılmak için tekrar lâzımdır. Pekiştirmek için tekrar, teyit için takrir,[14] tahkik ve yine tekrar gerekir.

Hem Kur'an öyle büyük meselelerden ve ince

---

13 Allah'ın adıyla.

14 **Takrir**: Yerleştirme, sağlamlaştırma.

hakikatlerden bahsediyor ki, onları herkesin kalbinde yerleştirmek için çok defa farklı suretlerde tekrar lâzımdır.

Bununla beraber, Kur'an'daki bu tekrarlar lafızları itibarı iledir. Yoksa aslında her bir ayetin pek çok mânâsı, faydası, yönü ve tabakaları vardır. Her bir makamda ayrı bir mânâ, fayda ve maksat için o beyanlar tekrar edilir.

Kur'an'ın kâinatla ilgili meselelerin bazılarına üstü kapalı bir şekilde, kısaca işaret etmesi ise irşada dair parlak bir mucizedir. İnkârcıların zannettiği gibi tenkit sebebi olamaz ve kusur değildir.

Soru: "Acaba Kur'an-ı Hakîm, neden varlıklardan felsefenin bahsettiği gibi bahsetmiyor? Bazı meseleleri özet halinde bırakıyor; bazısını ise herkesin anlayışını okşayacak, kimsenin hislerini rencide etmeyecek, sıradan insanların zihnini yormayacak, açık ve basit bir şekilde söylüyor."

Cevap olarak deriz ki: Felsefe hakikatin yolunu şaşırmış da onun için... Geçmiş derslerden ve Söz'lerden elbette anlamışsındır ki, Kur'an-ı Hakîm şu kâinattan, Cenâb-ı Hakk'ın Zât'ını, sıfat ve isimlerini bildirmek için bahsediyor. Yani bu kâinat kitabının mânâlarını anlatıp Hâlık'ını tanıtıyor. Demek, varlıklara kendileri için değil, Yaratıcıları hesabına bakıyor. Hem herkese hitap ediyor.

Felsefe ise varlıklara kendileri için bakıyor. Bilhassa ilim sahiplerine hitap ediyor. Mademki Kur'an-ı Hakîm varlıkları delil yapıyor, öyleyse delilin açık olması, herkesçe çabuk anlaşılması gerekir.

Hem mademki doğru yola ulaştıran Kur'an, insanlığın bütün tabakalarına hitap eder. İnsanların çoğu ise avam tabakadandır. Elbette irşad, lüzumsuz şeylerin üstü kapalı bir şekilde, kısaca anlatılmasını ve ince şeylerin temsille akla yaklaştırılmasını ister. Safsata ve yanlışa düşürmemek için, onların sığ nazarlarında aşikâr olan şeyleri lüzumsuz, belki zararlı bir surette değiştirmemeyi gerektirir.

Mesela Kur'an, güneş için der ki, "Dönen bir kandil, bir lambadır."[15] Zira güneşten, güneşin mahiyeti için bahsetmez. Onun bir çeşit intizamın zembereği ve bir düzenin merkezi olduğunu, o intizam ve düzenin ise Sâni'in marifetine ayna olduğunu bildirir. Evet, Kur'an, وَالشَّمْسُ تَجْرِي[16] "Güneş döner." der. "Döner" tabiriyle, kış-yaz, gece-gündüz değişimindeki kusursuz kudret tasarrufunu hatırlatıp Sâni'in büyüklüğünü anlatır. İşte, bu "dönmek" fiilinin hakikati ne olursa olsun, kastedilen, nakış nakış işlenen ve görünen intizama tesir etmez.

---

15 Bkz. Yûnus sûresi, 10/5; Enbiyâ sûresi, 21/33; Furkan sûresi, 25/61...

16 Yâsîn sûresi, 36/38.

Hem Kur'an, وَجَعَلَ الشَّمْسَ سِرَاجًا[17] der. "Sirac" yani "lamba" tabiriyle, âlemin bir saray şeklinde yaratıldığını, içindeki eşyanın ise insanlar ve canlılar için hazırlanmış ziynetler, yiyecekler ve hayat için gerekli şeyler olduğunu; güneşin de o sarayı aydınlatan itaatkâr bir lamba mahiyeti taşıdığını hatırlatarak Hâlık'ın rahmet ve ihsanını anlatır.

Şimdi bak, şu sersem ve geveze felsefe ise ne der: "Güneş sıvı haldeki büyük bir ateş kütlesidir. Kendisinden kopmuş olan gezegenleri etrafında döndürür. Büyüklüğü şu kadardır, mahiyeti şöyledir, böyledir..." Ruha korkutucu bir dehşetten, müthiş bir hayretten başka bir şey vermez. Güneşten Kur'an gibi bahsetmez.

İşte, içi kof, dışı gösterişli felsefî meselelerin ne kıymette olduğunu buradan anla. Onların görünüşteki parlaklığına aldanıp Kur'an'ın gayet mucizevî beyanına karşı hürmetsizlik etme!

Bir Hatırlatma: Arapça *Risale-i Nur*'da On Dördüncü Reşha'nın altı "katre"si, bilhassa Dördüncü Katre'nin altı "nükte"si, Kur'an-ı Hakîm'in kırk kadar mucizelik yönünden on beşini bildirir. Onunla yetinerek burada kısaca temas ettik. İstersen ona müracaat et, bir mucizeler hazinesi bulursun.

---

17 "Güneşi de (ışığı kendinden) bir lamba yaptı." (Nûh sûresi, 71/16)

اَللّٰهُمَّ اجْعَلِ الْقُرْاٰنَ شِفَاءً لَنَا مِنْ كُلِّ دَاءٍ وَمُونِسًا لَنَا فِي حَيَاتِنَا وَبَعْدَ مَمَاتِنَا وَفِي الدُّنْيَا قَرِينًا وَفِي الْقَبْرِ مُونِسًا وَفِي الْقِيَامَةِ شَفِيعًا وَعَلَى الصِّرَاطِ نُورًا وَمِنَ النَّارِ سِتْرًا وَحِجَابًا وَفِي الْجَنَّةِ رَفِيقًا وَإِلَى الْخَيْرَاتِ كُلِّهَا دَلِيلًا وَإِمَامًا بِفَضْلِكَ وَجُودِكَ وَكَرَمِكَ وَرَحْمَتِكَ يَا أَكْرَمَ الْأَكْرَمِينَ وَيَا أَرْحَمَ الرَّاحِمِينَ، اٰمِينَ.

اَللّٰهُمَّ صَلِّ وَسَلِّمْ عَلَى مَنْ أُنْزِلَ عَلَيْهِ الْفُرْقَانُ الْحَكِيمُ وَعَلَى اٰلِهِ وَصَحْبِهِ أَجْمَعِينَ، اٰمِينَ[18]

اَلْبَاقِي هُوَ الْبَاقِي[19]

Said Nursî

---

18 Allahım! Kur'an'ı bizim için her türlü derde şifa, hayatımızda ve ölümümüzden sonra en sıcak bir arkadaş, dünyada cana yakın bir dost, kabirde en samimi arkadaş, kıyamette bir şefaatçi, sırat üzerinde bir nur, ateşe karşı örtü ve perde, cennette bir yoldaş ve bütün hayırlı işlere götüren rehber ve önder eyle. Bütün bunları bize fazlınla, cömertliğinle, kereminle ve rahmetinle ihsan et, ey kerem sahiplerinin en kerimi ve merhametlilerin en merhametlisi Rabbimiz, âmin... Allahım! Furkan-ı Hakîm'in indirildiği zâta, onun bütün âl ve ashabına salât ve selam eyle, âmin, âmin…

19 Kendinden başka her şeyin fâni olduğu gerçek Bâki, Allah'tır.

Şakk-ı Kamer (Ayın Yarılması) Mucizesine Dairdir

On Dokuzuncu ve Otuz Birinci Sözlerin Zeyli

بِسْمِ اللّٰهِ الرَّحْمٰنِ الرَّحِيمِ

اِقْتَرَبَتِ السَّاعَةُ وَانْشَقَّ الْقَمَرُ ۞ وَإِنْ يَرَوْا اٰيَةً يُعْرِضُوا وَيَقُولُوا سِحْرٌ مُسْتَمِرٌّ[1]

Resûl-u Ekrem'in *(aleyhissalâtü vesselam)* ay gibi parlak bir mucizesi olan ayın yarılması (şakk-ı kamer) hadisesini çürük vehimlerle gölgelemek isteyen felsefeciler ve onların muhakemesiz taklitçileri diyor ki: "Eğer ay gerçekten ikiye bölünseydi, bu hadise bütün âlem tarafından bilinirdi. Bütün tarihlerin bunu nakletmesi gerekirdi."

1 "Kıyamet saati yaklaştı, ay bölündü. Ama o müşrikler ne zaman bir mucize görseler sırtlarını döner, 'Bu, kuvvetli ve devamlı bir büyüdür' derler." (Kamer sûresi, 54/1-2).

Cevap: Ayın yarılması, Resûl-u Ekrem'in peygamberlik davasına delil olarak, o davayı işiten ve inkâr eden, orada hazır bulunan bir cemaate, gece vakti, herkes uykudayken, âni bir şekilde gösterilmiştir. Hem ayın doğduğu zamanların farklılığı, sis ve bulutlar gibi onu görmeye mâni sebeplerin varlığı ile beraber, o devirde medeniyet her yere yayılmadığından, bazı toplumlara has kaldığından ve pek az kişi gökyüzünü rasat ettiğinden, o hadisenin her yerden görülmesi, bütün tarihlere geçmesi elbette lâzım değildir.[2] Ayın yarılması hadisesinin önünden bu evham bulutlarını dağıtacak pek çok noktadan şimdilik beş "nokta"yı dinle...

BİRİNCİ NOKTA

O zaman ve zemindeki kâfirlerin gayet şiddetli inatları tarihçe mâlum ve meşhur olduğu, Kur'an-ı Hakîm وَانْشَقَّ الْقَمَرُ[3] diyerek şu vakayı bütün âleme haber verdiği halde; Kur'an'ı inkâr eden o kâfirlerden hiçbiri bu ayeti yalanlamaya kalkışmamış, Kur'an'ın haber verdiği şu vakayı inkâr etmek için ağzını açmamıştır. Eğer o hadise, o zaman kâfirler için kesin

---

2 el-Gazâlî, *Fedâihu'l-Bâtıniyye* 1/140-141; en-Nevevî, *Şerhu Sahîh-i Müslim* 17/143-144; İbni Hacer, *Fethu'l-Bârî* 7/185-186.

3 "Ay bölündü." (Kamer sûresi, 54/1).

ve gerçekleşmiş olmasaydı, bu ayeti delil sayarak gayet dehşetli bir yalanlamaya girişir ve Hazreti Peygamber'in *(sallallâhu aleyhi vesellem)* davasını çürütmek için hücum ederlerdi. Halbuki siyer ve tarih kitapları, şu hadiseye dair, onunla münasebeti olan kafirlerin böyle hiçbir şeyini nakletmemiştir.

Yalnız وَيَقُولُوا سِحْرٌ مُسْتَمِرٌّ[4] ayetinin beyan ettiği gibi, tarihlerde nakledilen şudur: O hadiseyi gören kâfirler, bunun sihir olduğunu iddia etmiş ve "Bize sihir gösterdi. Eğer başka taraflardaki kervan ve kafileler de görmüşse hadise doğrudur; yoksa bize sihir yapmıştır." demişler. Sabahleyin Yemen'den ve başka taraflardan gelen kafileler böyle bir hadiseyi gördüklerini haber verince kâfirler, Fahr-i Âlem *(aleyhissalâtü vesselam)* hakkında (hâşâ) şöyle demiş: "Ebû Talib'in yetiminin sihri göklere de tesir etti."[5]

İKİNCİ NOKTA

Sa'd-ı Teftâzânî gibi büyük muhakkiklerin çoğu demiştir ki: "Ayın yarılması;[6] Resûl-u Ekrem'in

---

4 "(Müşrikler): 'Bu, kuvvetli ve devamlı bir büyüdür' derler." (Kamer sûresi, 54/2).

5 et-Tayâlisî, *el-Müsned* 1/38; Ebû Nuaym, *Delâilü'n-Nübüvve* s. 281. Ayrıca bkz. Kamer sûresi, 54/2; Tirmizî, *tefsîru sûre (54)*

6 Buhârî, *menâkıb* 27, *menâkıbü'l-ensâr* 36, *tefsîru sûre (54)* 1; Müslim, *münâfikîn* 43-48.

parmaklarından su akması, o suyu bütün bir orduya içirmesi,[7] hutbe okurken dayandığı kuru direğin Allah Resûlü'nden *(aleyhissalâtü vesselam)* ayrılacağı için ağlaması ve bunu bütün cemaatin işitmesi gibi tevatür derecesindeki hadiselerdendir.[8] Yani onu tabakadan tabakaya öyle geniş bir cemaat nakletmiştir ki, yalanda birleşmeleri imkânsızdır. Bu hadise, meşhur Halley kuyruklu yıldızının bin sene önce görünmüş olması gibi, tevatür derecesindedir. Varlığı, görmediğimiz Serendib Adası'nın[9] varlığı gibi, tevatürle kesindir." İşte böyle kesin ve şahitliğe dayanan meselelerde vehimler yüzünden şüpheye düşmek akılsızlıktır. Bu çeşit hadiselerin yalnızca akıl dışı olmaması yeter. Kaldı ki, ayın yarılması, bir dağın volkanla ikiye bölünmesi gibi mümkündür.

ÜÇÜNCÜ NOKTA

Mucize, peygamberlik davasını ispat ve inkârcıları ikna etmek içindir, inanmaya mecbur bırakmak için değil. Öyleyse peygamberlik davasını

---

7 Buhârî, *menâkıb* 25, *meğâzî* 35; Müslim, *fezâil* 6, 7, *imâre* 72, 73.

8 Bkz. el-Gazâlî, *Fedâihu'l-Bâtıniyye* 1/139-141; el-Âmidî, *Ğâyetü'l-Merâm* 1/356-357; el-Îcî, *Kitâbü'l-Mevâkıf* 3/405; et-Teftâzânî, *Şerhu'l-Makâsıd* 5/17.

9 Hindistan'ın güneyindeki Seylan adası.

işitenlere ikna edici bir mucize göstermek lâzımdır. Aynı mucizeyi bütün âleme göstermek veyahut herkesi iman etmeye mecbur bırakır derecede bir açıklıkla ortaya koymak, Hakîm-i Zülcelâl'in hikmetine zıt olduğu gibi, imtihan sırrına da terstir. Çünkü imtihan sırrı, "akla kapı açmayı, iradeyi elden almamayı" gerektiriyor.

Eğer Fâtır-ı Hakîm ayı –felsefecilerin heveslerine göre– bütün âleme göstermek için bir iki saat öyle ikiye bölünmüş halde bıraksaydı ve bu hadise bütün tarihlere geçseydi, o vakit başka gökyüzü hadiseleri gibi; ya peygamberlik davasına delil olmazdı ve Resûl-u Ekrem'in *(aleyhissalâtü vesselam)* peygamberliğine ait hususiyeti kalmazdı ya da öyle apaçık bir mucize olurdu ki, aklı kabule mecbur bırakır, iradeyi elden alırdı ve herkes ister istemez Allah Resûlü'nün peygamberliğini tasdik ederdi. Ebû Cehil gibi kömür ruhlularla Ebû Bekri's-Sıddık gibi elmas ruhlu insanlar aynı seviyede kalır, imtihan sırrı kaybolurdu. İşte bu sırdandır ki, o hadise hem aniden hem gece vakti herkes uykudayken gerçekleşti ve ayın doğduğu zamanların farklı olması, sis ve bulut gibi başka mâniler de perde kılınarak bütün âleme gösterilmedi veyahut tarihlere geçirilmedi.

DÖRDÜNCÜ NOKTA

Şu hadise, gece vakti herkes uykudayken, âni bir şekilde gerçekleştiğinden, elbette dünyanın her tarafından görülmeyecekti. Bazı kimselerce görülse de, onlar gözlerine inanmayacaktı. İnansalar da, elbette böyle mühim bir hadise, tek bir kişi tarafından aktarılan bir haberle tarihlere bâki bir sermaye olmayacaktı.

Bazı kitaplardaki, "Ay, iki parça olduktan sonra yere inmiş." ilavesini ise tahkik ehli zâtlar reddetmiş, "Şu apaçık mucizeyi kıymetten düşürmek niyetiyle bunu belki bir münafık ilave etmiştir." demişler.

Hem mesela o vakitte, İngiltere cehalet sisiyle kuşatılmış, İspanya'da gün yeni batmış, Amerika'da gündüz, Çin'de ve Japonya'da sabah olduğu gibi, başka yerlerde de başka sebeplerden dolayı o hadise elbette görülmeyecekti. Şimdi şu akılsız itirazcıya bak, diyor ki: "İngiltere, Çin, Japonya, Amerika gibi ülkelerin tarihleri bundan bahsetmiyor. Öyleyse gerçekleşmemiştir." Bin lânet onun gibi Avrupa dalkavuklarının başına...

BEŞİNCİ NOKTA

Ayın yarılması, kendi kendine, bazı sebepler neticesinde olmuş, tesadüfî, tabiî bir hadise değildir ki, alışılmış tabiat kanunları ona uygulansın. Güneşin ve ayın sonsuz hikmet sahibi Hâlık'ı, Resûlünün *(sallallâhu aleyhi vesellem)* peygamberliğini tasdik ve davasını aydınlatmak için o hadiseyi harikulâde olarak yaratmıştır. O mucize, irşad ve imtihan sırrının ve peygamberliğin hikmetinin gereğince, rubûbiyetin hikmetinin istediği insanları delille susturmak için gösterilmiştir. O hikmet sırrının gerektirmediği, istemediği ve peygamberlik davasını henüz işitmemiş olan, yeryüzünün farklı yerlerindeki insanlara o hadise, sis, bulutlar ve ayın farklı zamanlarda doğması, bazı memleketlerde henüz çıkmamış olması, bazılarında gündüz ve sabah, bir kısmında ise güneşin yeni batmış olması gibi, onu görmeye mâni pek çok sebep perde kılınarak gösterilmemiştir. Eğer o mucize bütün insanlığa gösterilseydi ya Resûl-u Ekrem'in *(aleyhissalâtü vesselam)* peygamberliğine işaret ve bir peygamberlik mucizesi olarak gösterilecekti, o zaman Allah Resûlü'nün peygamberliği apaçık bir dereceye çıkacaktı. Herkes tasdike mecbur olacak, ortada irade kalmayacaktı. Oysa iman, akıl ve irade iledir; yoksa imtihan sırrı kaybolur. Ya da o mucize sırf bir gökyüzü hadisesi olarak gösterilecekti, o vakit Resûl-u Ekrem'in *(aleyhissalâtü vesselam)* peygamberliğiyle münasebeti kesilecek ve ona has olmayacaktı.

Kısacası: Ayın yarılması hadisesinin mümkün olduğuna şüphe kalmadı, mesele kesin bir şekilde ispat edildi. Şimdi o hadisenin gerçekleştiğini gösteren pek çok delilden altısına[10 HAŞİYE] işaret edeceğiz. Şöyle ki:

Hepsi çok adil olan sahabilerin, o hadisenin gerçekleştiğinde ittifak etmesi.. hakikati araştırıp delilleriyle bilen bütün tefsircilerin, وَانْشَقَّ الْقَمَرُ[11] ayetinin tefsirinde o hadisenin vuku bulduğunda birleşmeleri..[12] olan biteni dosdoğru rivayet eden bütün hadis âlimlerinin pek çok senetle ve çeşitli kanallarla o hadisenin gerçekleştiğini nakletmesi.. perdeli hakikatleri Allah'ın izni ile keşfeden ve ilhama mazhar olan bütün evliya ve sıddıkların şahitliği.. kelâm ilminin, meşrepleri birbirinden çok uzak olan imamlarının ve çok derin âlimlerinin tasdiki.. ve hadisin kesin ve açık hükmüyle, dalâlet üzerinde birleşmeleri mümkün olmayan ümmet-i Muhammed'in *(aleyhissalâtü vesselam)*[13] o hadiseyi

---

10 HAŞİYE Yani altı defa icmâ suretinde, gerçekleştiğine dair altı delil vardır. Bu makam çok izah gerektirdiği halde maalesef kısa kalmıştır.

11 "...Ay bölündü." (Kamer sûresi, 54/1).

12 Bkz. el-Vâhidî, *el-Vecîz fî Tefsîri'l-Kitâbi'l-Azîz* 1/370; et-Taberî, *Câmiu'l-Beyân* 27/84-88; el-Beğavî, *Meâlimü't-Tenzîl* 4/258.

13 Tirmizî, *fiten* 7; Ebû Dâvûd, *fiten* 1; İbni Mâce, *fiten* 8;

kabul etmesi; ayın ikiye bölündüğünü güneş gibi ispat eder.

Sözün Özü: Buraya kadar söylediklerimiz tahkik adına ve inkârcıları susturmak içindi. Bundan sonraki cümleler, hakikat adına ve iman hesabınadır. Evet, tahkik böyle dedi. Hakikat ise diyor ki:

Nasıl ki, Cenâb-ı Hakk'ın mahbubu[14] olma derecesine çıkan kulluğundaki velâyetin en büyük kerameti ve mucizesi Mirac ile, yani bir dünyalının bedeniyle göklerde gezdirilmesiyle, peygamberlik semâsının nur saçan ayı olan Nübüvvet Divanının Mührü'nün *(aleyhissalâtü vesselam)* o yüce âlemin sakinlerine üstünlüğü ve mahbubiyeti gösterildi, velâyeti ispat edildi. Aynen öyle de, yeryüzüne bağlı, göğe asılı olan ay, bir dünyalının işaretiyle iki parça edilerek yeryüzünün sakinlerine o zâtın peygamberliğinin öyle bir mucizesi gösterildi ki, Resûl-u Ekrem *(aleyhissalâtü vesselam)*, ayın açılmış iki nuranî kanadı misali peygamberlik ve velâyet gibi iki nuranî, parlak kanadıyla kemâlâtın en üst mertebelerine uçmuş, Kâb-ı Kavseyn'e[15] çıkmış,

---

Dârimî, *mukaddime* 8.

14 **Mahbub**: Sevgili, sevilen.

15 **Kâb-ı Kavseyn**: Yayın iki ucu arasındaki mesafe. Peygamber Efendimizin Mirac'da Allah'a yaklaştığı mertebe.

hem gök sakinlerinin hem de yeryüzündekilerin iftihar kaynağı olmuştur...

عَلَيْهِ وَعَلٰى اٰلِهِ الصَّلَاةُ وَالتَّسْلِيمَاتُ مِلْأَ الْأَرْضِ وَالسَّمٰوَاتِ[16]

سُبْحَانَكَ لَا عِلْمَ لَنَا إِلَّا مَا عَلَّمْتَنَا إِنَّكَ أَنْتَ الْعَلِيمُ الْحَكِيمُ[17]

---

16 Ona *(sallallâhu aleyhi ve sellem)*, âline ve ashabına yer ve gökler dolusu salât ve selamlar olsun.

17 "Sübhansın ya Rab! Senin bize bildirdiğinden başka ne bilebiliriz ki? Her şeyi hakkıyla bilen, her şeyi hikmetle yapan sensin." (Bakara sûresi, 2/32).

Mucizât-ı Ahmediye (Aleyhissalâtü Vesselam) Zeyli'nin Bir Parçasıdır

Resûl-u Ekrem'in *(aleyhissalâtü vesselam)* peygamberliğinin delilleri hakkındadır. Mirac Risalesi'nin Üçüncü Esası'nın sonundaki üç mühim sorudan birincisine kısaca, özet şeklinde verilen cevaptır.

Soru: Şu büyük Mirac niçin Muhammed-i Arabî aleyhissalâtü vesselam'a mahsustur?

Cevap: Şu birinci sorunuzun cevabı, otuz üç adet Söz'de etraflıca izah edilmiştir. Yalnız burada Resûl-u Ekrem'in *(aleyhissalâtü vesselam)* kemâlâtına, peygamberliğinin delillerine ve o büyük Mirac'a en lâyık zâtın o olduğuna dair kısa işaretlerle bir özet sunuyoruz. Şöyle ki:

İlk olarak: Pek çok tahrife maruz kaldığı halde, Tevrat, İncil, Zebur gibi mukaddes kitaplardan, şu zamanda dahi Hüseyin-i Cisrî gibi bir muhakkik, Resûl-u Ekrem'in *(aleyhissalâtü vesselam)* peygamberliğine dair yüz müjdeli işareti çıkarıp *Risale-i Hamîdiye*'de göstermiştir.[1]

İkincisi: Şık ve Satîh gibi iki meşhur kâhinin, vahiy gelmeden kısa süre önce Allah Resûlü'nün *(aleyhissalâtü vesselam)* nübüvvetine ve ahirzaman peygamberinin o olduğuna dair tarihçe sabit olan beyanları gibi pek çok müjde, sahih bir şekilde tarihlerde nakledilmiştir.[2]

Üçüncüsü: Hazreti Peygamber'in *(aleyhissalâtü vesselam)* doğduğu gece Kâbe'deki putların düşmesi, İran'da Kisra'nın meşhur sarayı Eyvân'ın çatlaması[3] gibi "irhâsat" denilen yüzlerce harika hadise tarihçe meşhurdur.

Dördüncüsü: Bir orduya parmağından akan suyu içirmesi, mescitte büyük bir cemaatin huzurunda kuru direğin, minberin taşınmasından dolayı Allah Resûlü'nden *(aleyhissalâtü vesselam)* ayrılacağı için deve gibi inleyerek ağlaması, وَانْشَقَّ الْقَمَرُ[4] ayetinin açık ve kesin hükmü ile ayın yarılması gibi, muhakkik zâtların araştırmalarıyla bine varan

---

1 Hüseyin Cisrî, *Risâle-i Hamîdiye* (Türkçe tercüme) s. 52-94.

2 İbni Hişâm, *es-Sîratü'n-Nebeviyye* 124-129; 158, 190-192; et-Taberî, *Târîhu'l-Ümem ve'l-Mülûk* 1/431.

3 Ebû Nuaym, *Delâilü'n-Nübüvve* s. 139; el-Beyhakî, *Delâilü'n-Nübüvve* 1/19, 126, 127; et-Taberî, *Târîhu'l-Ümem ve'l-Mülûk* 1/459.

4 "...Ay bölündü." (Kamer sûresi, 54/1).

mucizelerle[5] Hazreti Peygamber'in üstün kılındığını tarih ve siyer kitapları gösteriyor.

Beşincisi: Dost ve düşmanın ittifakıyla, şahsında güzel ahlâkın en yüksek derecede, bütün muamelelerinin şahitliğiyle vazifesinde ve tebliğinde yüksek vasıfların en ileri mertebede ve İslam'daki ahlâk güzelliğinin şehadetiyle, getirdiği dinde en yüce, övülmeye lâyık hasletlerin en mükemmel surette bulunduğunda insaf ve dikkat sahipleri tereddüt etmez.

Altıncısı: Onuncu Söz'ün İkinci İşaret'inde ifade edildiği gibi: Ulûhiyet, hikmetin gereği olarak görünmek ister. İşte Resûl-u Ekrem *(aleyhissalâtü vesselam)* bunu azamî derecede, zirvedeki kulluğuyla en parlak şekilde göstermiştir.

Hem âlemin Hâlık'ının, hikmetin ve hakikatin gereği olarak, sonsuz kemâldeki güzelliğini bir vasıta ile göstermek istemesine karşılık, bunu en güzel surette gösteren ve tarif eden, açıkça, o zâttır.

Hem âlemin Sâni'inin, dikkat nazarlarını sonsuz güzellikteki kusursuz sanatına çekmek ve onu sergilemek istemesine karşılık, bunu en yüksek bir sedâ ile ilan eden yine, açıkça, o zâttır.

Hem âlemlerin Rabbi sayısız varlık tabakalarında

---

5 Bkz. el-Beyhakî, *Delâilü'n-Nübüvve* 1/10; ez-Zemahşerî, *el-Keşşâf* 1/382; en-Nevevî, *Şerhu Sahîhi Müslim* 1/2.

birliğini ve tekliğini ilan etmek istemesine karşılık, bütün tevhid mertebelerini azamî derecede ilan eden yine, elbette o zâttır.

Hem âlemin Sahibinin, eserlerindeki sonsuz güzelliğin işaretiyle, hakikat ve hikmetin gereği olarak, Zât'ının nihayetsiz cemâlini, benzersizliğini ve güzelliğinin inceliklerini aynalarda görmek ve göstermek istemesine karşılık, O'na en mükemmel surette aynalık eden, O'nu gösteren ve sevip başkalarına sevdiren yine, apaçık bir şekilde, o zâttır.

Hem şu âlem sarayının Sâni'inin, gayet harika mucizeler ve gayet kıymetli cevherlerle dolu gayb hazinelerini gösterip sergilemek ve onlarla kemâlini tarif edip bildirmek istemesine karşılık, en mükemmel rehber ve tarif edici yine, açıkça, o zâttır.

Hem şu kâinatın Sâni'inin, kâinatı hayret verici, türlü ziynetlerle süsleyerek yapmasına.. şuur sahibi mahlûklarını seyir, gezinti, ibret ve tefekkür için oraya göndermesine.. hikmetinin gereği olarak o eserlerin ve sanatların mânâlarını, kıymetini, seyir ve tefekkür edenlere bildirmek istemesine karşılık; cinlere ve insanlara, hatta ruhanilere ve meleklere de Kur'an-ı Hakîm vasıtasıyla en mükemmel şekilde rehberlik eden yine, açıkça, o zâttır.

Hem şu âlemin sonsuz hikmet sahibi Hâkim'inin, kâinattaki değişimlerin gayesini içeren muğlâk tılsımı ve varlıkların, "nereden geldiklerine, nereye gittiklerine ve ne olduklarına" dair üç hayati sorunun muammasını bir elçi vasıtasıyla bütün şuur sahiplerine çözdürmek istemesine karşılık, Kur'an hakikatleri vasıtasıyla en aşikâr ve mükemmel şekilde o tılsımı çözen ve o muammayı halleden yine, açıkça, o zâttır.

Hem şu âlemin yüce Sâni'inin kendini şuur sahibi varlıklara bütün güzel, sanatlı eserleriyle tanıtmasına, kıymetli nimetlerle sevdirmesine ve elbette bunun karşılığında onlara rızasının ve isteklerinin ne olduğunu bir elçi vasıtasıyla bildirmeyi dilemesine karşılık, O'nun rızasını ve isteklerini en güzel ve mükemmel surette, Kur'an vasıtasıyla beyan eden ve insanlığa getiren yine, apaçıktır ki, o zâttır.

Hem Âlemlerin Rabbi, kâinatın meyvesi olan insana, âlemi içine alacak geniş bir kabiliyet vermiş, onu engin bir kulluğa hazırlamış, fakat insan hissiyatıyla çokluğa ve dünyaya müptelâ olduğundan, bir rehber vasıtasıyla onun yüzünü çokluktan birliğe, fâniden bâkiye çevirmek istemiştir. İşte insanlığa en mükemmel ve beliğ surette, Kur'an vasıtasıyla en güzel tarzda rehberlik eden ve peygamberlik vazifesini kusursuzca yerine getiren yine, açıkça o zâttır.

İşte varlıkların en şereflisi canlılar, canlılar içinde en şerefli olan şuur sahipleri, şuur sahiplerinin en şereflisi de hakiki insandır. Ve hakiki insanlar içinde de şu zikredilen vazifeleri kusursuzca, mükemmel bir şekilde yerine getiren o zâttır; elbette büyük Mirac ile Kâb-ı Kavseyn'e çıkacak,[6] ebedî saadetin kapısını çalacak, rahmet hazinelerini açacak ve imanın gayb perdesi ardındaki hakikatlerini görecek de o zât olacaktır.

Yedincisi: Şu benzersiz yaratılmış varlıklardaki gayet güzel nakışlar ve son derece süslü ziynetler açıkça görülür. Bunlar, onların Sâni'inde, yarattıklarını güzelleştirmek ve süslemek için gayet şiddetli bir irade ve kasd bulunduğunu apaçık şekilde gösterir. O irade ise zorunlu olarak, Sâni'de sanatına karşı kuvvetli bir rağbet ve mukaddes bir muhabbet bulunduğuna işaret eder. İşte sanatlı varlıklar içinde en kuşatıcı olan ve bütün sanat inceliklerini birden kendinde gösteren, bilen, bildiren, kendini sevdiren ve başka varlıklardaki güzellikleri "Maşallah" deyip takdir eden, açıktır ki, sanatını gözeten ve çok seven Sâni'in nazarında en sevgili olacaktır.

İşte sanatlı varlıkları yaldızlayan meziyetlere ve güzelliklere, onları ışıklandıran latifelere ve kemâlâta karşı, "Sübhânallah, Mâşâallah, Allahu Ekber" diyerek gökleri ve Kur'an'ın nağmeleriyle

---

6 "Öyle ki araları yayın iki ucu arası kadar veya daha az kaldı." (Necm sûresi, 53/9).

kâinatı çınlatan, beğenip takdir etmekle, tefekkür edip göstermekle, zikir ve tevhid ile karaları ve denizleri cezbeye getiren yine, açıkça, o zâttır.

Öyle bir zât ki: اَلسَّبَبُ كَالْفَاعِلِ[7] sırrınca bütün ümmetinin işlediği sevapların bir misli, onun amel defterine kaydedilir. Ümmetinin salâvatları onun manevî kemâlâtına kuvvet verir. O, gördüğü peygamberlik vazifesinin neticeleri ve manevî ücretiyle beraber Cenâb-ı Hakk'ın rahmet ve muhabbetinin sonsuz feyzine mazhardır. İşte o zâtın Mirac merdiveniyle cennete, Sidretü'l-Müntehâ'ya,[8] Arş'a ve Kâb-ı Kavseyn'e kadar gitmesi[9] elbette hakkın, hakikatin ve hikmetin ta kendisidir.

اَلْبَاقِي هُوَ الْبَاقِي[10]

Said Nursî

11 HAŞİYE

---

7 (Bir işe) sebep olan, (onu bizzat) yapan gibidir.

8 Peygamber Efendimizin ulaştığı en son makam.

9 Bkz. Necm sûresi, 53/4-18; İsrâ sûresi, 17/1.

10 Kendinden başka her şeyin fâni olduğu gerçek Bâki, Allah'tır.

11 HAŞİYE En mühim Müslüman gazetelerinden birinde, bütün İslam âlemini ilgilendiren, gayet mühim siyasilerin ve toplum hayatı ile çok alâkadar olan hukukçuların 1927 senesinde Avrupa'da toplandığı bir kongrede (mühim yabancı filozoflar) Resûl-u Ekrem'in *(aleyhissalâtü vesselam)* getirdiği dine dair aşağıda yazılan Arapça parçanın aynısını kendi

dilleriyle söylemişler. O Arapça gazetenin naklettiği Arapça ifadeyi aynen yazıyor ve tercümesini de altına ilave ediyoruz.

Nur Çeşmesi'nin sonunda yazılan, yabancı felsefecilerden kırk üç tanesinin beyanları, bu iki kahraman filozofun beyanları ile, kırk beş tane doğru şahit oluyor. اَلْفَضْلُ مَا شَهِدَتْ بِهِ الْأَعْدَاءُ* "Fazilet odur ki, düşmanlar dahi onu tasdik etsin."

* İbni Kesîr, *Tefsîru'l-Kur'an* 2/539; el-Mâverdî, *A'lâmü'n-Nübüvve* 1/268; Ebu'l-Abbas el-Mukri', *Nefhu't-Tayyib* 2/358.

Arapça Gazetedeki Beyanat

وَقَدِ اعْتَرَفَ حَتَّى عُلَمَاءُ الْغَرْبِ بِسُمُوِّ مَبَادِئِ الْإِسْلَامِ وَصَلَاحِهَا لِلْعَالَمِ وَقَالَ عَمِيدُ كُلِّيَّةِ الْحُقُوقِ بِجَامِعَةِ فِيَنَا الْأُسْتَاذُ شَبُول فِي مُؤْتَمَرِ الْحُقُوقِيِّينَ الْمُنْعَقَدِ فِي سَنَة١٩٢٧ :

إِنَّ الْبَشَرِيَّةَ لَتَفْتَخِرُ بِانْتِسَابِ رَجُلٍ كَمُحَمَّدٍ عَلَيْهِ الصَّلَاةُ وَالسَّلَامُ إِلَيْهَا، إِذْ إِنَّهُ رَغْمَ أُمِّيَّتِهِ اسْتَطَاعَ قَبْلَ بِضْعَةَ عَشَرَ قَرْنًا أَنْ يَأْتِيَ بِتَشْرِيعٍ سَنَكُونُ نَحْنُ الْأَوْرُوبَائِيِّينَ أَسْعَدَ مَا نَكُونُ لَوْ وَصَلْنَا إِلَى قِيمَتِهِ بَعْدَ أَلْفَيْ عَامٍ وَقَالَ بَرْنَارْدْشَوْ لَقَدْ كَانَ دِينُ مُحَمَّدٍ عَلَيْهِ الصَّلَاةُ وَالسَّلَامُ مَوْضِعَ تَقْدِيرِي السَّامِي دَائِمًا لِمَا يَنْطَوِي عَلَيْهِ مِنْ حَيَوِيَّةٍ مُدْهِشَةٍ، لِأَنَّهُ عَلَى مَا يَلُوحُ لِي هُوَ الدِّينُ الْوَحِيدُ الَّذِي لَهُ مَلَكَةُ الْهَضْمِ لِأَطْوَارِ الْحَيَاةِ الْمُخْتَلِفَةِ وَالَّذِي يَسْتَطِيعُ لِذٰلِكَ أَنْ يَجْذِبَ إِلَيْهِ كُلَّ جِيلٍ مِنَ النَّاسِ وَأَرٰى وَاجِبًا أَنْ يُدْعٰى مُحَمَّدٌ عَلَيْهِ الصَّلَاةُ وَالسَّلَامُ مُنْقِذَ الْإِنْسَانِيَّةِ، وَأَعْتَقِدُ أَنَّ رَجُلًا مِثْلَهُ إِذَا تَوَلّٰى زَعَامَةَ الْعَالَمِ الْحَدِيثِ نَجَحَ فِي حَلِّ مُشْكِلَاتِهِ وَأَحَلَّ فِي الْعَالَمِ السَّلَامَةَ وَالسَّعَادَةَ يَعْنِي الْمُسَالَمَةَ وَالصُّلْحَ الْعُمُومِيَّ وَمَا أَشَدَّ حَاجَةَ الْعَالَمِ الْيَوْمَ إِلَيْهَا ...

Tercümesinin Bir Özeti

Evet, Batılı ilim adamları ve felsefeciler itiraf ve kabul etmiştir ki, *İslamiyet'in kanunları yüksek bir tarzda, âlemin ıslahına kâfidir.*

1927 senesinde, bütün hukukçuların toplandığı Milletlerarası Hukuk Kongresi'nde, kongrenin reisi, felsefeci, Profesör Shebol şöyle demiştir:

"*Muhammed'in (aleyhissalâtü vesselam) insanlığa mensup olmasıyla bütün beşeriyet muhakkak iftihar eder. Çünkü o zât, ümmî olmakla beraber, on üç asır önce öyle bir din getirmiş ki, biz Avrupalılar iki bin sene sonra onun kıymetine ve hakikatine yetişsek en mesut, en saadetli insanlar oluruz.*"

İkincisi veyahut *Nur Çeşmesi*'nin sonuna ilave edilenlerle kırk beşincisi olan Bernard Shaw ise şöyle demiş:

"Muhammed'in *(aleyhissalâtü vesselam)* dininin en yüksek takdir makamına çıkmasının sebebi, gayet hayret verici ve sağlam bir hayat temin etmesidir. Kanaatim şudur ki: O din tek, biricik, benzersiz bir din olup, hayatın çeşitli, ayrı ayrı bütün tavırlarını ve çeşitlerini hazmettiriyor. Yani, ıslah ve dönüştürme tarzında tasfiye edip yükseltiyor. Hem Muhammed'in *(aleyhissalâtü vesselam)* dini öyle bir dindir ki, insanlığın ayrı ayrı bütün milletlerini kendine çekebilir. Ben görüyorum ve inanıyorum ki, '*Muhammed (aleyhissalâtü vesselam) insanlığın kurtarıcısıdır ve kurtarıcı namının ona verilmesi lâzımdır.*' demek vaciptir."

Hem şöyle demiş: "*Ben inanıyorum ki, Muhammed'in (aleyhissalâtü vesselam) eşi benzeri, yani ahlâkında, tarzında bir insan bugün dünyaya reis olsa, hükmetse, bu yeni dünyanın meselelerini halledip şu yeni, karmakarışık âlemde umumi barışa ve hayatta saadetin ortaya çıkmasına sebep olacak. Evet, bu yeni âlemin, barış ve saadete ne kadar şiddetli ihtiyacı olduğunu herkes anlar!*"

Âyetü'l-Kübrâ Risalesi'nin Resûl-u Ekrem'in Peygamberliğinden Bahseden On Altıncı Mertebesi

Makam münasebetiyle buraya alınmıştır.

Sonra o dünya yolcusu kendi aklına dedi ki: "Madem bu kâinattaki varlıklar vasıtasıyla Mâlik'imi ve Hâlık'ımı arıyorum. Elbette her şeyden önce bu varlıkların en meşhuru.. düşmanlarının dahi tasdikiyle en mükemmeli.. en büyük kumandanı.. onlara hükmeden en namlı zât.. onların sözce en yükseği.. akılca en parlağı.. on dört asrı fazileti ve Kur'an'ı ile ışıklandıran Hazreti Muhammed'i *(aleyhissalâtü vesselam)* ziyaret etmek ve aradığımı ona sormak için beraber saadet asrına gitmeliyiz." Sonra aklıyla beraber o asra girdi, gördü ki:

O asır hakikaten, o zât (aleyhissalâtü vesselam) ile insanlığın bir saadet asrı olmuş. Çünkü en bedevî, en ümmî bir kavmi, getirdiği nurla, kısa bir zamanda dünyaya üstad ve hâkim eylemiş.

Hem o yolcu kendi aklına, "Biz ilk önce bu fevkalâde zâtın *(aleyhissalâtü vesselam)* kıymetini, sözlerinin ve haberlerinin doğruluğunu bir derece bilmeliyiz. Sonra Hâlık'ımızı ona sormalıyız." diyerek araştırmaya başladı. Bulduğu sayısız, kesin delillerden burada yalnız küllî olan dokuzuna kısaca işaret edilecek:

BİRİNCİSİ

Bu zâtta *(aleyhissalâtü vesselam)* –hatta düşmanlarının da tasdikiyle[1]– bütün güzel huyların ve vasıfların bulunması..[2]

وَانْشَقَّ الْقَمَرُ[3] وَمَا رَمَيْتَ إِذْ رَمَيْتَ وَلٰكِنَّ اللّٰهَ رَمٰى[4] ayetle-

---

1 Mesela Mukavkıs*, Huyey İbni Ahtab**, Ebûcehil*** ve Abdullah İbni Sûriyâ**** gibi kimseler.

* Bkz. el-Vâkıdî, *Kitâbü'l-meğâzî* 3/964-967; Ebû Nuaym, *Delâilü'n-nübüvve* s. 85-89; İbni Hacer, *el-İsâbe* 6/377.

** Bkz. İbni Hişâm, *Sîratü'n-Nebeviyye* 3/52; Ebû Nuaym, *Delâilü'n-Nübüvve* s. 77-78; İbni Kesîr, *Bidâye* 3/212.

*** Bkz. İbni Ebî Şeybe, *el-Musannef* 7/255.

**** Bkz. İbni Sa'd, *et-Tabakâtü'l-Kübrâ* 1/164; İbnü'l-Cevzî, *Sıfatü's-Safve* 1/88.

2 Bkz. Ahzâb sûresi, 33/21; Kalem sûresi, 68/4; Ahmed İbni Hanbel, *el-Müsned* 2/381; *Muvatta, hüsnü'l-huluk* 8.

3 "...Ay bölündü." (Kamer sûresi, 54/1).

4 "(Ey Resûlüm) Attığın vakit sen atmadın, lâkin Allah attı." (Enfâl sûresi, 8/17).

rinin açık beyanıyla, bir parmağının işaretiyle ayın iki parça olması..[5] düşman ordusuna attığı bir avuç toprağın, o ordudaki herkesin gözüne girmesi ve kaçmaları..[6] ve susuz kalmış kendi ordusuna, beş parmağından akan kevser gibi suyu yetecek kadar içirmesi[7] gibi –ayet ve hadislerin kesin ve açık hükümleriyle, bir kısmı da tevatür derecesinde haberlerle nakledilen– yüzlerce mucizenin onun elinde meydana gelmesidir. Bu mucizelerin üç yüzden fazla bir kısmı, On Dokuzuncu Mektup olan Mucizât-ı Ahmediye *(aleyhissalâtü vesselam)* adlı harika ve kerametli bir risalede kesin delilleriyle anlatıldığından, o yolcu onları oraya havale ederek dedi ki:

"Bu kadar güzel ahlâk ve kemâl vasıflarıyla beraber bu kadar açık mucizeleri bulunan bir zât (aleyhissalâtü vesselam), elbette en doğru sözlüdür. Ahlâksızların işi olan hileye, yalana, yanlışa tenezzül etmesi mümkün değildir."

---

5 Buhârî, *menâkıb* 27, *menâkıbü'l-ensâr* 36, *tefsîru sûre (54)* 1; Müslim, *münâfikîn* 43-48.

6 Bu hadise hem Bedir'de* hem de Huneyn'de** vuku bulmuştur.
* Bkz. Ahmed İbni Hanbel, *el-Müsned* 1/303, 368; İbni Sa'd, *et-Tabakâtü'l-Kübrâ* 2/155; İbni Hibbân, *es-Sahîh* 14/430.
** Bkz. Müslim, *cihâd* 81; Dârimî, *siyer* 16; İbni Ebî Şeybe, *el-Musannef* 7/399.

7 Bkz. Buhârî, *vudû* 32, *menâkıb* 25; Müslim, *fezâil* 5-7.

İKİNCİSİ

Elinde, bu kâinatın Sahibi'nin bir fermanının bulunması, onu her asırda üç yüz milyondan fazla insanın kabul ve tasdik etmesi ve o fermanın, yani Kur'an-ı Azîmüşşân'ın yedi yönden harika olmasıdır. Kur'an'ın, kırk yönden mucize ve kâinatın Hâlıkı'nın sözü olduğu, Yirmi Beşinci Söz ve Kur'an'ın Mucizeleri adlı, *Risale-i Nur*'un bir güneşi hükmündeki meşhur bir risalede kuvvetli delilleriyle, etraflıca anlatıldığından, onu oraya havale ederek dedi ki:

"*Böyle hak ve hakikatin ta kendisi olan bir fermanın tercümanı ve tebliğcisi bir zâtta* (aleyhissalâtü vesselam) *o fermana cinayet ve ferman sahibine hıyanet hükmünde olan yalan bulunamaz.*"

ÜÇÜNCÜSÜ

O zât (aleyhissalâtü vesselam) *öyle bir şeriat, İslamiyet, kulluk, dua, davet ve iman ile meydana çıkmış ki, onların benzeri ne vardır ne de olur. Ve onlardan daha mükemmeli, ne bulunmuştur ne de bulunur. Çünkü "ümmî bir zât"* (aleyhissalâtü vesselam) *ile ortaya çıkan o dinin, on dört asrı ve insanlığın beşte birini, adaletli, hakkaniyet üzere ve en ince noktalara kadar sayısız kanunuyla idare etmesinin eşi benzeri yoktur.*

Hem ümmî bir zâtın (aleyhissalâtü vesselam) fiillerinden, sözlerinden ve hallerinden çıkan İslamiyet, her asırda üç yüz milyon insanın rehberi ve müracaat makamı.. akıllarının muallimi ve mürşidi.. kalblerini aydınlatan ve saflaştıran.. nefislerini terbiye eden ve temizleyen.. ruhlarının inkişaf vesilesi ve terakki madenidir. Bu yönüyle, benzeri olamaz ve olamamış...

Hem o zâtın, dinindeki ibadetlerin her çeşidinde en ileri olması.. herkesten daha çok takvaya sahip bulunması.. Allah'tan korkması.. fevkalâde, daimî mücahedeler ve sıkıntılar, karışıklıklar içinde, kusursuz bir şekilde, kulluğun en ince sırlarına kadar uyması.. ve bunları, hiç kimseyi taklit etmeden, tam mânâsıyla ilk kez, fakat en mükemmel şekilde, hem ilk ve son mertebeyi birleştirerek yapmasının, elbette eşi benzeri görülmez ve görülmemiştir.

Hem binlerce duasından ve münâcâtından biri olan Cevşenü'l-Kebîr ile, Rabbini öyle tanıyarak, öyle bir derecede tarif ediyor ki, o zamandan beri gelen marifet ehli ve evliyanın fikirleri bir araya gelse ne o marifet mertebesine ne de o tarif derecesine yetişebilir. Bu da gösteriyor ki, onun duada dahi eşi benzeri yoktur. Münâcât risalesinin başında, Cevşenü'l-Kebîr'in doksan dokuz bâbından birinin kısacık bir mealinin beyan edildiği yere bakan, "*Cevşen'in de eşi yoktur!*" diyecektir.

Hem peygamberliğini tebliğde ve insanları hakka davette o derece metanet, sebat ve cesaret göstermiş ki, büyük devletler, büyük dinler, hatta kavmi, kabilesi ve amcası ona şiddetli düşmanlık ettikleri halde; zerre kadar tereddüt emaresi, bir telâş, bir korkaklık göstermemesi ve tek başına bütün dünyaya meydan okuması, onlarla başa çıkması ve İslamiyet'i dünyanın başına geçirmesi ispat eder ki, onun tebliğ ve davette de eşi benzeri olmamıştır ve olamaz.

Hem imanında öyle fevkalâde bir kuvvet, harika bir yakîn, mucizevî bir inkişaf ve cihanı ışıklandıran yüce bir inanç taşımış ki, o zamana hükmeden bütün fikirler, inançlar, felsefecilerin hikmetleri ve ruhanî reislerin ilimleri ona düşman ve muhalif olup onu inkâr ettiği halde; onun ne kati imanına, ne inancına, ne itimadına, ne de itminanına bir şüphe, bir tereddüt, bir zaaf ve vesvese verebilmiştir. Hem maneviyatta ve imanda mertebeleri kat eden, başta sahabilerin ve bütün velilerin, onun imanının mertebesinden her vakit feyz almaları ve onu en yüksek derecede bulmaları açıkça gösterir ki, imanı da benzersizdir.

İşte böyle eşsiz bir din.. benzersiz İslamiyet.. harika bir kulluk.. fevkalâde bir dua.. cihanı hayran bırakan bir davet.. ve mucizevî bir iman sahibinde elbette, hiçbir şekilde yalan olamaz ve o zât aldatmaz, diye anladı ve aklı da bunu tasdik etti.

DÖRDÜNCÜSÜ

Peygamberlerin ortak beyanları, nasıl ki Cenâb-ı Hakk'ın varlığına, bir ve tek oluşuna gayet kuvvetli bir delildir; aynen öyle de, bu zâtın (aleyhissalâtü vesselam) doğruluğuna ve peygamberliğine gayet sağlam bir şehadettir. Çünkü peygamberlerin (aleyhimüsselam) doğruluklarına ve peygamber olmalarına medar ne kadar kutsî sıfat, mucize ve vazife varsa, o zâtta (aleyhissalâtü vesselam) bunların en ileri mertebede bulunduğu tarihçe tasdik edilmiştir. Demek onlar, nasıl ki sözle, Tevrat'ta, İncil'de, Zebur'da ve suhuflarında bu zâtın geleceğini haber verip insanlara müjdelemişler ve mukaddes kitapların o müjdeli işaretlerinden yirmiden fazla ve pek açık bir kısmı, On Dokuzuncu Mektup'ta güzelce anlatılıp ispat edilmiş. Aynen öyle de, hal dilleriyle, yani peygamberlikleri ve mucizeleriyle, kendi yollarında ve vazifelerinde en ileri ve mükemmel olan bu zâtı tasdik edip davasını imzalıyorlar. Sözleriyle, ortak beyanlarıyla Allah'ın bir ve tek oluşunu gösterdikleri gibi, hal dilleriyle ve ittifakla da bu zâtın doğruluğuna şahitlik ediyorlar, diye anladı.

BEŞİNCİSİ

Bu zâtın düsturlarıyla, terbiyesiyle, ona uymakla ve arkasından gitmekle hakka, hakikate, kemâlâta, kerametlere, keşiflere, müşahedelere ulaşan binlerce evliya, Allah'ın birliğine ve tekliğine delil oldukları gibi; üstadları olan bu zâtın doğruluğuna ve peygamberliğine de icmâ ve ittifakla şahitlik ediyorlar. Onun gayb âleminden verdiği haberlerin bir kısmını velâyet nuruyla görmelerinin ve hepsini iman nuru ile ya ilim yoluyla ya gözle görür derecede veya bizzat yaşayarak inanıp tasdik etmelerinin, üstadları olan bu zâtın hakkaniyetinin ve doğruluğunun derecesini güneş gibi gösterdiğini gördü.

ALTINCISI

Bu zâtın ümmîliğiyle beraber getirdiği kutsî hakikatler, ortaya koyduğu benzersiz, yüce ilimler ve keşfettiği ilahî marifetin dersi ve talimiyle, ilim mertebelerinde en yüksek makama yetişen milyonlarca müdakkik asfiya, tahkik ehli sıddıklar ve deha sahibi, mümin felsefeciler, bu zâtın esas davası olan Allah'ın birliğini ve tekliğini kuvvetli delilleriyle, ittifakla ispat ve tasdik etmişlerdir. Aynı şekilde, bu en büyük Rehber'in, bu Üstad-ı Âzam'ın hakkaniyetine ve sözlerinin hakikat olduğuna ittifak ile şahitlikleri, peygamberliğine ve doğruluğuna gündüz gibi bir delildir. Mesela Risale-i Nur, *yüz parçasıyla, o zâtın doğruluğunun bir tek delilidir.*

YEDİNCİSİ

Âl ve ashab namında, insanlığın peygamberlerden sonra feraset, dirayet ve kemâl vasıflarında en meşhuru, en muhterem, en şöhretli, en dindar ve keskin nazarlı büyük topluluğu, tam bir merak, gayet dikkat ve son derece ciddiyetle bu zâtın gizli ve aşikâr bütün hallerini, fikirlerini ve vaziyetlerini araştırıp tetkik etmiştir. Bunun neticesinde ittifakla, o zâtın, dünyada en doğru, en yüksek, en haklı ve hakikatli zât olduğuna dair sarsılmaz tasdikleri ve kuvvetli imanları, güneşin ışığına delil olan gündüz gibi bir delildir, diye anladı.

SEKİZİNCİSİ

Bu kâinat, nasıl ki kendini var ve idare eden, düzenleyen, tasvir, takdir ve tedbir ile onda bir saray, bir kitap, bir sergi, bir seyir yeri gibi tasarruf eden Sâni'ini, Kâtib'ini ve Nakkaş'ını gösterir; aynen öyle de, kâinatın yaratılışındaki ilahî maksatları bilecek ve bildirecek.. onun değişimindeki Rabbanî hikmetleri öğretecek.. vazifesine uygun hareketlerindeki neticeleri ders verecek.. mahiyetindeki kıymeti ve içindeki varlıkların kemâlâtını ilan edecek.. ve o büyük kitabın mânâlarını ifade edecek yüksek bir ilancı, doğru bir kâşif, muhakkik bir üstad, doğru sözlü bir rehber ister ve herhalde onun bulunduğuna delildir. Bu bakımdan, o yolcu kâinatın elbette şu vazifeleri herkesten çok yapan o zâtın hakkaniyetine ve Hâlıkı'nın en yüksek, sadık bir memuru olduğuna şahitlik ettiğini bildi.

DOKUZUNCUSU

Madem perde arkasında; bu sanatlı ve hikmetli varlıklarıyla kendi hünerlerini ve sanatkârlığının kemâlâtını sergilemek.. bu süslü, ziynetli, sayısız mahlûkuyla kendini tanıtmak ve sevdirmek.. bu lezzetli, kıymetli hesapsız nimetleriyle kendine teşekkür ve hamd ettirmek.. bu şefkatli ve koruyucu umumi terbiye ve yedirip besleme ile, hatta ağızların en ince zevklerini ve iştahların her çeşidini tatmin edecek bir surette hazırlanan Rabbanî nimetler ve ziyafetler ile kullarını rubûbiyetine karşı minnettar ve müteşekkir bir şekilde ibadet ettirmek.. mevsimlerin değişmesi, gece gündüzün yer değiştirmesi ve farklılığı gibi muazzam ve haşmetli tasarruflar ve icraat, dehşetli ve hikmetli faaliyet ve yaratıcılık ile ulûhiyetini göstererek, ona karşı iman ve teslim ile boyun eğdirmek ve itaat ettirmek.. her vakit iyiliği ve iyileri himaye, fenalığı ve fenaları ortadan kaldırma ve semavî tokatlar ile zalimleri ve yalancıları cezalandırmak yönüyle hakkaniyet ve adaletini göstermek isteyen bir Zât var.

Elbette ve herhalde, gayb perdesi arkasındaki o Zât'ın yanında en sevgili mahlûku, en doğru kulu ve O'nun zikredilen maksatlarına tam hizmet ederek kâinatın yaratılışının tılsımını ve muammasını çözüp keşfeden ve daima Hâlık'ı namına hareket eden, O'ndan yardım dileyen, başarı isteyen ve O'nun tarafından yardıma ve başarıya mazhar olan Muhammed Kureyşî (aleyhissalâtü vesselam), yani bu zât olacak.

Hem o yolcu aklına şöyle dedi: "Madem bu dokuz hakikat o zâtın doğruluğuna şehadet eder. *Elbette o, insanlığın şeref kaynağı ve bu âlemin medar-ı iftiharıdır, ona 'fahr-i âlem' ve 'insanlığın şerefi' denmesi pek lâyıktır. Onun elinde bulunan, Rahman'ın fermanı olan Kur'an-ı Mucizü'l-Beyan'ın manevî saltanatının haşmetinin, yeryüzünün yarısını hâkimiyeti altına alması, şahsî kemâlâtı ve yüksek vasıfları gösteriyor ki, bu âlemde en mühim zât odur, Hâlıkımız hakkında en mühim söz onundur.*

İşte gel, bak! Bu harika zâtın yüzlerce açık ve kesin mucizesinin kuvvetine ve dinindeki binlerce yüce, esaslı hakikate dayanarak, bütün davalarının esası ve hayatının gayesi Vâcibü'l-Vücûd'un varlığına, birliğine, sıfatlarına ve isimlerine delil olup şahitlik yapmak.. ve o Vâcibü'l-Vücûd'u ispat ve ilan etmek, tanıtmaktır.

Demek, bu kâinatın manevî güneşi ve Hâlıkımızın en parlak delili o Habibullah dediğimiz zâttır ki, onun şahitliğini doğrulayan, tasdik eden ve imzalayan aldanmaz ve aldatmaz ***üç büyük icma***[8] *var:*

Birincisi*: "Eğer gayb perdesi açılsa yakînim artmayacak."*[9] *diyen İmam Ali* (radiyallâhu anh) *ve yerde iken Arş-ı Âzam'ı, İsrafil'in muazzam suretini seyreden Gavs-ı Âzam*[10] (kuddise sirruh) *gibi keskin nazarı ve gayba açık gözleri bulunan binlerce kutub zât ve büyük evliyanın bulunduğu ve "Âl-i Muhammed" namıyla âlemde şöhret bulmuş nuranî cemaatin ittifakla tasdikleridir.*

---

8 **İcma**: Âlimlerin bir meselede birleşmesi, ittifak etmesi.

9 Bkz. es-Sübkî, *Tabakâtü'ş-Şâfiiyyeti'l-Kübrâ* 6/61; Aliyyülkârî, *el-Masnû* s. 149; es-Sindî, *el-Hâşiye* 8/96.

10 Bkz. el-Gümüşhânevî, *Mecmûatü'l-Ahzâb (Evrâd-ı Şâzelî)* s. 561.

***İkincisi**: Bedevî bir kavimde ve ümmî bir çevrede, toplum hayatından ve siyasî fikirlerden uzak, kitapsız ve fetret asrının karanlıklarında bulunan ve pek az bir zamanda en medenî, bilgili, toplum hayatında ve siyasette en ileri olan milletlere ve devletlere üstad, rehber, diplomat ve adil hâkim olarak, doğudan batıya kadar cihanı kendine hayran bırakan, onları idare eden ve "sahabe" namıyla dünyada şöhret bulan meşhur cemaatin ittifakla can ve mallarını, babalarını ve aşiretlerini feda ettiren kuvvetli bir imanla tasdikleridir.*

***Üçüncüsü**: Her asırda binlerce mensubu bulunan, her ilimde dâhiyâne ileri giden ve farklı yollarda çalışan, ümmetinde yetişen sayısız muhakkik ve çok derin âlimin büyük cemaatinin tevafukla ve ilmelyakîn derecesinde tasdikleridir.*

Demek, bu zâtın, Allah'ın bir ve tek oluşuna şahitliği şahsî ve sınırlı değil; umumi, küllî, sarsılmazdır ve bütün şeytanlar toplansa, karşısına hiçbir şekilde çıkamayacakları bir şahitliktir, diye hükmetti.

İşte saadet asrında aklıyla beraber seyahat eden dünya misafiri ve hayat yolcusunun o nuranî medreseden aldığı derse kısa bir işaret olarak, Birinci Makam'ın On Altıncı Mertebesi'nde şöyle denilmiştir:

لَا إِلٰهَ إِلَّا اللّٰهُ الْوَاجِبُ الْوُجُودِ الْوَاحِدُ الْأَحَدُ الَّذِي دَلَّ
عَلٰى وُجُوبِ وُجُودِهِ فِي وَحْدَتِهِ: فَخْرُ عَالَمٍ وَشَرَفُ نَوْعِ
بَنِي اٰدَمَ بِعَظَمَةِ سَلْطَنَةِ قُرْاٰنِهِ، وَحِشْمَةِ وُسْعَةِ دِينِهِ، وَكَثْرَةِ
كَمَالَاتِهِ، وَعُلْوِيَّةِ أَخْلَاقِهِ، حَتّٰى بِتَصْدِيقِ أَعْدَائِهِ، وَكَذَا شَهِدَ
وَبَرْهَنَ بِقُوَّةِ مِئَاتِ مُعْجِزَاتِهِ الظَّاهِرَاتِ الْبَاهِرَاتِ الْمُصَدِّقَةِ
الْمُصَدَّقَةِ، وَبِقُوَّةِ اٰلَافِ حَقَائِقِ دِينِهِ السَّاطِعَةِ الْقَاطِعَةِ،
بِإِجْمَاعِ اٰلِهِ ذَوِي الْأَنْوَارِ، وَبِاتِّفَاقِ أَصْحَابِهِ ذَوِي الْأَبْصَارِ،
وَبِتَوَافُقِ مُحَقِّقِي أُمَّتِهِ ذَوِي الْبَرَاهِينِ وَالْبَصَائِرِ النَّوَّارَةِ.[11]

اَلْبَاقِي هُوَ الْبَاقِي[12]

Said Nursî

---

11 Allah'tan başka ilah yoktur. O, öyle varlığı kendinden ve kesin olan, tek ve benzersiz bir Zât'tır ki; âlemin övünç kaynağı ve insanlığın iftihar tablosu *(sallallâhu aleyhi ve sellem)* Kur'an'ın hâkimiyetinin büyüklüğü, dininin muhteşem genişliği, mükemmel sıfatlarının çokluğu ve hatta düşmanlarının tasdik ettikleri ahlâkının yüceliği ile O'nun kendinden ve kesin olan varlığına ve birliğine delâlet eder. Ve keza o zât; birçok şahit tarafından tasdik edilen ve kendisini de tasdik ettiren, yüzlerce, apaçık mucizelerinin kuvveti ve dininin kesin ve parlak binlerce hakikatinin kuvveti ve nurlu âlinin ortak beyanları ve keskin basiret sahibi ashabının ittifakı ve ümmetinin, birçok delillerle her meseleyi aydınlatan basiretli büyük âlimlerin hemfikir olması ile Allah'ın kendinden ve kesin olan varlığına ve birliğine şehadet ve onu ispat eder.

12 Kendinden başka her şeyin fâni olduğu gerçek Bâki, Allah'tır.

Kaynakların Tespitinde Faydalanılan Eserler

Abd İbni Humeyd, İbni Nasr Ebû Muhammed (ö. 249 h.); *Müsned*, [Tahkik: Subhî el-Bedrî es-Sâmerrâî, Mahmud Muhammed Halil es-Saîdî], Mektebetü's-sünne, Kahire, 1408/1988.

Abdurrezzak, Ebû Bekr Abdurrezzak İbni Hemmâm (126-211 h.); *Musannef*, [Tahkik: Habîburrahmân el-A'zamî], I-XI, el-Meclisü'l-ilmî, Beyrut, 1403/1983.

Ahmed b. Abdullah et-Taberî, Ebu'l-Abbas Muhibbüddîn Ahmed Muhibbüddin (v. 694/1295); *er-Riyâdu'n-nadıra*, I-II, Dâru'l-ğarbi'l-İslâmî, Beyrut, 1996.

Ahmed İbni Hanbel, Ebû Abdullah eş-Şeybânî (164-241 h.); *Müsned*, I-VIII, Müessesetü Kurtuba, Mısır, tsz.

———; *Fedâilü's-sahabe*, Müessesetü'r-risâle, Beyrut, 1403/1983.

Aliyyülkârî, Ebu'l-Hasan Nureddin Ali b. Sultan Muhammed (v. 1014/1606); *el-Masnû fî mârifeti hadîsi'l-mevdû'*, [Tahkik: Abdülfettah Ebû Gudde], Mektebü'l-matbûati'l-İslâmî, Kahire, 1984.

———; *Şerhu'ş-Şifâ li'l Kadı Iyâz*, I-II, Dâru'l-kütübi'l-ilmiyye, Beyrut, tsz.

Âlûsî, Ebu's-Senâ Şehabeddin Mahmud İbni Abdillah (v. 1270/1854); *Rûhu'l-meânî fî tefsîri'l-Kur'âni'l-azîm ve's-*

seb'u'l-mesânî, I-XXX, Dâru ihyâi't-türâsi'l-Arabî, Beyrut, tsz.

***Âmidî*,** Ali İbni Ebî Ali İbni Muhammed İbni Salim (551-631 h.); *Gâyetü'l-meram fî ilmi'l-kelâm*, [Tahkik: Hasan Mahmud Abdüllâtîf], el-Meclisü'l-a'lâ li'ş-şüûni'l-İslâmiyye, Kahire, 1391 h.

***Bagavî*,** Ebû Muhammed Muhyissünne Hüseyin İbni Mes'ud, (v. 516/1122); *Meâlimü't-tenzîl*, I-VIII, Dâru Taybe, Riyad, 1993.

***Beyhakî*,** Ebûbekir Ahmed b. el-Hüseyin (384-458 h.); *es-Sünenü'l-kübrâ*, I-X, Mektebetü dâri'l-bâz, Mekke, 1414/1994.

———; *Delâilü'n-nübüvve*, I-VII, Dâru'l-kütübi'l-ilmiyye, Beyrut, 1985.

———; *el-İtikad ve'l-hidâye ilâ sebîli'r-raşâd alâ mezhebi's-selef ve ashabi'l-hadîs*, [Tahkik: Ahmed el-Kâtib], Dâru'l-âfâkı'l-cedîde, Beyrut, 1401 h.

***Bezzâr*,** Ebûbekir Ahmed b. Amr b. Abdülhâlık (v. 215-292); *Müsned*, [Tahkik: Abdulkâdir Arafât], I-III, Müessesetü ulûmi'l-Kur'ân, Beyrut/ Medine, 1409 h.

***Buharî*,** Ebû Abdillâh Muhammed b. İsmâîl (v. 256 h.); *Sahîhu'l-Buharî*, I-VIII, el-Mektebetü'l-İslâmiyye, İstanbul, 1979.

———; *el-Edebü'l-müfred*, I-VIII, Dâru'l-beşâiri'l-İslâmiyye, Beyrut, 1409/1989.

———; *et-Târîhu'l-kebîr*, I-VIII, Dâru'l-fikr, Beyrut, 1986.

***Busayrî (el-Bûsırî)*,** Muhammed İbni Said İbni Hammad İbni Muhsin (v. 316/929); *Kasîde-i Bürde*, [Terceme ve Şerh: Abidin Paşa, Terceme: Ömer Faruk Harman], Elif Ofset, İstanbul, 1977.

***Cessâs*,** Ahmed b. Ali Ebûbekir (v. 370 h.); *Ahkâmü'l-Kur'ân*, Dâru ihyâi't-türâsi'l-Arabî, Beyrut, 1405 h.

***Dârakutnî*,** Ebu'l-Hasan Ali İbni Ömer (306-385 h.); *Sünenü'd-Dârakutnî*, I-IV, [Tahkik: es-Seyyid Abdullah Haşim Yemânî el-Medenî], Dâru'l-mârife, Beyrut, 1386/1966.

***Dârimî*,** Abdullah b. Abdirrahmân (181-255 h.); *Sünen*, I-II, Dâru'l-kitâbi'l-Arabî, Beyrut, 1407/1987.

***Deylemî*,** Ebû Şucâ' Şîreveyh b. Şehredâr (445-509 h.); *el-Müsnedü'l-firdevs bi me'sûri'l-hitâb*, [Tahkik: Muhammed es-Saîd Besyûnî ez-Zağlûl], Dâru'l-kütübi'l-ilmiyye, Beyrut, 1986.

***Ebû Amr ed-Dânî*,** Osman b. Said el-Mukri (371-444 h.); *es-Sünenü'l-vâride fi'l-fiteni ve gavâilihâ ve's-sâati ve eşrâtihâ*, I-VI, [Tahkik: Rızaullah İbni Muhammed İdris el-Mübarekfûrî],

Dâru'l-Âsıme, Riyad, 1416 h.
Ebû Davud, Süleyman b. Eş'as es-Sicistânî (202-275 h.); *Sünen*, [Tahkik: Muhammed Muhsin Abdülhamîd], I-IV, el-Mektebetü'l-İslâmiyye, İstanbul, tsz.
Ebû Nuaym, Ahmed b. Abdillâh el-İsbehânî (v. 430 h.); *Hilyetü'l-evliyâ ve tabakâtü'l-asfiyâ*, I-X, Dâru'l-kitâbi'l-Arabî, Beyrut, 1405 h.
———; *Delâilü'n-nübüvve*, [Tahkik: Muhammed Ravvas Kal'acî Abdulberr Abbas], I-II, Dâru'n-nefâis, Beyrut, 1991.
Ebû Ya'lâ, Ahmed b. Ali b. el-Müsennâ (210/307 h.); *Müsned*, I-XIII, Dâru'l-Me'mûn li't-türâs, Dimaşk, 1404/1984.
———; *Mu'cem*, [Tahkik: İrşadu'l-Hak el-Eserî], İdâratü'l-Ulûmi'l-Eseriyye, Faysal Âbad, 1407 h.
Esbehânî, İsmâil İbni Muhammed İbni'l-Fazl et-Teymî (457-535 h.); *Delâilü'n-nübüvve*, [Tahkik: Muhammed el-Haddad], Dâru Taybe, Riyad, 1409.
Fâkihî, Ebû Abdillah Muhammed İbni İsmail İbni'l-Abbas (217-275 h.); *Ahbaru Mekke fî ka-dîmi'd-dehri ve hadîsih*, [Tahkik: Abdulmelik Abdullah], I-VI, Dâru Hadır, Beyrut, 1414 h.
Firyâbî, Câfer b. Muhammed b. Hasan (207-301 h.), *Delâilü'n-nübüvve*, [Tahkik: Âmir Hasan Sabri], Dâr-ı Hira, Mekke, 1406 h.
Gazâlî, Ebû Hâmid Muhammed b. Muhammed (450-505 h.); *İhyâu ulûmi'd-dîn*, I-IV, Dâru'l-mârife, Beyrut, tsz.
———; *Fedâihu'l-bâtıniyye*, [Tahkik: Abdurrahman Bedevî], Müessesetü dari'l-kü-tübi's-sekâfiyye, Küveyt, tsz.
Gümüşhânevî, Ahmed Ziyaeddin Nakşibendî; *Mecmûatü'l-ahzâb*, I-III, Sezgin neşriyat, İstanbul, 1311/1893.
Halebî, Ali İbni Burhaniddin (v. 1044/1635); *es-Sîratü'l-Halebiyye*, I-III, Dâru'l-mârife, Beyrut, 1400.
Hafâcî, Şihâbü'd-Din Ahmed b. Muhammed b. Ömer (v. 1069 h.); I-VI, *Nesîmü'r-riyâd fî şerhi Şifâi'l-Kadı Iyâz*, I-VI, [Tahkik: Muhammed Abdu'l-Kâdir Atâ], Dâru'l-Kütübi'l-İlmiyye, Beyrut, 1421 h.
Hâkim, Ebû Abdillah Muhammed b. Abdillah en-Neysâbûrî (321-405 h.); *Müstedrek ale's-Sahîhayn*, I-V, Dâru'l-kütübi'l-ilmiyye, Beyrut, 1411/ 1990.
el-Hakîm et-Tirmizî, Ebû Abdullah Muhammed b. Ali b. el-Hasen; *Nevâdiru'l-usûl fî ehâdîsi'r-Rasûl*, [Tahkik: Abdurrah-

man Amîra], I-IV, Dâru'l-Cîl, Beyrut, 1412/1992.

Halebî, Ali İbni Burhaniddin (v. 1044/1635); *es-Sîratü'l-Halebiyye*, I-III, Dâru'l-mârife, Beyrut, 1400.

Hennâd, İbnü's-Sirrî (152-243 h.); *Zühd*, I-II, Dâru'l-hulefâ, Kuveyt, 1406 h.

Heysemî, Ali İbni Ebî Bekr (v. 807 h.); *Mecmeu'z-zevâid*, I-X, Dâru'r-reyyan li't-tü-ras-Dâru'l-kitabi'l-Arabî, Kahire-Beyrut, 1407 h.

———; *Müsnedü'l-Hâris* (*Zevâidu'l-Hâris*); [Tahkik: Hüseyin Ahmed Salih el-Bakirî], Merkezü Hidmeti's-Sünne ve's-Sîreti'n-Nebeviyye, Medine, 1413/ 1992.

Humeydî, Ebû Bekr Abdullah İbnu'z-Zübeyr (v. 219 h.); *Müsned*, [Tahkik: Ha-bîburrrahman el-Âzâmî], I-II, Dâru'l-kütübi'l-ilmiyye-Mektebetü'l-Mütenebbî, Beyrut-Kahire, tsz.

Hüseyin Cisrî; *Risâle-i Hamîdiye*, [Türkçe tercemesi: Manastırlı İsmail Hakkı], Bahar yayınları, İstanbul, 1980.

İbni Abdilberr, Yusuf b. Abdullah b. Muhammed (v. 463 h.); *İstîâb*, I-V, Dâru'l-cîl, Beyrut, 1412 h.

———; *Temhîd*, I-XXIV, Vizâratü umûmi'l-evkâfi ve'ş-şüûni'l-İslâmiyye, Mağrib, 1387 h.

İbni Adiyy, Ebû Ahmed Abdullah İbni Adiyy el-Cürcanî (v. 365/976); *el-Kâmil fi duafâi'r-ricâl*, I-VII, Dâru'l-fikr, Beyrut, 1985.

İbni Arabî, Muhammed b. Ali Muhyiddîn (v. 638 h.); *el-Fütûhâtü'l-Mekkiyye*, I-VIII, el-Meclisü'l-a'lâ li's-sekâfe, Kahire, 1403/1983.

———; *Risaletü'ş-Şeyhi'l-Ekber ile'l-İmam Fahriddin Râzî*, Alemü'l-Fikr, Kahire, 1997.

İbni Asâkir, Ebu'l-Kâsım Sikatüddîn Ali b. Hasan b. Hibetullah (v. 571/1176); *Târîhu Dimaşk*, I-LXX, Dâru'l-fikr, Beyrut, 1417/1996.

İbni Ebî Şeybe, Abdullah b. Muhammed (v. 235 h.); *el-Musannef fi'l-ehâdîs ve'l-âsâr*, [Tahkik: Kemâl Yusuf el-Hût], I-VII, Mektebetü'r-Ruşd, Riyad, 1409 h.

İbni Habîb, Ebû Muhammed Bedrüddin Hasan İbni Ömer İbni Habib el-Halebî, (v. 779/1377); *el-Müktefâ min sîreti'l-Mustafa*, [Tahkik: Mustafa Muhammed Hüseyin ez-Zehebî], Dâru'l-hadîs, Kahire, 1416/1996

İbni Hacer, Ahmed b. Ali el-Askalânî (773-852 h.); *Fethu'l-bârî,* I-XIII, Dâru'l-mârife, Beyrut, 1379 h.
———; *İsâbe,* I-VIII, Dâru'l-cîl, Beyrut, 1412 h.
———; *el-Metâlibü'l-âliye bi-zevâidi'l-mesânidi's-semaniyye,* I-IV, [Tahkik: Habiburrahmân el-A'zami], Dâru'l-Mârife, Beyrut, tsz.
İbni Hacer el-Heytemî, Ebü'l-Abbas Şehabeddin Ahmed (v. 973 h.); *es-Savâiku'l-muhrika alâ ehli'r-rafz ve'd-dalâl ve'z-zendeka,* [Tahkik: Abdurrahman b. Abdullah Türki, Kamil Muhammed Harrat], Müessesetü'r-Risale, Beyrut, 1997.
İbni Hibbân, Ebû Hâtim Muhammed el-Büstî (v. 354/965.); *El-İhsan fî takrîbi Sahîh İbni Hibbân,* [Tertîb: Alâüddîn Ali b. Belbânî; Tahkik ve ta'lîk: Şuayb el-Arnavût], I-XVII, Müessesetü'r-risâle, Beyrut, 1988.
———; *es-Sikât,* I-IX, Dâru'l-fikr, Beyrut, 1395/1975.
İbni Hişâm, Abdülmelik İbni Hişam İbni Eyyûb el-Himyerî (v. 213/828); *es-Sîratü'n-nebeviyye,* I-VI, Dâru'l-cîl, Beyrut, 1411.
İbni Huzeyme, Ebû Bekr Muhammed İbni İshak es-Sülemî en-Neysabûrî (223-311 h.); *Sahîh,* [Tahkik: Muhammed Mustafa el-Âzâmî], I-IV, el-Mektebu'l-İslâmî, Beyrut, 1390/1970.
İbni İshak, Muhammed b. İshak b. Yesar (85-151 h.); *Sîretü İbni İshak,* [Tahkik: Muhammed Hamidullah], Ma'hedü'd-Dirâsât ve'l-Ebhâs li't-Ta'rib, tsz.
İbni Kânî', Ebû'l-Hüseyin Abdu'l-Bâkî (265-351 h.); *Mu'cemü's-sahabe,* I-III, [Tahkik: Salah b. Sâlim el-Mısratî], Mektebetü'l-Gurabâi'l-Eseriyye, Medine, 1418/1997.
İbni Kayyim el-Cevziyye, Ebû Abdillah Muhammed İbni Ebî Bekr Eyyûb ez-Züreî (691-751 h.); *Bedâiü'l-Fevâid,* [Tahkik: Heyet], Mektebetü Nezzâr Mustafa el-Bâz, Mekke, 1416/ 1996.
———; *Medâricü's-sâlikîn,* [Tahkik: Muhammed Hamid el-Fakî], I-III, Dâru'l-kitabi'l-Arabî, Beyrut, 1393/1973.
———; *Hidâyetü'l-hıyârâ fî ecvibeti'l-yahûd ve'n-nasârâ, el-Câmiatü'l-İslamiyye,* Medine, tsz.
İbni Kesîr, Ebu'l-Fidâ İsmail İbni Ömer İbni Kesîr
ed-Dimaşkî (v. 774 h.); *Tefsîru'l-Kur'âni'l-azîm,* I-IV, Dâru'l-fikr, Beyrut, 1401 h.

———; *el-Bidâye ve'n-nihâye,* I-XIV, Dâru'l-meârif, Beyrut, tsz.
İbni Mâce, Muhammed b. Yezîd el-Kazvînî (207-275 h.); *Sünen,* I-II, Dâru'l-fikr, Beyrut, tsz.
İbni Mende, Muhammed b. İshak b. Yahya (310-395 h.); *İman,* I-II, [Tahkik: Ali b. Muhammed b. Nâsır el-Fakîhî], Müessesetü'r-Risâle, Beyrut, 1406 h.
İbni Sa'd, Ebû Abdullah Muhammed b. Sa'd el-Menî' (168-230 h.); *et-Tabakâtü'l-kübrâ,* I-VIII, Dâru sâdir, Beyrut, tsz.
İbni Seyyidi'n-Nâs; *Uyûnü'l-eser,* I-II, Dâru İbni Kesir, (Dimaşk-Beyrut-1992).
İbni Teymiyye, Ebu'l-Abbas Ahmed İbni Abdilhalim İbni Teymiyye el-Harrânî (661-728 h.); *el-Cevabü's-sahih li men beddele dine'l-Mesîh,* [Tahkik; Ali Hasan Nasır, Abdulaziz İbrahim el-Asker, Hamdan Muhammed], I-VI, Dâru'l-âsıme, Riyad, 1414 h.
İbnü'l-Ca'd, İbni Ubeyd Ebû'l-Hasan el-Cevherî (134-230 h.); *Müsned,* [Tahkik: Âmir Ahmed Haydar], Müessesetü Nâdir, Beyrut, 1410/1990.
İbnü'l-Cevzî, Abdurrahman b. Ali b. Muhammed (508-597 h.); *el-Muntazam fî târîhi'l-mülûki ve'l-ümem,* Dâru sâdir, Beyrut, 1358 h.
———; *el-İlelü'l-mütenâhiye,* I-II, Dâru'l-kütübi'l-ilmiyye, Beyrut, 1403 h.
———; *Kitâbü'l-Mevzûât mine'l-ehadisi'l-merfûât,* I-III, [Tahkik: Abdurrahman Muhammed Osman], Dâru'l-Fikr, Beyrut, 1983.
———; *Sıfatü's-safve,* I-IV, Dâru'l-mârife, Beyrut, 1399/1979.
———; *Zâdü'l-mesîr fî ilmi't-tefsîr,* I-IX, el-Mektebu'l-İslâmî, Beyrut, 1404 h.
İbnü'l-Esîr, Ebu'l-Hasan İzzeddin Ali b. Muhammed b. Abdülkerim (v. 630/1233); *el-Kâmil fi't-târîh,* I-V, Dâru'l-kütübi'l-ilmiyye, Beyrut, 1415/1995.
———; *el-Meselü's-sâir fî edebi'l-kâtibi ve'ş-şâir,* I-II, el-Mektebetü'l-asriyye, Beyrut, 1995.
———; *Üsdü'l-ğâbe fî mârifeti's-sahabe,* I-VII, Dâru'l-Fikr, Beyrut, 1414/1993.
İbnü'l-İmâd, Ebu'l-Felah Abdulhay b. Ahmed b. Muhammed (1032-1089 h.); *Şezerâtü'z-zeheb fî ahbâri men zeheb,* I-IV,

Dâru'l-Kütübü'l-İlmiyye, Beyrut, tsz.

İbnü'l-Mukri', Ahmed b. Muhammed et-Tilmisânî; *Nefhu't-tayyib*, [Tahkik: İhsan Abbas], Daru Sadır, Beyrut, 1968.

el-Îcî, Ebu'l-Fazl Adudiddin Abdurrahman İbni Ahmed Abdulgaffar (v. 756/1355); *Kitabu'l-Mevakıf*, [Tahkik: Abdurrahman Umeyre], Dâru'l-cîl, Beyrut, 1997.

İshâk b. Râhûye, İbni İbrâhim b. Mahled (161-238 h.); *Müsned*, I-V, Mektebetü'l-iman, Medine, 1995.

Kadı Iyâz, Ebu'l-Fazl Iyâz İbni Musa İbni Iyâz el-Yahsubî (v. 544/1149); *eş-Şifâ bi ta'rîfî hukûki'l-Mustafa (s.a.s.)*, [Tahkik: Hüseyin Abdulhamid Nil], Dâru'l-erkam, Beyrut, 1415/1995.

Kannûcî, Muhammed Sıddık Hasan Han (1248-1307 h.); *Ebcedü'l-ulûmi'l-veşyi'l-merkûm fî beyân-i ahvâli'l-ulûm*, [Tahkik: Abdülcebbar Zekkâr], I-III, Dâru'l-kütübi'l-ilmiyye, Beyrut, 1978.

Kâsım b. Sellâm, Ebû Ubeyd Kasım b. Sellam el-Herevî (v. 154-224 h.); *Garîbü'l-hadîs*, [Tahkik: Muhammed Abdulmuîn Han], I-IV, Dârü'l-Kitâbi'l-Arabî, Beyrut, 1396/1976.

Katib Çelebi, Hacı Halife Mustafa b. Abdullah (1017-1067 h.); *Keşfü'z-zünun an esami'l-kütüb ve'l-fünûn*, I-II, Dâru'l-kütübi'l-ilmiyye, Beyrut, 1413/1992.

Kilâî, Ebü'r-Rebi' Süleyman b. Musa (565-634 h.); *el-İktifa bimâtazammenehu min megâzi Resulillah ve selasetü'l-hulefâ*, [Tahkîk: Kemâleddin İzzeddin Ali], I-IV, Alemü'l-Kütüb, Beyrut, 1997.

Kitab-ı Mukaddes [Türkçe terceme] *Eski ve Yeni Ahit*, Kitab-ı Mukaddes Şirketi, İstanbul, 1988.

Kudâî, Muhammed b. Selâme b. Ca'fer (v. 454 h.); *Müsnedü'ş-Şihâb*, I-II, Müessesetü'r-risâle, Beyrut, 1407/1986.

Kurtubî, Muhammed b. Ahmed b. Ebû Bekr b. Ferah (v. 671/1273); *el-İ'lâm bimâ fî Dini'n-Nasârâ mine'l-fesâd ve'l-evham ve izhâri mehasin-i Dini'l-İslâm ve isbati nübüvve Nebiyyin Muhammed (s.a.s.)*, [Tahkik: Ahmed Hicazi Saka], Dâru't-Türâsi'l-Arabi, Kahire, 1398/1978.

———; *el-Câmî li ahkâmi'l-Kur'ân*, I-XX, Dâru'ş-şa'b, Kahire, 1372 h.

Mâlik b. Enes, Ebû Abdullah el-Esbahî (93-179 h.); *Muvatta*, I-II, Dâru ihyâi't-türâsi'l-Arabî, Beyrut, 1985.

———; *el-Müdevvenetü'l-kübrâ,* Dâru sâdir, Beyrut, tsz.

Ma'mer b. Râşid (v. 151 h.); *el-Câmî* (Abdurrezzak'ın *el-Musannef* inin sonunda), el-mektebü'l-İslâmî, Beyrut, 1403 h.

Mâverdî, Ebu'l-Hasan Ali b. Muhammed b. Habîb (v. 450/1058 h.); *A'lâmü'n-nübüvve,* [Tahkik: Muhammed Mu'tesim Billah el-Bağdadi], Dârü'l-Kitâbi'l-Arabî, Beyrut, 1987.

Mizzî, Yusuf b. ez-Zekî Abdurrahmân (654-742 h.); *Tehzîbü'l-Kemâl,* I-XXXV, Müessesetü'r-risâle, Beyrut, 1400/1980.

Münâvî, Muhammed Abdürraûf b. Ali (v. 1031/1622); *Feyzu'l-kadîr şerhu Câmii's-sağîr,* I-VI, el-Mektebetü't-ticâriyyeti'l-kübrâ, Mısır, 1356 h.

Müslim, Ebu'l-Hüseyin el-Haccâc en-Neysâbûrî (206-261 h.); *Sahîhu Müslim,* I-V, Dâru ihyâi't-türâsi'l-Arabî, Beyrut, tsz.

Nebhânî, Yusuf b. İsmail b. Yusuf (v. 1350/1932); *Huccetullâhi ale'l-âlemîn fî mu'cizâti Seyyidi'l-murselîn,* Dâru'l-fikr, Beyrut, tsz.

———; *Câmiu kerâmâti'l-evliya,* [Tahkik: İbrahim Atve Avad], I-II, Dâru'l-fikr, Beyrut, 1409/1989.

Nesâî, Ebû Abdirrahmân Ahmed b. Şuayb (215-303 h.); *Sünen,* [Tahkik: Abdülfettah Ebû Gudde], I-VIII, Mektebetü'l-matbûâti'l-İslâmiyye, Halep, 1406/1986.

———; *es-Sünenü'l-kübrâ,* [Tahkik: Abdulğaffâr Süleyman el-Bündârî], I-VI, Dâru'l-kütübi'l-ilmiyye, Beyrut, 1411/1991.

———; *Amelü'l-yevm ve'l-leyle,* Müessesetü'r-risâle, Beyrut, 1406 h.

Nevevî, Ebû Zekeriyyâ Yahyâ b. Şeref (631-676 h.); *Şerhu Sahîhi Müslim* ***(****Şerhu'n-Nevevî alâ Sahîhi Müslim****),*** I-XVIII, Dâru ihyâi't-türâsi'l-Arabî, Beyrut, 1392.

———; *Tehzîbü'l-esmâ ve'l-lugat,* Dâru'l-fikr, Beyrut, 1996.

Rahmetullah el-Hindî, Rahmetullah b. Halilurrahman (v. 1308/1891); *İzhâru'l-hak,* I-IV, [Tahkik: Muhammed Ahmed Muhammed Abdulkadir Halil Melkavî], İdaretü'l-Buhûsi'l-İlmiyye, Riyad, 1989.

Râmehürmüzî, Hasan b. Abdurrahman (v. 260-360 h.); *el-Muhaddisü'l-fâsıl beyne'r-râvî ve'l-vâî,* [Tahkik: Muhammed Accac el-Hatîb], Dâru'l-fikr, Beyrut, 1404/1984.

Rûyânî, Ebû Bekr Muhammed İbni Harun (v. 307 h.); *Müsned,* [Tahkik: Eymen Ali Ebû Yemânî], I-II, Müessesetü Kurtuba,

Kahire, 1416 h.

Saîd b. Mansûr, Ebû Osman Said b. Mansur b. Şu'be el-Horasani (v. 227/842 h.); *Sünen,* [Tahkik: Sa'd b. Abdullah b. Abdülaziz Âl-i Humeyyed], I-V, Dârü'l-Asîmî, Riyad, 1414/1993.

———; *Kitâbü's-Sünen,* [Tahkik: Habîbürrahman el-Âzâmî], ed-Dâru's-Selefiyye, Hindistan, 1982.

Sindî, Ebu'l-Hasan Nureddin Muhammed b. Abdülhadi (ö. 1138); *Hâşiye,* I-VIII, [Tahkik: Abdulfettah Ebû Gudde], Mektebetü'l-Matbaati'l-İslâmiyye, Halep, 1406/1986.

Sübkî, Ebû Nasr Abdülvehhab b. Ali b. Abdilkâfî (ö. 771/1370); *Tabakâtü'ş-Şâfiiyyeti'l-kübrâ,* I-X, Dâru İhyâi'l-Kütübi'l-Arabiyye, Kahire, 1983.

Süheylî, Abdurrahman İbni Abdillah el-Has'amî (v, 581 h.); *er-Ravdu'l-ünf fî tefsîri's-sîreti'n-nebeviyye li İbni Hişâm,* [Tahkik: Mecdî Mansur], I-IV, Dâru'l-kütübi'l-ilmiyye, Beyrut, 1418/1997.

Süyûtî, Abdurrahman b. el-Kemâl Celâleddîn (849-911 h.); *el-Hasâisu'l-kübrâ,* I-III, Dâru'l-kütübi'l-ilmiyye, Beyrut, 1985.

———; *ed-Dürru'l-mensûr,* I-VIII, Dâru'l-fikr, Beyrut, 1993.

———; *el-İtkân fî ulûmi'l-Kurân,* I-II, El-Matbaatü'l-Meymeniyye, Kahire, 1317/1899.

———; *et-Tedrîbü'r-râvî,* I-II, Mektebetü'r-Riyâd el-hadîse, Riyad, tsz.

———; *el-Leâli'l-masnûa fî ehâdîsi'l-mevdûa,* I-II, Dâru'l-ma'rife, Beyrut, 1975.

Şâfiî, Ebû Abdillah Muhammed İbni İdris (150-204 h.); *Müsnedü'ş-Şâfiî,* Dâru'l-kütübi'l-ilmiyye, Beyrut, tsz.

———; el-Ümm, Dâru'l-mârife, Beyrut, 1393 h.

Şa'rânî, Muhammed el-Mağribî (v. 976 h.); *et-Tabakâtü'l-kübrâ,* I-II, Dâru'l-fikri'l-Arabî, Kahire, tsz.

Şevkânî, Ebû Abdullah Muhammed b. Ali (v. 1250/1834); *İrşâdü's-sikât ila ittifâki'ş-şerâi' ale't-tevhîd ve'l-maad ve'n-nübüvvât,* Dâru'l-kütübi'l-ilmiyye, Beyrut, 1404/1984.

Taberânî, Ebu'l-Kâsım Muhammed b. Ahmed (v. 360 h.); *el-Mu'cemül-evsat,* [Tahkik: Hamdi b. Abdülmecîd es-Selefî], I-X, Dâru'l-Harameyn, Kahire, 1415 h.

———; *el-Mu'cemül-kebîr,* [Tahkik: Hamdi b. Abdilmecîd es-Selefî], I-XX, Mektebetü'l-ulûm ve'l-hikem, Musul, 1404 h.

———; *el-Mu'cemüs-sağîr,* [Tahkik: Hamdi b. Abdülmecîd es-Selefî], I-II, el-Mektebetü'l-İslâmî/Dâru Ammân, Beyrut/Amman, 1405/1985.

Taberî, Muhammed b. Cerîr b. Yezîd b. Hâlid (224-310 h.); *Târîhu'l-ümem ve'l-mülûk* (*Târîhu't-Taberî*), I-V, Dâru'l-kütübi'l-ilmiyye, Beyrut, 1407 h.

———; el-Câmiu'l-beyân, I-XXX, Dâru'l-fikr, Beyrut, 1405 h.

Tayâlisî, Ebû Davud Süleymân b. Davud (v. 204 h.); *Müsned*, Dâru'l-mârife, Beyrut, tsz.

Tirmizî, Ebû İsa Muhammed b. İsa (209-279 h.); *el-Câmiu's-sahîh*, I-V, Dâru ihyâi't-türâsi'l-Arabî, Beyrut, tsz.

Ukaylî, Ebû Ca'fer Muhammed b. Amr b. Musa (v. 322 h.); *ed-Duafâü'l-kebîr*, [Tahkik: Abdulmûtî Emin Kal'acî], I-IV, Dâru'l-kütübi'l-ilmiyye, Beyrut, 1404/1984.

Vâhidî, Ebu'l-Hasan Ali İbni Ahmed (v. 468 h.); *El-Vecîz fî tefsîri'l-Kitâbi'l-Azîz*, [Tahkik: Safvan Adnan Davudî], I-II, Dâru'l-kalem, Dimaşk-Beyrut, 1415 h.

Vâkıdî, Ebû Abdillah Muhammed b. Ömer b. Vâkıd el-Eslemî (ö. 207/823); *Kitâbü'l-megâzî*, I-III, [Tahkik: Marsden Jones], Alemü'l-Kütüb, Beyrut, 1966.

Zehebî, Şemsüddîn Muhammed Ahmed (v. 748/1347); *Mîzanü'l-îtidâl fî nakdi'r-ricâl,* [Tahkik: Ali Muhammed Muavvad, Âdil Ahmed Abdülmevcûd], I-VIII, Dâru'l-kütübi'l-ilmiyye, Beyrut, 1416/1995.

———; *Siyeru a'lâmi'n-nübelâ*, I-XXIII, Müessesetü'r-risâle, Beyrut, 1413 h.

———; *Tezkiratü'l-huffâz*, I-V, Dâru'l-kütübi'l-ilmiyye, Beyrut, tsz.

Zemahşerî, Ebu'l-Kâsım Cârullah Mahmud b. Ömer b. Muhammed (v. 538/ 1144); *el-Fâik fî garîbi'l-hadîs*, [Tahkik: Muhammed Ebü'l-Fazl İbrahim, Ali Muhammed Becavi], I-IV, Dâru'l-mârife, Beyrut, tsz.

Zerkeşî, Ebû Abdullah Bedreddin Muhammed b. Bahadır b. Abdullah (v. 745-794 h.); el-*Burhân fî ulûmi'l-Kur'ân*, [Tahkik: Muhammed Ebü'l-Fazl İbrahim], I-IV, Dâru'l-mârife, Beyrut, 1391/1972.

Zürkânî, Muhammed Abdülazîm; *Menâhilü'l-irfân fî ulûmi'l-Kur'ân*, Dâru'l-fikr, Beyrut, 1996.